スッキリ

JN025792

FP技能士1級

テキスト＋問題集

学科基礎・応用対策

(株)住まいと保険と資産管理
白鳥光良　編著

TAC出版
TAC PUBLISHING Group

「社会保険」や税金の基礎など、
行き詰まったら基本に戻って
おさらい解説をチェック!

スッキリわかる FP講義動画 を見てみよう!

FP試験で学習しなければならない論点は多岐にわたります。
スッキリわかるFPでは、特に理解しづらい論点の解説講義や、学習前に見ることで
学習をスムーズに進められる学習の指針講義を作成しました。
ぜひ、試験合格へ向けた学習の一助にお役立てください。

アクセスはこちら 　TAC出版　 検索

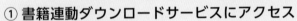
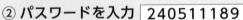

https://bookstore.tac-school.co.jp/pages/download_service/

① 書籍連動ダウンロードサービスにアクセス
② パスワードを入力 　240511189
③ 動画を視聴

改正ポイント

本書を '24-'25 年版に改訂した際の主な改正ポイントは以下のとおりです。本書は、2024 年 4 月 1 日現在施行中の法令に基づいており、2024 年 9 月、2025 年 1 月・5 月の試験に対応しております。

	改正前	改正後
基本年金額 (老齢基礎年金の満額、遺族基礎年金の基本部分)	**2023年度** 795,000円(68歳以上は792,600円)	**2024年度** 816,000円(69歳以上は813,700円) ※「インフレで増えた年金入ろ(816)うよ」
遺族基礎年金の子の加算	**2023年度** 2人目まで:228,700円 3人目以降:76,200円	**2024年度** 2人目まで:234,800円 ※夫妻しば(2348)らく別離かな 3人目以降:78,300円 ※な(7)んとは(8)かない最(3)期
在職老齢年金の基準額	**2023年度** 基準額48万円	**2024年度** 基準額50万円
新・NISAの創設	**2023年12月末までの新規買付** 一般NISA: 年120万円(累計600万円)2023年まで つみたてNISA: 年40万円(累計800万円)2042年まで ※新NISAとは別枠で上記制度の取扱いは継続	**2024年1月以降の新規買付** 成長投資枠: ⇒年240万円(累計1200万円)まで つみたて投資枠: ⇒年120万円(累計1800万円)まで ※両枠合計の上限額は1800万円まで
金融サービス提供法 (旧・金融商品販売法)	**2024年1月末までの正式名称** 「金融サービスの提供に関する法律」	**2024年2月からの正式名称** 「金融サービスの提供及び利用環境の整備等に関する法律」
空き家に係る譲渡所得の3,000万円特別控除の特例	**2023年12月末までの譲渡** 特別控除額3000万円 (相続人が複数いる場合、1人あたり控除額3000万円)	**2024年1月以降の譲渡** 相続人が2人以下の場合、特別控除額3000万円 (相続人が3人以上いる場合、1人あたり控除額2000万円)
相続財産に加算する生前贈与の期間	**2023年12月末までの贈与** 相続開始前3年間	**2024年1月以降の贈与** 相続開始前7年間(ただし、延長した4年間に受けた贈与については合計100万円まで相続財産に加算しない)
相続時精算課税制度における基礎控除 (年110万円)	**2023年12月末までの贈与** 相続時精算課税制度を選択後は、全ての贈与について(同制度の対象として)贈与税申告が必要	**2024年1月以降の贈与** 相続時精算課税制度を選択後も、毎年110万円(基礎控除)以下の贈与については(非課税となり)贈与税申告が不要
不動産に関する相続登記の義務化	**2024年3月末まで** 不動産に関する相続登記は任意	**2024年4月1日より** 不動産に関する相続登記が義務化 原則、不動産の相続を認知してから3年以内の相続登記が必要
インボイス制度の導入	なし	**2023年10月より** 消費税の仕入税額控除を行うためには、請求書等に(適格請求書発行事業者の)登録番号の記載が必要
法人の接待交際費に含めなくてよい(接待)飲食費	**2024年3月末までの支出分** 1人あたり5,000円以下となる(接待)飲食費	**2024年4月以降の支出分** 1人あたり10,000円以下となる(接待)飲食費

はじめに

FP1級学科試験は「応用編」がカギになる

FP1級学科試験のポイントは、基礎編（100点満点）と応用編（100点満点）の合計で6割以上（200点満点中120点以上）正答すれば合格だということです。よって、全ての問題を完璧に解けるようになる必要は全くありません。

　本書は第1～6章が「基礎編」で、第7章が「応用編」になっています。応用編は資料が多く、複雑そうな計算もあり、一見難しく見えます。

　しかし、応用編は全15問のうち半分（7～8問）はパターン化された計算問題であり、解答が違っていても計算過程で部分点がもらえるのです。本書に掲載の頻出問題を解くことで、応用編で70点以上をねらうことができます。

　応用編で70点取れば、基礎編では半分の50点を取るだけで合格基準の120点に到達します。もちろん、本書を活用しながら過去問題に取り組むことで、基礎編でも6割を超える力が身につくので、合格はより確実なものとなっていきます。応用編に力を注ぐことで、効率的に合格に向かいましょう！

効率よく短期間で合格するために

本書では、効率よく短期間で合格するために次のような特長があります。
①学習のポイントは、頻出論点に的をしぼり、平易な言葉づかいでわかりやすく説明しています。②各項目の後に問題演習がついており、インプットの後にすぐアウトプットができるので、知識が定着しやすくなっています。③第7章は応用編になっており、この1冊で基礎編・応用編の学習が完了します。

　頻出論点に的をしぼった本書で、無理なく無駄なく、最短合格を目指しましょう！

FP資格の魅力

FPの資格・知識は、独立・開業したり、会社内で知識を活かしたり、
家庭での資産設計に役立てたり…といったように、あらゆる方面に活用できます。
FP資格の魅力は、「学習する全ての人に役立つ」ことです。

独立・開業

FP事務所を設立

1級ファイナンシャル・プランニング技能士やCFP®認定者となれば、独立してFP事務所を設立することも視野に入ります。

企業内FP

会社内で知識を活かす

金融機関や不動産会社等に勤めている方は、FPを取得することで社内や顧客からの信頼感がアップします。また、資格取得を奨励している企業も多くあります。

Wライセンス

FPと相性がよい資格
宅地建物取引士、社会保険労務士、税理士、証券外務員、日商簿記など

FPの学習内容は多分野にまたがるため、他の資格と重なる部分が多くあります。他の資格と合わせて取得することで、より専門的な顧客相談に対応できるようになります。

どんな人にも

家庭での資産設計に

年金や社会保険料など、人生に関わるお金について学ぶことで将来に見通しが立ち、合理的な判断ができるようになります。

FP の試験制度

FPの試験は「一般社団法人 金融財政事情研究会（金財）」と
「NPO法人 日本ファイナンシャル・プランナーズ協会（日本FP協会）」の
2団体が主催しています。

試験の種類は2種類

FP技能士 **（3級〜1級）**	国家資格。一度取得すると有効期限はないので、更新の必要はありません。本書はこのFP技能士の試験に対応しています。
AFP・CFP®	日本FP協会認定資格。資格には有効期限があり、定期的に更新する必要があります。

受検の流れ

基本的には**FP技能士の3級から受検**します。原則として一つ前の級の取得が受検資格となっているため、**3級⇒2級⇒1級の順に受検**します。

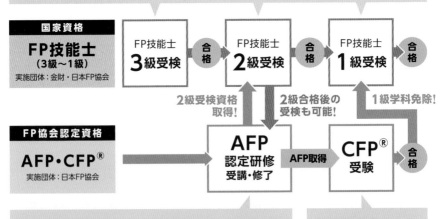

AFPの認定研修を修了した場合も2級FP技能士の受検資格が得られます。**AFP認定研修⇒2級FP技能士の流れをたどると、一気に2級とAFPの2つの資格取得が可能**となります。

2級取得者は1級を、AFP取得者はCFP®を受験することができます。

1級試験について

試験は「学科試験」と「実技試験」の2種類あり、

両方に合格することでFP技能士として認定されます。

学科試験	「学科試験」は金財のみ実施しています。

実 技	「実技試験」は金財・日本FP協会が実施しています。

学科試験に合格した後は、

実技試験は、学科試験の合格から翌々年度の末日までに合格する必要があります。

▌1級 学科 試験概要

受検資格 （右記のいずれかに 該当するもの）	・2級FP技能検定合格者で、FP業務に関し1年以上の実務経験を有する者 ・FP業務に関し5年以上の実務経験を有する者 ・厚生労働省認定金融渉外技能審査2級の合格者で、1年以上の実務経験を有する者
実施月	9月、1月、5月
受検料	8,900円
試験実施団体	金融財政事情研究会（金財）
出題形式	【基礎編】 マークシート方式による筆記試験 四答択一式 50問 【応用編】 記述式による筆記試験 5題（15問）
試験時間	【基礎編】 10：00〜12：30 【応用編】 13：30〜16：00
合格基準	200点満点で120点以上

■1級　実技　試験概要

	金財	日本 FP 協会
受検資格 **（右記のいずれかに** **該当するもの）**	金財の１級学科試験の合格者（注１） 日本 FP 協会の CFP® 認定者 日本 FP 協会の CFP® 資格審査試験の合格者（注１） 金財の FP 養成コース修了者（注２）で FP 業務に関し１年以上の実務経験を有する者 （注１）合格日が実技試験の行われる日の前々年度以降のものに限る （注２）修了日が実技試験の行われる日の前々年度以降のものに限る	
実施月	６月、９月〜 10 月、２月	９月
受検料	28,000 円	20,000 円
試験形式	口頭試問形式（面接）	筆記試験（記述式）
出題数	異なる設例に基づき、２回面接を行う	２題（各 10 問、計 20 問）
合格基準	200 点満点で 120 点以上 （１回目・２回目の面接が それぞれ 100 点満点）	100 点満点で 60 点以上

2024年度　1級学科試験日程（予定）

	2024 年 9 月	2025 年 1 月	2025 年 5 月
試験日	2024 年 9 月 8 日	2025 年 1 月 26 日	2025 年 5 月下旬
受検申請書 請求期間	2024 年 6 月 3 日〜 7 月 16 日	2024 年 10 月 1 日〜 11 月 26 日	2025 年 2 月上旬〜 3 月下旬
受検申請 受付期間	2024 年 7 月 2 日〜 7 月 23 日	2024 年 11 月 13 日〜 12 月 3 日	2025 年 3 月中旬〜 4 月上旬
受検票 発送日	2024 年 8 月 22 日	2025 年 1 月 8 日	2025 年 5 月上旬
合格発表日 （予定）	2024 年 10 月 21 日	2025 年 3 月 7 日	2025 年 6 月下旬〜 7 月上旬

法令基準日

問題文にとくに断りのない限り、以下の基準日現在の法令等に基づいて出題されます。

（ただし、試験範囲に含まれる時事的問題など、FP として当然知っておくべき事項については、
基準日にかかわらず出題される可能性もあります）

試験日	2024 年 9 月 8 日	2025 年 1 月 26 日	2025 年 5 月下旬
	↑	↑	↑
法令基準日	2024 年 4 月 1 日	2024 年 10 月 1 日	2024 年 10 月 1 日

試験情報は変更される可能性があります。最新の試験情報の確認や受検手続
は、以下の試験団体の HP 等を参照しましょう。

一般社団法人　金融財政事情研究会（金財）
URL https://www.kinzai.or.jp/fp　TEL 03-3358-0771

NPO 法人　日本ファイナンシャル・プランナーズ協会（日本 FP 協会）
URL https://www.jafp.or.jp/　TEL 03-5403-9890

学習方法

本書『スッキリわかる FP 技能士1級　学科基礎・応用対策』は、

1冊でインプットとアウトプットが完了し、

合格圏内に入れる作りとなっていますが、

シリーズで使用することにより本番得点力がさらに高まります。

学習に割ける時間等に応じて、
過去問題集や予想模試を活用しましょう。

基本の1冊！

本書の特長と利用方法（P12）

STEP 1 スッキリわかる を使い倒す

　本書『スッキリわかる FP 技能士1級 学科基礎・応用対策』は、短いテキスト部分の後にすぐ問題演習があり、1冊でインプットとアウトプットが完了する作りとなっています。

1周目

1周目は、わからない部分があってもそのまま読み進め、問題部分も「読む」程度にとどめます。このようにして、まず学習する内容の大枠をざっくりと頭に入れましょう。

2周目以降

そして、2周目、3周目と繰り返し読みながら、少しずつ知識を頭にしみこませていきましょう。赤シートを活用して、覚えているかどうか確認するのも効果的です。

さらに過去問をたくさん解く！

STEP 2 スッキリとける で過去問演習

　本書にも頻出の過去問題を掲載していますが、『スッキリとける過去＋予想問題　FP技能士1級　学科基礎・応用対策』でより多くの過去問題を解き、さらに本試験タイプの予想問題を1回分解くことで、本試験に対応する力が養われます。

スッキリわかる ⟳ スッキリとける

『スッキリわかる』を1章読むごとに『スッキリとける』の同じ章の問題を解くことで理解が深まります。

直前対策で総仕上げ！

STEP 3 あてる の予想模試で本試験に備える

　『○年○月試験をあてる TAC直前予想模試 FP技能士1級』では、本試験形式の予想模試3回分を収載しています。さらに、最新の「法改正情報」や、各科目の最重要ポイントを厳選収載した「必勝！　ポイント整理」など、直前対策に役立つコンテンツが盛りだくさんです。

　この1冊で試験に向けた最終仕上げをしましょう。

STEP 1 最新情報を入手しよう！

改正ポイント

書籍冒頭の「改正ポイント」で、試験で問われる可能性のある最新の法改正情報をチェックしましょう。

STEP 2 インプット ⇄ アウトプットで知識を定着！

第1章 ライフプランニングと資金計画　出題率 **30%** ｜ 難易度 ★ ☆ ☆ ☆ ☆

1 ファイナンシャル・プランニングの倫理と関連法規

最後のひと押し

絶対読め！30秒レクチャー

FPは、顧客のライフプラン実現を支援するために幅広い相談に応じる仕事だが、実際の業務では「業際」や「コンプライアンス（法令遵守）」を意識する必要がある。1級学科基礎対策上は「FPが単独でこれをやったらアウト！」を押さえたうえで「「有償か無償」よりも「具体的か一般的か」の違いが重要」であることを理解しよう！　第1問目に出ることがあるので、ここを取れば最高のスタートが切れる！

ナナメ読み！ **学習のポイント**

1 FP業務において意識すべき関連法規

FP業務は、税理士法、弁護士法、保険業法、金融商品取引法などの関連業法を守りながら遂行する必要があり、FPが◯◯行えない業務は、税理士、弁護士、保険募集人、宅建士など◯◯◯◯◯◯と連携して遂行することが大切。

法律や税務に関する内容は「一般的な説明」なら無償でも（無料でも）セーフだが、「個別具体的な相談」は個別でも（有料でも）アウト、と理解する。

(1) 税理士法の注意点

税理士でないFPの、個別◯◯◯◯◯◯◯、税務書類の作成などの行為は有償（有料）・無償（タダ）を問わずアウト（一般的な説明ならOK）

002

重要な語句や問題演習の解答は
赤シートで隠せます。

アイコンに注目

出題率ごとに、絶対マスター！（70%以上）、ここで差がつく（50%以上70%未満）、最後のひと押し（50%未満）のアイコンがついています。メリハリをつけて学習しましょう。

出題率と難易度

各項目の出題率と難易度が一目でわかります。
出題率高め、難易度低めの「おいしい論点」は落とさないようにしましょう。

絶対読め！30秒レクチャー

熱血クマ講師Shuzoのイラストと熱いレクチャーで、各項目の要点がすぐにつかめます。

ナナメ読み！学習のポイント

試験対策に必要な知識だけ、極限までしぼりこんでいます。やさしく簡潔な文章だから、どんどん読み進められます。

実務上ではどうなの？

税金に関する質問を顧客から受けた場合、FP単独では「所得税はこの3つのステップで計算します」のような一般的な説明をして信頼を保ったうえで、個別具体的な結論はご自身で出してもらうか、税務署や税理士への確認を促します。また、提携税理士と共同業務で（役割分担をして）対応することもあります。

実務上ではどうなの？

独立系FPとして20年以上活躍している著者が語るFPの実務情報。実務の世界の変動がわかれば、本試験の傾向が見えてきます。

問題演習

厳選した頻出の過去問題を掲載しています。学んだ内容をすぐにアウトプットすることで知識を定着させます。
「学習のポイント」でふれていない発展的な知識が問われることもあるので、ここでさらに知識をたくわえましょう。

繰り返し学習

間違えた問題にはチェックを入れて、復習しましょう。

🖋 本番得点力が高まる！ 問題演習

問1
☐☐☐　フラット35およびフラット35借換融資に関する次の記述のうち、最も適切なものはどれか。

1) 一戸建て住宅は、原則として、敷地面積が70㎡以上で、かつ、敷地が一般の交通の用に供する道に2m以上接していなければ、フラット35の融資対象とならない。
2) 70歳以上の者は、フラット35借換融資を申し込むことができない。
3) フラット35借換融資の申込者が所有し、かつ、申込者が利用するセカンドハウス（単身赴任先の住宅、週末を過ごすための住宅などで賃貸していないもの）を購入した際の借入金は、フラット35借換融資の対象とならない。
4) フラット35借換融資の申込者は、借換対象となる住宅に係る借入金の債務者と同一である必要があるが、借換融資の申込みにおいて債務者を追加して2人にすることができる。

〈2023年9月基礎 問7〉

問2
☐☐☐　フラット35に関する次の記述のうち、最も不適切なものはどれか。

1) 新築住宅を取得する際にフラット35を利用するためには、原則として当該住宅について、独立行政法人住宅金融支援機構が定める技術基準に適合していることを示す適合証明書を取得する必要がある。

3　応用編の対策もバッチリ！

充実の応用編対策　第7章

1級合格のカギとなる応用編の対策をしましょう。学習時間の半分以上を応用編に注ぐのが合格の秘訣です。

4　試験直前は、秘伝の書で大逆転！

秘伝の書　袋とじ

試験直前の秘伝が載っています。試験まで数日しか勉強時間がない人は、まずここを開けてみましょう。

CONTENTS

第1章　ライフプランニングと資金計画

第2章　リスク管理

第3章　金融資産運用

第4章 タックスプランニング

第5章 不動産

第6章 相続・事業承継

第7章 学科応用・完全対策

第 1 章

ライフプランニングと資金計画

すべてのFP業務の中心となる、ライフプランニングと資金計画の考え方。1級学科基礎においては、「関連法規」「6つの係数」「フラット35」「健康保険」「労災保険」「介護保険」「公的年金」「確定拠出年金」「政策金融公庫」が繰り返し出題されているので、集中的に勉強しておこう！　これ以外は、過去問に出た内容だけで十分だ！

1 ファイナンシャル・プランニングの倫理と関連法規

最後のひと押し

絶対読め！30秒レクチャー

　FPは、顧客のライフプラン実現を支援するために幅広い相談に応じる仕事だが、実際の業務では「業際（ぎょうさい）」や「コンプライアンス（法令遵守）」を意識する必要がある。1級学科基礎対策上は「FPが単独でこれをやったらアウト！」を押さえたうえで「『有償か無償か』よりも『具体的か一般的か』の違いが重要」であることを理解しよう！　第1問目に出ることがあるので、ここを取れば最高のスタートが切れる！

ナナメ読み！　学習のポイント

1 FP業務において意識すべき関連法規

　FP業務は、税理士法、弁護士法、保険業法、金融商品取引法などの関連業法を守りながら遂行する必要がある。FPが単独で行えない業務は、税理士、弁護士、保険募集人、宅建士などの有資格者と協業して遂行することが大切。

　法律や税務に関する内容は、「一般的な説明」なら有料でも（無料でも）セーフだが、「個別具体的な相談」は無料でも（有料でも）アウト、と理解する。

（1）税理士法の注意点

　税理士でないFPの、個別具体的な税務相談、税務申告の代理などの行為は有償（有料）・無償（タダ）を問わずアウト！（一般的な説明ならOK）

(2) 弁護士法の注意点

弁護士でないFPが、具体的な法律相談を行ったらアウト！（一般的な説明の範囲ならセーフ）

(3) 保険業法の注意点

保険募集人でないFPの、具体的な保険商品の募集や勧誘はアウト！（勧誘目的ではない商品の一般的な説明はセーフ）保険募集人であるFPでも、保険業法における禁止行為（第2章 ① 1 参照）に注意！

(4) 宅建業法の注意点

宅地建物取引業者ではないFPが、「業」として（たとえば顧客の代理人という立場で）宅地や建物を売買したらアウト！

(5) 個人情報保護法

個人情報とは、生存する個人に関する情報に含まれている氏名・住所・生年月日などにより特定の個人を識別できるものをいう。

(6) 金融商品取引法

金融商品取引業者として登録を受けていないFPが、投資助言・代理業・投資運用業を行ったらアウト！

(7) 土地家屋調査士

土地家屋調査士の独占業務は、不動産の表示に関する登記について必要な「土地・家屋に関する調査または測量」「（表題部の）登記申請手続きの代理」（いずれも有償で行うことが前提）の2つ。

(8) 不動産鑑定士

不動産鑑定士でないFPが、他人の求めに応じて報酬を得て業として行う「不動産の鑑定評価」を行ったらアウト！

(9) 社労士法の注意点

社会保険労務士でないFPは、労働および社会保険に関する法令に基づく「申請書等の作成、その提出に関する手続の代行」や「申請等の代理」を行ったらアウト！（公的年金制度に関する説明や、年金受給額の試算はセーフ）

(10) 司法書士

「法務局に提出する書類の作成」は司法書士の独占業務。

(11) その他

弁護士・司法書士・行政書士ではないFPが、報酬を得る目的で顧客から、

事件性のある債務整理の相談に応じる行為はアウト！　任意後見契約の締結は、弁護士等でないFPでもOK。

官公庁が作成した（転載禁止の表示がない）広報資料は許諾なしで使用可。

実務上ではどうなの？

　税金に関する質問を顧客から受けた場合、FP単独では「所得税はこの3つのステップで計算します」のような一般的な説明をして信頼を保ったうえで、個別具体的な結論はご自身で出してもらうか、税務署や税理士への確認を促します。また、提携税理士と共同業務で（役割分担をして）対応することもあります。

本番得点力が高まる！ 問題演習

問1

ファイナンシャル・プランニングを業として行ううえでの関連法規に関する次の記述のうち、関連法規に抵触するものはいくつあるか。なお、各関連法規において別段の定めがある場合等は考慮しないものとする。

(a) ファイナンシャル・プランナーのAさんは、官公庁が作成した転載を禁止する旨の表示がない広報資料をインターネットで入手し、その許諾を得ることなく、自身が開催した資産運用に関するセミナーのレジュメで出典を明記して使用した。

(b) 税理士の登録を受けていないファイナンシャル・プランナーのBさんは、顧客から配偶者控除と配偶者特別控除の適用要件を聞かれ、無償で所得税法の条文等を示しながら一般的な解説をした。

(c) 弁護士の登録を受けていないファイナンシャル・プランナーのCさんは、ひとり暮らしの高齢の顧客からの依頼により、任意後見契約を公正証書で締結した。

1) 1つ

2) 2つ

3) 3つ

4) 0（なし）

《2023年5月基礎 問1》

 問2
□□□

　　ファイナンシャル・プランニングを業として行ううえでの関連法規に関する次の記述のうち、適切なものはいくつあるか。なお、本問における独占業務とは、当該資格を有している者のみが行うことができる業務であるものとし、各関連法規において別段の定めがある場合等は考慮しないものとする。

(a) 社会保険労務士法により、他人の求めに応じて、報酬を得て業として行う事務であって、労働社会保険諸法令に基づく「申請書等の作成、その提出に関する手続の代行」「申請等の代理」「年金額の試算」は、社会保険労務士の独占業務である。

(b) 土地家屋調査士法により、不動産の権利に関する登記について、他人の依頼を受けて業として行う「登記に関する手続の代理」「法務局に提出する書類の作成」は、有償・無償を問わず、土地家屋調査士の独占業務である。

(c) 税理士法により、他人の求めに応じて、業として行う「税務代理」「税務書類の作成」「税務相談」は、有償・無償を問わず、税理士の独占業務である。

1) 1つ

2) 2つ

3) 3つ

4) 0（なし）

《2022年5月基礎 問1》

問2 1)⋯⋯(a)✗ 報酬を得て業として、労働社会保険諸法令に基づく「申請書等の作成、その提出に関する手続の代行」「申請等の代理」「帳簿書類の作成」を行う事務は、社会保険労務士の独占業務。「年金額の試算」は独占業務ではない。

(b)✗ 「法務局に提出する書類の作成」は司法書士の独占業務。土地家屋調査士の独占業務として、不動産の表示に関する登記について必要な「土地または家屋に関する調査または測量」「登記申請手続の代理」（いずれも有償の業務）が、土地家屋調査士法で定められている。

(c)◯ 有償・無償を問わず、「税務代理」「税務書類の作成」、個別具体的な「税務相談」を行うことは、税理士の独占業務。

2 将来と現在のお金をつなぐ 6つの係数

最後の
ひと押し

絶対読め！**30**秒レクチャー

6つの係数

　一定の年率による複利運用を前提として、将来と現在のお金をつなぐ各種係数を使いこなせるようにしておこう！　1級学科基礎では第1～2問目に出るケースが多い時期もあったので、念のため押さえておこう！

ナナメ読み！　**学習のポイント**

1　将来と現在のお金をつなぐ6つの係数

　将来のお金や現在のお金など、いろいろな試算をする場合に便利な係数が6つある。名称と図のイメージを結びつけて理解しよう。

（1）**終価係数**：現在の額を一定の利率で運用した場合の将来の額を求める

　　将来の額＝現在の額×終価係数

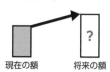

現在の額　　将来の額

（2）**現価係数**：将来の必要金額を得るために、一定の利率で運用する場合の現在の必要金額を求める。

　　現在の必要金額＝将来の必要金額×現価係数

現在の必要金額　　将来の必要金額

(3) 年金終価係数：毎年の積立額から将来の積立合計額を求める

> 将来の積立合計額＝毎年の積立額×年金終価係数

　年金（毎年のお金）から終価（最終的なお金）を
求める係数と理解しよう。

(4) 減債基金係数：目標額を貯めるために必要な毎年の積立額を求める

> 毎年の必要積立額＝将来の目標金額×減債基金係数

　ちなみに「減債基金」とは、債券の発行者が（将
来の満期時に備えて）償還財源を積立てる資金枠の
こと。

(5) 年金現価係数：目標の年金額を受け取るために必要な年金原資を求める

> 必要な年金原資＝毎年の受取年金額×年金現価係数

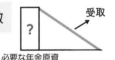

　年金（毎年のお金）から現価（現在のお金）を求
める係数と理解しよう。

(6) 資本回収係数：保有資産額を毎年の年金として受け取れる額を求める

> 毎年の受取年金額＝保有資産額×資本回収係数

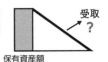

　ここでいう「回収」は「毎年の回収額」と理解し
ておこう。

2　6つの係数の逆数

　次の2つの係数をセットで覚えよう。それぞれ逆数（1÷他方の係数）と
なっていて、片方の係数がわからない場合などに、以下の公式のように使うこ
とができる。

知りたい金額＝もととなる金額×係数

知りたい金額＝もととなる金額÷逆数となる係数

一時金運用の将来＆現在をだすセット	終価＆現価
積立て運用の将来＆現在をだすセット	年金終価＆減債基金
取崩し運用の将来＆現在をだすセット	資本回収＆年金現価

※ 同じ利率なら、セットの係数どうしを掛け算すると1になる

実務上ではどうなの？

現在は専用のソフトを活用したり、エクセルの財務関数（具体的には「FV」「PV」「PMT」）を使ったりすれば受取額や積立額を計算できるので、FPの実務上で「係数表」を使うことはまずありません。

でも、各係数の考え方は実務に役立ちますよ！

本番得点力が高まる！ 問題演習

問1

Aさん（45歳）は、65歳から15年間にわたって毎年600千円を受け取るために、65歳までの20年間、年金原資を毎年均等に積み立てることを考えている。この場合、45歳から65歳までの20年間の毎年の積立額はいくらになるか。下記の係数表を利用して算出した次の金額のうち、最も適切なものを選びなさい。

なお、積立期間および取崩期間中の運用利回り（複利）は年2％とし、積立ておよび取崩しは年1回行うものとする。また、計算結果は千円未満を切り捨てることとし、手数料や税金等は考慮しないものとする。

	終価係数	現価係数	年金終価係数	減債基金係数	年金現価係数	資本回収係数
5年	1.1041	0.9057	5.2040	0.1922	4.7135	0.2122
10年	1.2190	0.8203	10.9497	0.0913	8.9826	0.1113
15年	1.3459	0.7430	17.2934	0.0578	12.8493	0.0778
20年	1.4859	0.6730	24.2974	0.0412	16.3514	0.0612
25年	1.6406	0.6095	32.0303	0.0312	19.5235	0.0512

1) 271千円

2) 300千円

3) 317千円

4) 323千円

《2018年9月基礎 問1》

問2
□□□

Aさん（40歳）は、40歳から60歳になるまでの20年間に、毎年240千円ずつ積み立て、その資金を60歳から15年間にわたって全額を毎年均等に取り崩し、年金として毎年同額の支給を受けたいと考えている。全期間の運用利回り（複利）を年3%とした場合、毎年の受取額はいくらか。下記係数表を利用して算出した次の金額のうち、最も適切なものを選びなさい。なお、積立ておよび取崩しは年1回行うものとし、計算結果は千円未満を切捨てとすること。また、手数料や税金等は考慮しないものとする。

（年利率：3%）

	終価係数	現価係数	年金終価係数	年金現価係数
5年	1.1593	0.8626	5.3091	4.5797
10年	1.3439	0.7441	11.4639	8.5302
15年	1.5580	0.6419	18.5989	11.9379
20年	1.8061	0.5537	26.8704	14.8775
25年	2.0938	0.4776	36.4593	17.4131

1) 300千円

2) 433千円

3) 540千円

4) 756千円

《2013年9月基礎 問1》

問1 3) ── まず目標の年金額を受け取るために必要な年金原資を求める。

必要な年金原資＝毎年の受取年金額×年金現価係数

600,000円×12.8493＝7,709,580円

次に、20年間年利2.0%で複利運用しながら、目標額を積み立てる場合に、必要な毎年の積立額を求める。

毎年の積立必要額＝将来の目標金額×減債基金係数

7,709,580円×0.0412＝317,634.6…→317千円

（千円未満切捨て）

問2 3) ── 60歳時点での積立合計額＝毎年の積立額×年金終価20年
= 240,000円×26.8704
= 6,448,896円

毎年の受取額を求めるためには「資本回収係数」を使うが、表にないので逆数の「**年金現価係数**」を使う。（資本回収係数＝1÷年金現価係数）

毎年の受取年金額＝60歳時点での積立合計額×資本回収15年
＝60歳時点での積立合計額÷年金現価15年
＝6,448,896円÷11.9379
＝540,203.5…→540千円（千円未満切捨て）

3 フラット35

最長35年の
固定金利なので
フラッと3,000万円
借りちゃった！

フラッと

絶対読め！ **30**秒レクチャー

　フラット35は住宅金融支援機構と民間金融機関が提携して提供する「長期固定金利」の住宅ローンだ。1級学科基礎ではここ数年で頻出テーマになり、「問7」で出ることが多いので、ガッツリ勉強しよう！

ナナメ読み！ 学習のポイント

1 【フラット35】

　最長35年の長期固定金利の住宅ローン。<u>本人または親族が住む</u>住宅（マンション等は30㎡～、戸建て等は70㎡～）の建設・購入の資金に使える。フラット35（買取型）の特徴は、次のとおり。

① 最長35年の長期固定金利

② 保証料0円、<u>繰上げ返済手数料0円</u>

③ 住宅の断熱・耐久性などについて、一定の基準を満たす必要があり、原則「適合証明書」を取得する必要がある（省略できる物件もある）。

④ 中古住宅を購入する場合、「建築確認日が1981年6月1日以後」または「耐震評価基準等に適合していることの証明書がある」のいずれかを満たすことが必要。

⑤ 団体信用生命保険に加入する場合、以前は金利とは別に保険料がかかっていたが、2017年10月以降の新・機構団信では保険料込みの金利に変わった。

⑥ 申込時の年齢は満70歳未満に制限されているが、親子リレー返済（親子2代にわたってローンを返済）を利用する場合はその限りではない。

⑦　年収に占めるすべての借入金の合計返済額の割合が「年収400万円未満：30％以下、年収400万円以上：35％以下」の基準を満たすことが融資の前提条件。

⑧　融資率の上限は建設費または購入価額の10割。融資率が9割を超える場合には（9割以下の場合よりも）融資金利が高く設定されている。

⑨　融資額は（100万円以上）8,000万円以下

⑩　資金使途は、住宅の建設・購入資金のほか、ホームインスペクション（住宅診断）に係る費用、火災保険料・地震保険料などの付随費用も対象となる。

⑪　返済方法は元利均等返済または元金均等返済による毎月返済が基本。6カ月ごとのボーナス払いも併用可能だが、借入金額の40％以内（1万円単位）に限られる。

⑫　繰上げ返済

　　金融機関の窓口で行う場合は100万円以上から、インターネット経由で行う場合は10万円以上から可能。繰上げ返済を行う1カ月前までに、返済中の金融機関に申し出る必要がある。繰上げ返済手数料は無料。

2 【フラット35】S

「省エネルギー性」「耐久性・可変性」「耐震性」「バリアフリー性」などに優れた住宅を取得する場合に【フラット35】の金利を一定期間引き下げる制度。

①　金利Aプラン：当初10年間　年▲0.25％

②　金利Bプラン：当初5年間　年▲0.25％

③　ZEH住宅：当初5年間　年▲0.50％　6～10年目まで　年▲0.25％

3 金利引継特約付きフラット35

フラット35の1つで、新築した認定長期優良住宅を売却する場合に「残った債務を購入者に引き継ぐ」ことができるローン。

4 フラット35（リフォーム一体型）

中古住宅の購入費用および中古住宅の購入と併せて行うリフォーム工事に必要な費用が対象となる。リフォーム工事の内容や借入額に占めるリフォーム工事費の割合に制限はない。

5 フラット35リノベ

「中古住宅を購入して性能向上リフォームを行う」場合や、「性能向上リフォーム済の中古住宅を購入する」場合に、返済当初10年間の金利を年0.5％または年0.25％引き下げる制度。

6 フラット35借換融資

① 申し込めるのは住宅ローンの借入日から1年以上、正常に返済している人。
② 現在フラット35を利用している人も利用可能。
③ 借換える場合、抵当権の抹消および設定の手続が必要。
④ 借換えの申込において、債務者を追加できる（連帯債務者含め2人まで）

7 リ・バース60

満60歳以上向けのリバースモーゲージ（自宅を担保に入れて老後生活資金などを借りることができるしくみ）。

① 返済方法：申込者が生存中は毎月利息のみ返済。申込者の死亡時の残債務は「相続人による一括返済」または「担保物件の売却による一括返済」となる。
② 住宅の「リフォーム・購入」資金に利用する場合、融資額の上限は原則（リフォーム・購入一律で最大）8,000万円」「リフォーム・購入に必要な費用」「担保物件の評価額の50％または60％」のうち最も低い額となる。

本番得点力が高まる！ 問題演習

 問1　フラット35およびフラット35借換融資に関する次の記述のうち、最も適切なものはどれか。

1) 一戸建て住宅は、原則として、敷地面積が70㎡以上で、かつ、敷地が一般の交通の用に供する道に2m以上接していなければ、フラット35の融資対象とならない。
2) 70歳以上の者は、フラット35借換融資を申し込むことができない。
3) フラット35借換融資の申込者が所有し、かつ、申込者が利用するセカンドハウス（単身赴任先の住宅、週末を過ごすための住宅などで賃貸していないもの）を購入した際の借入金は、フラット35借換融資の対象とならない。
4) フラット35借換融資の申込者は、借換対象となる住宅に係る借入金の債務者と同一である必要があるが、借換融資の申込みにおいて債務者を追加して2人にすることができる。

《2023年9月基礎 問7》

 問2　フラット35に関する次の記述のうち、最も不適切なものはどれか。

1) 新築住宅を取得する際にフラット35を利用するためには、原則として当該住宅について、独立行政法人住宅金融支援機構が定める技術基準に適合していることを示す適合証明書を取得する必要がある。
2) フラット35の資金使途は、新築住宅の建設・購入資金または中古住宅の購入資金であり、ホームインスペクション（住宅診断）に係る費用、登記に係る費用、火災保険料・地震保険料などの付随費用は対象とならない。
3) フラット35の親子リレー返済を利用する場合、申込者本人の子の配偶者が定期的収入のある者で、申込時の年齢が満70歳未満であるときは、当該配偶者を連帯債務者として親子リレー返済の後継者とすることができる。
4) フラット35の一部繰上げ返済を返済先の金融機関の窓口で行う

場合は、返済1カ月前までに当該金融機関に繰上げ返済の申出を行い、繰上返済手数料は不要で、返済することができる額は100万円以上とされている。　　　　　　　　　　《2018年9月基礎 問8改題》

問3　フラット35に関する次の記述のうち、最も適切なものはどれか。
□□□

1) 中古マンションを取得する際にフラット35を利用するためには、住宅について、専有面積が40㎡以上であり、かつ、住宅金融支援機構が定めた技術基準に適合している必要がある。

2) フラット35地域連携型を利用した場合、当初10年間、フラット35の借入金利から0.35%引き下げられる。

3) フラット35を利用するためには、申込者の年収に占めるすべての借入れの年間合計返済額の割合が、年収が400万円未満の場合は35%以下、年収が400万円以上の場合は40%以下であることが必要である。

4) フラット35の一部繰上げ返済を返済先の金融機関の窓口で行う場合は、返済1カ月前までに当該金融機関に繰上げ返済の申出を行う必要があり、繰上返済手数料は不要で、返済することができる額は100万円以上とされている。　　　　　　《2022年1月基礎 問8》

問4　住宅金融支援機構のフラット35およびリ・バース60に関する次の記述のうち、最も適切なものはどれか。
□□□

1) フラット35を利用するためには、申込者の年収に占めるすべての借入れの年間合計返済額の割合が、年収が400万円未満の場合は35%以下、年収が400万円以上の場合は40%以下であることが必要である。

2) フラット35の資金使途は、新築住宅の建設・購入資金または中古住宅の購入資金とされており、住宅金融支援機構が定めた技術基準に適合する住宅であれば、投資用物件など第三者に賃貸する目的で取得する住宅の建設・購入資金も対象となる。

3) 長期優良住宅でない住宅のリフォーム資金としてリ・バース60を利用する債務者および連帯債務者が満60歳以上である場合、その融資限度額は、「8,000万円」「住宅のリフォーム費用」「担保物件の評価額の50%または60%」のうち、最も低い額となる。

4) リ・バース60の返済方法は、申込者が生存中は毎月一定額未満に据え置かれた元利金を返済し、申込者の死亡時における残債務については、申込者の相続人による一括返済か、担保物件の売却による一括返済となる。　　　　《2019年5月基礎 問8改題》

問5
□□□
　フラット35の一般的な商品性に関する次の記述のうち、最も不適切なものはどれか。

1) フラット35の対象となる住宅は、申込者本人またはその親族が居住するためのもので、住宅金融支援機構が定めた技術基準に適合し、かつ、建設費または購入価額が1億円以下のものとされている。

2) フラット35の融資額は100万円以上8,000万円以下（1万円単位）であり、同一の取扱金融機関において、融資率が9割を超える場合の融資金利は、融資率が9割以下の場合の融資金利よりも高く設定されている。

3) フラット35の返済方法は元利均等毎月払いまたは元金均等毎月払いであり、6カ月ごとのボーナス払いを併用する場合は、ボーナス払い部分の金額が融資額の40%以内（1万円単位）でなければならない。

4) フラット35の一部繰上げ返済を返済先の金融機関の窓口で行う場合は、返済1カ月前までに当該金融機関に繰上げ返済の申出を行う必要があり、繰上返済手数料は不要で、返済することができる額は100万円以上とされている。　　　　《2020年1月基礎 問6》

問1 4)── 1) ✕　床面積の制限はあるが、敷地面積の制限はない。

　　　　2) ✕　申込時の年齢は満70歳未満に制限されているが、親子リレー返済の場合は満70歳以上の者も可。

　　　　3) ✕　セカンドハウスまたは親族が住む住宅も対象。

　　　　4) ○　学習のポイント 6 ④を参照。

問2 2)── 1) ○　フラット35を利用するためには、原則として、独立行政法人住宅金融支援機構が定める技術基準に適合しているこ

とを示す適合証明書を取得する必要がある。

2) ✕　資金使途は、新築住宅の建設・購入資金または中古住宅の購入資金のほか、ホームインスペクション（住宅診断）に係る費用、登記に係る費用、火災保険料・地震保険料などの付随費用も対象。

3) ◯　申込者本人の子の配偶者が定期的収入のある者で、申込時の年齢が満70歳未満であるときは、当該配偶者を連帯債務者として親子リレー返済の後継者とすることができる。

4) ◯　一部繰上げ返済を返済先の金融機関の窓口で行う場合、返済1カ月前までに申し出、繰上返済手数料は不要、返済可能額は100万円以上。

問3 4) ── 1) ✕　専有面積40㎡以上ではなく、30㎡以上が正しい。

2) ✕　地域連携型は当初10年間（子育て支援・空き家対策）または5年間（地域活性化）0.25%引き下げ。

3) ✕　学習のポイント 1 ⑦を参照。年収400万円未満は30%以下、年収400万円以上は35%以下となっている。

4) ◯　学習のポイント 1 ⑫を参照。本肢のとおり。

問4 3) ── 1) ✕　年収に占める年間合計返済額の割合（返済比率）は、借入予定のお金を含む「すべての借入金」の返済額をベースとして計算するが、総返済負担率は、年収400万円未満で30%以下、年収400万円以上で35%以下である。

2) ✕　学習のポイント 1 を参照。投資用物件は対象外。

3) ◯　本肢のとおり。

4) ✕　学習のポイント 8 を参照。生存中は毎月利息のみ返済でOK。

問5 1) ── 1) ✕　建設費・購入価額の上限は（以前は1億円だったが）現在はない。

2) ◯　学習のポイント 1 ⑧を参照。頭金が少ないと金利が高くなる。

3) ◯　学習のポイント 1 ⑪を参照。

4) ◯　学習のポイント 1 ⑫を参照。

4 健康保険（公的医療保険）

絶対マスター

絶対読め！**30**秒レクチャー

　医療費の自己負担は原則3割だが、残りの7割は「協会・組合・市町村等」という3つの運営者が負担している。それぞれの違いを押さえておこう。ここは1級学科基礎でもほぼ毎回出ていて、特に「任意継続」「傷病手当金」「被扶養者になれる条件」がねらわれやすいので要チェックだ！

協会　組合
運営者
市区町村等

自己負担3割

ナナメ読み！ 学習のポイント

1 「健康保険」（被用者保険＝従業員の保険）のしくみ

　被保険者（従業員本人）とその被扶養者（一定の家族）の業務外の事由による、疾病・負傷などについて保険給付を行う制度。協会けんぽ（協会管掌健康保険）と、組合健保（組合管掌健康保険）に分かれている。

（1）健康保険の「被扶養者」となるための条件

・2020年4月1日以降は国内に居住するもの（一定のものを除く）。

・被扶養者の年収が130万円（障害者や60歳以上は180万円）未満であること。

・被保険者と同居の場合の年収は、被保険者の年収の2分の1未満であること。

・同居していない場合の年収は、被保険者の援助額より少ないこと。

（2）パートタイマーが健康保険・厚生年金保険の被保険者に該当する要件

① 原則として、「正社員と比べて、1週間および1カ月あたり4分の3以上の勤務時間や日数である」こと（＝4分の3基準）が要件。

② 4分の3基準を満たさなくても、「①週20時間以上労働、②2カ月超の継続雇用、③月額賃金8.8万円以上、④学生でない、⑤特定適用事業所（101人以上。2024年10月からは51人以上）に勤務」の5要件を満たす場合は被保険者となる。

(3) 保険料の負担

協会けんぽの場合は、事業主と被保険者が折半。組合健保の場合は、規約で定められる。保険料は、標準報酬月額・標準賞与額に保険料率を掛けて求める。

① 標準報酬月額

・最低58,000円から最高139万円までの**50等級**に区分される。

・標準報酬月額は、原則として毎年4～6月の報酬月額に基づき決定（定時決定）され、著しい変動がない限り、**その年の9月から翌年8月までの各月**の標準報酬月額となる。

② 標準賞与額

標準賞与額の上限額は年度の累計で**573万円**。

(4) 医療費

原則3割を自己負担、7割を運営主体が負担する。自己負担分が高額になる場合は、負担が軽減される高額療養費というしくみがある。

① 高額療養費（こうがくりょうようひ）

1カ月に支払った医療費の自己負担額が自己負担限度額を超えた場合は、申請により、限度額を超えた額が高額療養費として払い戻される。ただし、入院時の食事代や差額ベッド代、保険外診療費用等は対象外。また、事前に医療費が高額になると分かっている場合は、「限度額適用認定証」と被保険者証を医療機関で提示すると（高額療養費の現物給付が行われ）窓口での支払いを高額療養費の自己負担限度額にとどめられる。

(5) 健康保険の給付

① 傷病手当金（しょうびょうてあてきん）

・病気やケガのために会社を休み、事業主から十分な報酬が受けられない場合に支給される。

・被保険者が病気やケガのために働けず、会社を休んだ日が連続して3日間ある場合に、4日目以降、休んだ日に対して支給される。

・支給期間の限度は、実際に手当の支給を受けた日から通算1年6カ月。

・支給額は、病気やケガで休んだ期間1日につき、「12カ月間の各標準報酬月額の平均÷30日」の3分の2に相当する額。

・休んだ期間について、事業主から傷病手当金の額より少ない報酬額の支給を受けた場合等は支給額が調整される。事業主から傷病手当金の額より多い報酬額の支給を受けた場合には支給されない。

・他の要件を満たしていれば、在職老齢年金の支給を受けている場合でも、傷病手当金は支給される。

② 出産育児一時金

産科医療補償制度に加入する医療機関で出産した場合の出産育児一時金の額は、1児につき50万円。なお、資格喪失後6カ月以内の出産であれば受給可。

③ 埋葬料

被保険者が死亡（業務外）したときは、その者により生計を維持していて、埋葬を行う人に対し、埋葬料として5万円が支給される。

(6) 任意継続被保険者

退職後も、希望すればこれまでの健康保険に加入できる制度。保険料は全額自己負担、加入できる期間は最長2年間。退職の日までの被保険者期間が2カ月以上あることが必要で、退職の日の翌日から20日以内に申請する。協会けんぽの場合、保険料を算出するための標準報酬月額は、「退職時（資格喪失時）」と「（加入していた協会けんぽの）全被保険者の平均額（2024年度の上限30万円）」のいずれか低い額となる。

2 「国民健康保険」（地域保険）のしくみ

自営業者や年金受給者などが加入する。

① 運営主体（保険者）は、市区町村と都道府県、または国民健康保険組合。

② 被保険者は、市町村等に住所のある人（「健康保険」の加入者を除く）。

③ 保険料は各市町村によって異なる。

④ 医療費の自己負担割合などは健康保険の内容と同様だが、業務上の病気・ケガも対象となるところや、傷病手当金、出産手当金などの給付がないな

ど、異なる点がある。

③ 後期高齢者医療制度

① 被保険者は75歳以上。医療費の自己負担割合は1割または2割。現役並み所得者の自己負担割合は3割。被保険者が複数いる世帯で年収520万円未満、被保険者単身の世帯で年収383万円未満であれば、<u>申請により1割または2割負担にすることができる。</u>

② 保険料は<ruby>均等割<rt>きんとうわり</rt></ruby>と<ruby>所得割<rt>しょとくわり</rt></ruby>で算出され、各都道府県によって異なる。公的年金からの天引き（特別徴収）が原則だが、年金額が年額18万円未満の人などは別に支払う（普通徴収）。

③ 「65歳から74歳で、一定の障害状態にあることについて認定を受けた人」もこの制度の加入者となる。

④ この制度に加入する前日まで「健康保険」の被扶養者であった人や、所得が一定以下の人は、保険料の軽減が受けられる。

⑤ 被保険者の収入が公的年金の老齢給付のみでその年金収入額が153万円以下の場合、所得割額は賦課されない。

✎ 本番得点力が高まる！ 問題演習

問1 　自営業者であるAさん（39歳）は、2023年1月31日に勤めていた会社を退職し、現在、全国健康保険協会管掌健康保険の任意継続被保険者である。また、Aさんには、2024年2月5日に出産予定の妻がおり、妻はAさんが加入する健康保険の被扶養者である。健康保険の任意継続被保険者に関する次の記述のうち、最も不適切なものはどれか。

1) 任意継続被保険者の保険料の基準となる標準報酬月額は、被保険者資格喪失時の標準報酬月額と、全国健康保険協会の全被保険者の標準報酬月額を平均した額を報酬月額とみなしたときの標準報酬月額のいずれか多い額となる。

2) Aさんは、退職日の翌日から最長で2年間、全国健康保険協会管

掌健康保険に任意継続被保険者として加入することができるが、任意継続被保険者の保険料は、在職時とは異なり、その全額を被保険者本人が負担する。

3) Aさんの妻が産科医療補償制度に加入している医療機関で予定日に出産した場合、Aさんは、所定の手続により、家族出産育児一時金として一児につき50万円を受け取ることができる。

4) 任意継続被保険者であるAさんは、原則として、在職中と同様の保険給付を受けることができるが、退職後の傷病による傷病手当金の支給を受けることはできない。　　　　《2022年1月基礎 問2改題》

問2 後期高齢者医療制度に関する次の記述のうち、最も不適切なものはどれか。

1) 年額18万円以上の老齢基礎年金の支給を受けている者で、後期高齢者医療制度の保険料と介護保険料との合計額が年金支給額の2分の1以下である場合、後期高齢者医療制度の保険料は、原則として、公的年金から特別徴収される。

2) 後期高齢者医療制度の保険料の額は、被保険者の所得に応じて決まる所得割額と均等割額との合計額であるが、所得割率および均等割額は都道府県によって異なる。

3) 被保険者が1カ月に支払った医療費の自己負担額が定められた限度額を超えた場合は、申請により、限度額を超えた額が高額療養費として支給される。

4) 住民税に係る課税所得金額が130万円以上の者であっても、前年の収入額が520万円未満である被保険者が単身世帯の場合、その者が基準収入額適用申請をして認定を受けることにより、療養給付を受ける際の一部負担割合が3割から1割に変更される。

《2015年1月基礎 問1》

問3 全国健康保険協会管掌健康保険の被保険者の資格喪失後の保険給付に関する次の記述のうち、最も不適切なものはどれか。なお、各選択肢において、ほかに必要とされる要件等はすべて満たしているものとする。

1) 資格を喪失した際に傷病手当金を受給している者は、傷病手当金

の支給期間が資格喪失前の期間と通算して1年6カ月になるまで、傷病手当金を受給することができる。

2) 資格を喪失した際に出産手当金を受給している者が、資格喪失後に配偶者が加入する健康保険の被扶養者となった場合、出産手当金を受給することができる期間内であっても、出産手当金は支給されない。

3) 被保険者であった者が資格喪失の日から6カ月以内に出産をした場合、被保険者として受けることができるはずであった出産育児一時金を受給することができる。

4) 資格喪失後に傷病手当金を受給していた者が、当該傷病手当金を受給しなくなった日から3カ月以内に死亡し、その者により生計を維持されていた者が埋葬を行った場合、埋葬料が支給される。

《2023年9月基礎 問2》

問4
□□□ 　全国健康保険協会管掌健康保険の任意継続被保険者に関する次の記述のうち、最も適切なものはどれか。

1) 任意継続被保険者となるためには、その者の住所地を管轄する全国健康保険協会の都道府県支部に対し、正当な理由がある場合を除き、被保険者資格を喪失した日から14日以内に申出をしなければならない。

2) 任意継続被保険者が、保険料を納付期日までに納付しなかったことによりその資格を喪失した場合、任意継続被保険者となった日から2年以内であっても、再度、資格取得の要件を満たさない限り、任意継続被保険者となることはできない。

3) 任意継続被保険者の標準報酬月額は、当該任意継続被保険者が被保険者資格を喪失したときの標準報酬月額となり、任意継続被保険者である期間中に変更されることはない。

4) 任意継続被保険者は、当該被保険者および被扶養者に係る保険料を全額負担しなければならないが、被扶養者に係る保険料については、被保険者が属する世帯の所得に応じた軽減措置が設けられている。

《2021年1月基礎 問1》

問1 1)── 1) × 学習のポイント **1** **(6)** を参照。いずれか多い額ではなく、いずれか低い額となる。

2) ○ 本肢のとおり。

3) ○ 2023年3月末までの出産なら42万円だったが、同年4月1日以降の出産は50万円となった。

4) ○ 本肢のとおり。

問2 4)── 1) ○ 後期高齢者医療保険料と介護保険料の合計が、年金の2分の1を超える場合は、後期高齢者医療保険料を納付書や口座振替で納める普通徴収となり、2分の1以下であれば公的年金からの特別徴収となる。

2) ○ 後期高齢者医療制度の保険料は原則として所得割額と均等割額により算定され、各都道府県によって保険料は異なる。

3) ○ 後期高齢者医療制度も、自己負担限度額を超えた分については、高額療養費として支給される。

4) × 後期高齢者医療制度による自己負担の割合は、現役並み所得者（課税所得金額145万円以上）で3割、一定以上の所得者は2割、一般所得者は1割。被保険者が複数いる世帯で年収520万円未満、被保険者単身の世帯で年収383万円未満であれば、申請により1割または2割負担にすることができる。

問3 2)── 1) ○ 資格喪失時に既に傷病手当金を受給している場合は、資格喪失前の期間と通算して1年6カ月。

2) × 在職中から出産手当を受給している場合は、退職後も（資格喪失前の期間を通算して）支給期間までの給付を受けられる。

3) ○ 学習のポイント **1** **(5)**②を参照。

4) ○ 資格喪失後における各種手当金の受給終了後3カ月以内の死亡は埋葬料の支給対象。

問4 2)── 1) × 学習のポイント **1** **(6)** を参照。20日以内の申出が必要。

2) ○ 保険料を納付しなかったことにより任意継続の資格を

失った場合、原則として回復方法はない。

3) ✕　任意継続被保険者の標準報酬月額は「退職（資格喪失）時の標準報酬月額」と「全被保険者の標準報酬月額の平均額」のいずれか低い額となるため、後者（平均額）の変化により標準報酬月額が変更される可能性がある。

4) ✕　学習のポイント **1** **(6)** を参照。被保険者の世帯の所得に応じた軽減措置などはない。

5 雇用保険

絶対読め！**30**秒レクチャー

「失業保険」ともいわれる雇用保険。1級
学科基礎でも繰り返し出題されている。失業
して求職している間にお金がもらえる制度が
あるだけでなく、労働者の雇用を助ける様々
な給付があるので、数字を中心に目を通して
おけ！

ナナメ読み！　学習のポイント

1 雇用保険のしくみ

① 保険者（運営主体）：政府

② 保険料負担：事業主負担分と被保険者負担分とに分かれる

③ 窓口：ハローワーク（公共職業安定所）

2 雇用保険の給付

（1）求職者給付

　失業者が求職活動をする間の生活安定のために給付される。

① 基本手当（失業給付）

> 基本手当日額＝賃金日額（直前**6**カ月の賞与を除く給料÷180）
> ×給付率（60歳未満：50〜80％、60〜64歳：45〜80％）

② 高年齢求職者給付

・65歳以降に離職した場合、雇用保険から一時金として支給される。

・65歳以前から引き続いて雇用されていた被保険者の離職にかぎらず、65歳以降に短期間で転職を繰り返しても、条件を満たせば支給される。

・支給額は被保険者期間が1年未満なら基本手当日額の30日分、1年以上なら50日分。

（2）就職促進給付

再就職の援助・促進のための給付。

① 再就職手当

基本手当の受給資格がある人が安定した職業についた場合に、要件を満たすと支給される。

② 就業促進定着手当

（再就職手当の支給を受けた人が）再就職先に6カ月以上雇用され、かつ6カ月間のみなし賃金日額が離職前の賃金日額を下回る場合に支給される。

③ 就業手当

基本手当の受給資格がある人が（再就職手当の支給対象とならない）常用雇用等以外の形態で就業した場合に、要件を満たすと支給される。

（3）教育訓練給付

労働者の主体的な能力開発を援助する給付。

① 一般教育訓練給付

厚生労働大臣が指定する一般教育訓練を修了した翌日から1カ月以内に請求すると受給できる給付金は、上限10万円で受講費用の20％が支給される。

② 専門実践教育訓練給付

厚生労働大臣が指定する専門的・実践的な教育訓練の受講費用の70％相当額（年間上限56万円）が支給される。

③ 特定一般教育訓練給付

受講費用の40％相当額（上限20万円）

（4）雇用継続給付

高齢者や女性、家族の介護をする人などの職業生活継続を援助する給付。

① 高年齢雇用継続給付

雇用保険の加入期間が5年以上で、60歳到達時等の時点に比べて賃金が75％未満に低下した、60歳以上65歳未満の一般被保険者に（例えば低下

率が61％未満なら現在の賃金額の15％相当が）支給される。支給限度額は毎年8月1日に改定される。

② 高年齢再就職給付

60歳に達した後に基本手当を受給した人が、基本手当の支給残日数100日以上で再就職した場合に支給される。

③ 介護休業給付

家族を介護するために仕事を休んだ場合に受けられる給付。

支給額＝休業開始時賃金日額×支給日数×67％

・労働者が介護休業を希望する場合、介護休業開始日の2週間前までに事業主に申し出ることが必要。

・支給に際して介護として認められる家族は「配偶者・父母・子・配偶者の父母」だけでなく「祖父母・兄弟姉妹・孫」も対象。

・休業開始日前2年間に、みなし被保険者期間（賃金支払基礎日数が11日以上ある完全月）が通算して12カ月以上ある人が支給の対象。

・休業期間中に賃金が支払われている場合は、その額が休業開始前賃金の80％未満であることが支給の要件。

・休業開始日から3カ月または通算93日間までが支給対象で、3回まで分割取得可能。休業終了日の翌日から2カ月後の月末までに支給申請する必要がある。

④－1　育児休業給付金

・支給額は、休業開始から180日目までは、支給日数30日当たり、休業開始時賃金日額×30日×67％。なお、181日目からは67％が50％に下がる。

・支給期間は原則子どもが1歳になるまで。パパママ育休プラス制度を利用する場合は1歳2カ月、預けられる保育所がない場合は原則1歳6カ月まで（2歳まで再延長可）。

④－2　出生時育児休業給付金

・子の出生後8週間のうち合計28日を限度として、産後パパ育休（2回で分割取得可）をとった場合、一定の要件を満たすと受けられる給付金。

3 基本手当（失業給付）のポイント

① 基本手当を受給するためには、ハローワークに離職票・求職の申込書類を提出して、原則として4週間に1回失業の認定を受ける必要がある。

② 基本手当の一般受給資格は、離職の日以前2年間の被保険者期間が通算12カ月以上あること（倒産・解雇による離職の場合は離職の日以前1年間の被保険者期間が通算6カ月以上）。

③ 基本手当の受給期間は、原則として離職日の翌日から1年間（例外：60歳以上の定年退職者は、申し出により最長1年間の延長が可能）。待期期間が7日あり、自己都合退職の場合は7日に加えて原則2カ月の給付制限期間がある。

④ 会社都合：特定受給資格者（倒産・解雇による離職）および特定理由離職者（労働契約が更新されないために離職）の所定給付日数は次のとおり。

年齢	被保険者であった期間				
	1年未満	1年以上5年未満	5年以上10年未満	10年以上20年未満	20年以上
30歳未満	90日	90日	120日	180日	—
30歳以上35歳未満		120日	180日	210日	240日
35歳以上45歳未満		150日	180日	240日	270日
45歳以上60歳未満		180日	240日	270日	330日
60歳以上65歳未満		150日	180日	210日	240日

⑤ 自己都合：一般受給資格者の場合は被保険者であった期間に応じて、90日（1年以上10年未満）、120日（10年以上20年未満）、150日（20年以上）の3段階。なお、定年退職者も一般受給資格者となる。

⑥ 早期退職優遇制度に応募して退職した場合：恒常的に実施されている制度（選択定年制度等）の場合は自己都合、人員適正化を目的とした一時的な制度（希望退職制度等）の場合は会社都合の扱いとなる。

問1 雇用保険の基本手当に関する次の記述のうち、最も不適切なものはどれか。

1) 事業所の倒産により離職し、雇用保険の一般被保険者資格を喪失した者は、離職の日以前1年間に被保険者期間が通算して6カ月以上あれば、基本手当の受給対象者となる。

2) 基本手当の受給資格者が失業の認定を受けようとするときは、原則として、失業の認定日に、その者の住所または居所を管轄する公共職業安定所に出頭し、失業認定申告書等を提出して職業の紹介を求めなければならない。

3) 特定受給資格者以外の受給資格者（就職困難者を除く）の所定給付日数は、離職の日における年齢および算定基礎期間の長短に応じて、90日、120日、150日、180日のいずれかとなる。

4) 基本手当の受給期間が経過した場合、所定給付日数分の基本手当の支給を受けていないときであっても、その受給資格に基づく基本手当は支給されない。　　　　　　　　　　　　《2018年9月基礎 問3》

問2 雇用保険の介護休業給付金および育児休業給付金に関する次の記述のうち、最も不適切なものはどれか。

1) 介護休業を開始した被保険者に支給される介護休業給付金の額は、介護休業期間中に事業主から賃金が支払われなかった場合、1支給単位期間について、休業開始時賃金日額に支給日数を乗じて得た額の67％相当額である。

2) 介護休業給付金は、同一の対象家族について介護休業を分割して取得する場合、介護休業を開始した日から通算して93日を限度に3回までに限り支給される。

3) 育児休業期間中に事業主から休業開始時賃金日額に支給日数を乗じて得た額の80％相当額以上の賃金が支払われた場合、当該支給単位期間について、育児休業給付金は支給されない。

4) 育児休業給付金は、保育所等に入所を希望しているが、空きがなく入所できない等の一定の要件を満たしている場合、所定の手続

本番得点力が高まる！ 問題演習

により、最長で子が3歳に達するまでの間、その支給期間を延長することができる。　　　　　　　　　　　　　　《2021年9月基礎 問3》

問3
□□□ 雇用保険の基本手当に関する次の記述のうち、最も適切なものはどれか。

1）基本手当を受給するためには、特定理由離職者等に該当する場合を除き、離職の日以前2年間に被保険者期間が継続して12カ月以上なければならない。

2）基本手当は失業の認定を受けている日について支給され、その認定は、求職の申込みを受けた公共職業安定所において、原則として、受給資格者が離職後最初に出頭した日から2週間に1回ずつ行われる。

3）基本手当の受給期間は、原則として離職の日の翌日から1年間であるが、離職が60歳以上の定年退職によるものである場合、離職の日の翌日から2カ月以内に申し出ることにより、最長3年間まで延長される。

4）特定受給資格者・特定理由離職者以外の受給資格者（就職困難者を除く）の所定給付日数は、受給資格者の離職の日における年齢にかかわらず、算定基礎期間が10年未満の場合は90日、10年以上20年未満の場合は120日、20年以上の場合は150日である。
　　　　　　　　　　　　　　《2020年1月基礎 問3》

問1 3) ── 一般の離職者の場合、被保険者であった期間に応じて、所定給付日数は90日、120日、150日のいずれかとなる。

問2 4) ── 1) 2) 3) ○　本肢のとおり。

4) ✕　育児休業給付金の支給期間は、原則として子が1歳になるまで。一定の要件を満たしている場合は、最長で2歳まで延長が可能。

問3 4) ── 1) ✕　離職日以前の2年間に「継続して」ではなく「通算して」12カ月以上の被保険者期間があればOK。

2) ✕　失業認定は原則として4週間に1回ずつ行われる。

3) ✕　基本手当の受給期間を延長できるのは最長2年間（原則1年＋延長1年）まで。

4) ○　本肢のとおり。

6 労災保険

ここで差がつく

絶対読め！**30**秒レクチャー

　勤め人の仕事中のケガは、ケンコウ保険ではなく、ロウサイ保険の給付対象だ。どんな場合に保険給付が行われるのか、被保険者となる人の範囲はどこまでか、保険料の負担はどうなっているか、健康保険との違いを理解しよう！　1級学科基礎では「特別支給金」「特別加入制度」「通勤災害」など、マニアックな知識がねらわれる頻出分野だ！

ナナメ読み！　**学習のポイント**

1 労災保険のしくみ

（1）給付の対象

　労働者災害補償保険は、業務災害または通勤災害による負傷・疾病・傷害・それに伴う介護や死亡に対して、給付が行われる。

（2）適用労働者

　「適用事業所で働くパート、アルバイトを含むすべての労働者」が対象。

（3）特別加入制度

　労災は労働者のための保険なので、事業主や一人親方など自営業者は原則加入できないが、（業務の実情や災害の発生状況などを考慮すると労働者に準じて保護する必要があるため）労災保険に任意加入できる特別加入制度がある。

●対象者

中小事業主等	事務処理を労働保険事務組合に委託していることが要件
一人親方等	個人タクシーの運転手など。同業の団体を通じて加入する
海外派遣者	派遣元の事業主が、派遣される人を海外派遣者として特別加入させる

(4) 保険料

全額事業主の負担。事業の種類により、労災保険率は異なっている。

(5) 業務災害・通勤災害の範囲

① 就業場所間の移動時の災害は、業務の性質を有する場合は業務災害、有しない場合は通勤災害となる。また、複数の会社に就業する人が、次の会社に移動する場合は通勤災害となる。

② 休憩時間中の災害について、昼食時など業務を離れている時間は、通常は業務災害とならない。ただし、事業場の施設や管理の欠陥による災害は業務災害となる。

③ 帰省先から単身赴任先の勤務場所への出勤は、反復性や継続性がある場合、通勤災害に該当する。

④ 出張中は事業主の管理下にあり、ホテル宿泊中や移動中も業務に付随する行為として業務災害となる。

⑤ 情報通信機器を活用して在宅勤務を行う場合でも業務災害となる。

(6) 保険給付

① 療養（補償）給付

労災病院や労災指定の病院で、必要な治療を無料で受けられる。しかし、業務災害後、やむを得ず労災指定でない病院で受診した場合は、請求することで、支払った療養費の全額を受け取ることができる。

② 休業（補償）給付

療養のため4日以上会社を休み、賃金が支給されない場合、休業4日目から支給される。（業務災害の場合は、3日目まで事業主が休業補償を行う）

③ 傷病（補償）年金

業務上の負傷・疾病で、療養開始後1年6カ月を経過しても治癒しない場合に、傷病等級1級から3級に該当すると（休業補償給付の支給に代えて）

傷病補償年金が支給される。一方、該当しない場合はひき続き休業補償給付が出る。

④　障害（補償）給付

　　業務上の傷病が治った労働者に障害が残った場合は、障害等級に応じた給付が受けられる。

⑤　遺族（補償）給付

　　遺族（補償）年金は、労働者が死亡した時にその者の収入により生計を維持していた受給権者に支給される。受給権者が失権した場合に次順位者が受給権者となる転給(てんきゅう)制度があり、すべての受給資格者が資格を喪失するまで支給される。

(7) 特別支給金

　労災事故で傷病を負った場合に（業務災害もしくは通勤災害）、労働福祉事業として、特別支給金が支給されることがある。「休業特別支給金」「傷病特別支給金」「障害特別支給金」「遺族特別支給金」などがある。

✎ 本番得点力が高まる！ 問題演習

問1
□□□
　　労働者災害補償保険に関する次の記述のうち、適切なものはいくつあるか。

（a）労働者が、休憩時間中に昼食のために会社から外のレストランに向かい、入店する直前に道路上の段差で転倒して骨折した場合は、業務災害に該当しない。

（b）単身赴任先で住居を借りて生活をしている労働者が、月2回程度の頻度で、週末に自宅に帰省し、週明けに自宅から単身赴任先の就業場所に出勤する途中、駅の階段で転倒して骨折した場合は、通勤災害に該当する。

（c）取引先との商談のため、前日から出張して取引先の近くにあるビジネスホテルに宿泊した労働者が、翌朝、ビジネスホテルから取引先に向かう途中、道路上の段差で転倒して骨折した場合は、業務災害に該当する。

1）　1つ

2) 2つ

3) 3つ

4) 0（なし）

《2021年9月基礎 問2》

問2
□□□　労働者災害補償保険の保険給付等に関する次の記述のうち、最も不適切なものはどれか。なお、本問における労働者は、複数事業労働者ではないものとし、記載のない事項については考慮しないものとする。

1) 労働者が業務上の傷病による療養のために欠勤し、賃金を受けられない場合、休業4日目から1日につき、休業補償給付として休業給付基礎日額の60％相当額が支給され、休業特別支給金として休業給付基礎日額の20％相当額が支給される。

2) 休業補償給付の支給を受けている労働者について、療養の開始後1年6カ月を経過しても当該傷病が治らず、その傷病の程度が傷病等級1級から3級に該当する場合は、休業補償給付の支給に代えて傷病補償年金が支給されるが、傷病等級1級から3級に該当しない場合は、引き続き休業補償給付が支給される。

3) 業務上の傷病が治った労働者に障害が残り、その障害の程度が障害等級1級から7級に該当する場合は、障害補償年金、障害特別支給金、障害特別年金が支給され、8級から14級に該当する場合は、障害補償一時金、障害特別支給金、障害特別一時金が支給される。

4) 遺族補償年金の支給を受けることができる遺族の範囲は、労働者の死亡の当時、その収入によって生計を維持していた配偶者、子、父母、孫、祖父母および兄弟姉妹であるが、配偶者は年齢または障害の要件は問われない。
《2023年5月基礎 問3》

問3
□□□　労働者災害補償保険の保険給付に関する次の記述のうち、最も不適切なものはどれか。

1) 業務災害によって負傷した労働者が、やむを得ず労災指定病院以外の病院等で受診し、その療養にかかった費用を支払った場合、当該労働者は、療養の費用の請求により、支払った療養費の全額を受け取ることができる。

2) 労働者が通勤災害による負傷の療養のために欠勤し、賃金を受けられない場合は、休業4日目から休業給付が支給されるが、休業の初日から3日目までの期間については、事業主が労働基準法に基づく休業補償を行わなければならない。

3) 休業補償給付の支給を受けている労働者が、療養開始後1年6カ月を経過した日において傷病が治っておらず、当該傷病による障害の程度が一定の傷病等級に該当して傷病補償年金が支給される場合は、休業補償給付の支給が打ち切られる。

4) 遺族補償年金は、受給権者が失権した場合に次順位者が遺族補償年金の受給権者となることができる転給制度により、すべての受給資格者が資格を喪失するまで支給される。　《2018年1月基礎 問2》

問1 3) ── (a) ○　学習のポイント **1** (5) ② を参照。

(b) ○　学習のポイント **1** (5) ③ を参照。

(c) ○　学習のポイント **1** (5) ④ を参照。

問2 4) ── 1) ○　学習のポイント **1** (6)② を参照。給付額は本肢のとおり。

2) ○　学習のポイント **1** (6)③ を参照。

3) ○　学習のポイント **1** (6)④ を参照。

4) ✕　遺族補償年金は、配偶者が「妻」の場合に受給要件はないが、「夫」の場合には年齢や障害の要件がある。

問3 2) ── 1) ○　学習のポイント **1** (6)① を参照。

2) ✕　休業補償給付は、休業4日目から支給。業務災害の場合、事業主は休業3日目までは労働基準法の休業補償をすることが必要。しかし、通勤災害については事業主の責任が問われないため、休業補償をする必要がない。

3) ○　業務上の負傷・疾病で、療養開始後1年6カ月を経過しても治癒しない場合に、一定の傷病等級に該当すると、傷病補償年金が支給されるが、休業補償給付は支給されなくなる。

4) ○　遺族補償年金は転給制度があり、すべての受給資格者が資格を喪失するまで支給される。

7 公的介護保険

ここで差がつく

絶対読め！ 30 秒レクチャー

　市町村が運営する公的介護保険の制度によって、年をとってから、介護サービスが受けられたり、身の回りの世話をしてもらえるようになるんだ。自己負担は原則１割で利用できるぞ！　40歳から第２号、65歳から第１号、という被保険者の区分は絶対暗記事項だ！　年寄り１号、中年２号！

←40歳
第2号被保険者

介護サービス **自己負担1割**

ナナメ読み！　学習のポイント

1 保険者（お金を集めて支払う運営者）

　東京23区を含む市町村。保険料は運営主体により異なる。全国健康保険協会（協会けんぽ）の介護保険料率は全国一律。介護保険料は、原則、被保険者および事業主がそれぞれ２分の１を負担する。

2 被保険者

（1）第1号被保険者

① 市町村に住所のある65歳以上の人が対象

② 保険料は原則「公的年金から天引き」、年金額が一定の金額を下回る場合には「市町村に直接納付」

（2）第2号被保険者

① 市町村に住所がある40歳以上65歳未満の各種健康保険加入者が対象

② 保険料は健康保険料、国民健康保険料などに上乗せで納付

3 介護の認定

① 要介護認定は、申請日から原則30日以内に認定結果が通知され、認定の効力は申請日にさかのぼって生じる。新規の認定の場合、有効期間は原則6カ月。
② 要介護・要支援の認定には有効期間が定められており、介護認定の変更申請は、現認定の有効期間内でも行うことができる。
③ 更新認定の申請は有効期間満了日の60日前から満了日までに行う。

4 保険給付

(1) 要介護の給付

　介護が必要な状態となったときに給付。その度合（要介護度1～5の5段階）に応じて給付の額が決まる。なお、第2号被保険者が要介護認定を受けるためには、その状態になった原因が、定められた16種類の病気（特定疾病）でなければならない。

　介護老人福祉施設（特別養護老人ホーム）を利用できるのは、原則として要介護3以上の場合。介護医療院は、主に医療の必要な要介護高齢者の人が利用できる長期療養・生活施設。

(2) 要支援の給付

　社会的な支援が必要な状態で、一部介護が必要となったときに給付。要支援1・要支援2の2段階で、対象者は「予防給付」が受けられる。

5 自己負担

(1) 自己負担割合

　介護保険の自己負担は原則1割（食費・居住費等を除く）。65歳以上の第1号被保険者で2割（3割）負担となるのは、合計所得160万円（220万円）以上かつ、公的年金と他の所得の合計が単身で280万円（340万円）・2人以

第1章 ライフプランニングと資金計画

041

上の世帯で346万円（463万円）以上の場合。第2号被保険者が給付を受ける場合は所得にかかわらず1割負担。

（2）高額介護サービス費

在宅（居宅）サービスや施設サービスに要した1カ月の自己負担額が一定の上限額を超える場合、高額介護サービス費の支給を受けられる。

 本番得点力が高まる！ **問題演習**

問1

公的介護保険（以下、「介護保険」という）に関する次の記述のうち、最も適切なものはどれか。

1）組合管掌健康保険に加入する介護保険の第1号被保険者の介護保険料は、健康保険料とあわせて給与天引きにて徴収される。

2）介護保険の被保険者が初めて要支援認定を受けた場合、その申請のあった日に遡ってその効力を生じ、原則として、その有効期間は12カ月であるが、市町村（特別区を含む）が介護認定審査会の意見に基づき特に必要と認める場合にあっては、その期間を3カ月から48カ月までの範囲内で定めることができる。

3）介護保険の第2号被保険者が保険給付を受けた場合、原則として、実際にかかった費用（食費、居住費等を除く）の1割を自己負担する必要があるが、所得金額が一定額以上である場合は、自己負担割合が2割または3割となる。

4）課税所得金額が500万円の単身の第1号被保険者が介護サービスを利用した場合、高額介護サービス費の算定上の自己負担限度額は、月額93,000円である。 《2022年5月基礎 問2》

問2

公的介護保険（以下、「介護保険」という）に関する次の記述のうち、最も不適切なものはどれか。

1）全国健康保険協会管掌健康保険の被保険者の被扶養者が介護保険の第2号被保険者に該当し、かつ、被保険者本人が介護保険の第2号被保険者に該当しない場合、全国健康保険協会は、その被保険者から介護保険料を徴収しない。

2）要介護認定を受けた被保険者が、その介護の必要の程度が当該認

定に係る要介護状態区分以外の要介護状態区分に該当するに至った場合、要介護状態区分の変更の認定申請は、現に受けている認定の決定日から3カ月を経過した日以後でなければ行うことができない。

3) 介護保険の対象となるサービスを利用したときの被保険者の自己負担割合は、原則として費用（食費、居住費等を除く）の1割であるが、在宅（居宅）サービスに係る保険給付については、要介護度の区分によって1カ月当たりの支給限度額が設けられており、支給限度額を超えるサービスは、全額自己負担となる。

4) 被保険者は、1カ月の自己負担額が一定の上限額を超える場合、高額介護サービス費または高額介護予防サービス費の支給を受けることができるが、この上限額は、被保険者が市町村民税（特別区民税を含む）世帯非課税者であるか、また、生活保護法に規定する被保護者であるか、公的年金等の収入金額と合計所得金額の合計額が80万円以下であるか等、被保険者の状況により異なる。

《2013年9月基礎 問5》

問3
□□□

公的介護保険（以下、「介護保険」という）に関する次の記述のうち、最も適切なものはどれか。

1) 全国健康保険協会管掌健康保険の介護保険料率は、都道府県ごとに定められており、都道府県によって保険料率が異なっている。

2) 介護保険の被保険者が初めて要介護認定を受けた場合、その申請のあった日に遡ってその効力を生じ、原則として、その有効期間は1年間である。

3) 要介護認定を受けた被保険者が、その有効期間の満了後においても要介護状態に該当すると見込まれるときは、原則として、有効期間満了日の60日前から満了日までの間に要介護更新認定の申請をすることができる。

4) 介護保険の指定事業者に対する介護報酬は、介護サービスを提供した指定事業者が審査支払機関に対して請求を行い、原則として、介護サービスを提供した月の6カ月後に支払われる。

《2017年1月基礎 問2》

公的介護保険（以下、「介護保険」という）に関する次の記述のうち、最も不適切なものはどれか。

1) 被保険者が初めて要支援認定を受けた場合、当該要支援認定は、その申請のあった日に遡ってその効力を生じ、その有効期間は、原則として1年間である。

2) 第2号被保険者が介護サービスを利用した場合の自己負担割合は、当該被保険者の所得の額の多寡にかかわらず、原則として1割である。

3) 被保険者が介護サービスに要した1カ月の自己負担額が一定の上限額を超えた場合は、所定の手続により、高額介護サービス費の支給を受けることができる。

4) 介護保険において、特定疾病に該当するがんは、医師が一般に認められている医学的知見に基づき回復の見込みがない状態に至ったと判断したものに限られる。

《2020年9月基礎 問2》

問1 4) ── 1）✕　第1号被保険者の保険料は、原則公的年金から天引き。

2）✕　要介護・要支援認定の有効期間は6カ月。介護認定審査会の意見に基づき3カ月～12カ月の範囲で定めることができる。

3）✕　学習のポイント **5** (1)を参照。第2号被保険者が給付を受ける際は所得金額にかかわらず1割負担。

4）○　本肢のとおり。

問2 2) ── 2）✕　介護認定の変更申請は、現認定の有効期間内でも行うことができる。

1）3）4）○　本肢のとおり。

問3 3) ── 1）✕　学習のポイント **1** を参照。協会けんぽの介護保険料率は全国一律。

2）✕　要介護認定の有効期間は、効力が発生する申請日の属する月及び翌月から6カ月間。

3）○　本肢のとおり。

4）✕　介護保険の指定事業者に対する介護報酬は、原則として（介護サービスを提供した月の）2カ月後に支払われる。

問4 1) ── 1）✕　学習のポイント **3** を参照。申請日の属する月及び翌月から6カ月間。

2）3）4）○　本肢のとおり。

8 公的年金

絶対
マスター

絶対読め！ **30**秒レクチャー

公的年金は「収入を支えていた人が働けない状態」になったときに、家族の最低限の生活を守る、国営の保険だ。働けなくなる理由は「老齢」「障害」「死亡（遺族）」の3パターン、支給は「基礎（きそ）」「厚生（こうせい）」の2種類という基本を覚えよう！　老齢キソ年金では「10年」が最重要ナンバー。老齢コウセイ年金では、60歳台前半に前倒しで支給となる「特別支給の老齢コウセイ年金」と65歳から支給されるフツーの「老齢コウセイ年金」の違いを押さえよう！　遺族年金では「遺族キソ年金を受け取れるのは、高校卒業前の子供が遺族にいる場合」と「遺族コウセイ年金を受け取るためには、どのような要件に該当している場合なのか」がポイントだ。1級学科基礎の対策としては、在職老齢年金や、老齢厚生年金の繰上げ・繰下げなどを集中的に学んでおけ！

ナナメ読み！　学習のポイント

1 公的年金制度（こうてきねんきんせいど）

（1）公的年金制度のしくみ

国民年金は、20歳以上60歳未満のすべての人が加入する。サラリーマン（＝会社員や公務員など）は、さらに厚生年金に加入する。

サラリーマンは「第2号被保険者」、サラリーマンの配偶者で被扶養者となっている人は「第3号被保険者」、それ以外の自営業・学生などを「第1号被保

険者」という。

●職業ごとの年金制度のしくみ

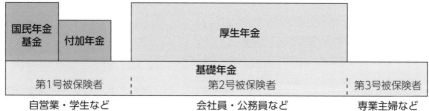

(2) 給付の種類

国民年金（基礎年金）、厚生年金それぞれに、「老齢給付」「障害給付」「遺族給付」の3つがある（2×3＝6種類の給付がある）。

(3) 保険料

① 第1号被保険者：定額。免除制度や学生納付特例制度などがあって、要件に該当する人は保険料の負担が軽くなっている。

② 第2号被保険者：給与水準に応じて変わる厚生年金保険料は労使折半。

③ 第3号被保険者：保険料負担がない。

2 老齢給付

(1) 老齢基礎年金

受給するためには「保険料納付済期間」および「保険料免除期間」「合算対象期間」を合わせて10年以上の期間が原則として必要。なお、保険料納付済期間は20歳以上60歳未満の加入期間に限られる。

(2) 老齢厚生年金

1カ月でも厚生年金の加入期間があれば、65歳から老齢基礎年金に上乗せする形で支給される年金。65歳からの「老齢厚生年金」が原則的な支給。さらに、一定以上の世代には特別に前倒しで支給される「特別支給の老齢厚生年金」もある（厚生年金保険に1年以上加入していることが条件となる）。かつては60歳からもらえた老齢年金が「原則65歳から支給」に変更されたので、世代が若くなるにつれて少しずつ受給が遅くなるように配慮して、ショックをやわらげている。

●特別支給の老齢厚生年金がもらえる年齢（眺めて理解しよう！）

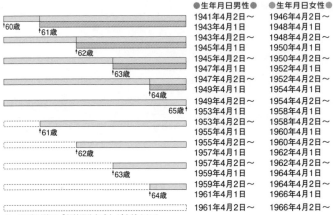

●生年月日男性●	●生年月日女性●
1941年4月2日～	1946年4月2日～
1943年4月1日	1948年4月1日
1943年4月2日～	1948年4月2日～
1945年4月1日	1950年4月1日
1945年4月2日～	1950年4月2日～
1947年4月1日	1952年4月1日
1947年4月2日～	1952年4月2日～
1949年4月1日	1954年4月1日
1949年4月2日～	1954年4月2日～
1953年4月1日	1958年4月1日
1953年4月2日～	1958年4月2日～
1955年4月1日	1960年4月1日
1955年4月2日～	1960年4月2日～
1957年4月1日	1962年4月1日
1957年4月2日～	1962年4月2日～
1959年4月1日	1964年4月1日
1959年4月2日～	1964年4月2日～
1961年4月1日	1966年4月1日
1961年4月2日～	1966年4月2日～

> **報酬比例部分**
> **定額部分**
>
> ・特別支給の老齢厚生年金は報酬比例部分と定額部分とに分かれている。
>
> ・一定の要件を満たすと、定額部分の支給と同時に配偶者加給年金が付く。

※　65歳以降は「老齢厚生年金」が支給される。
※　公務員の「退職共済年金」の場合は、生年月日による男女の差はない（女性も男性と同じ）。

● 「特別支給の老齢厚生年金」と「老齢厚生年金」の年金額

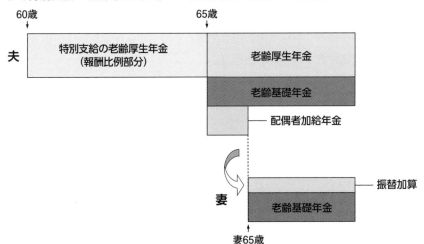

●特別支給の老齢厚生年金

年金額＝報酬比例部分＋定額部分＋加給年金

●老齢厚生年金

年金額＝報酬比例部分＋経過的加算＋加給年金

① 在職老齢年金

　70歳未満で厚生年金の被保険者になっている場合は「在職老齢年金」制度により、調整（減額）された年金額が支給される。その場合でも、70歳になると原則として厚生年金の被保険者でなくなる。

・在職中に老齢厚生年金を受給する場合、総報酬月額相当額（賞与も含む年収の月額相当分）に応じて年金額が支給停止となる。60歳台前半および65歳以降の場合いずれも月合計50万円を上回る部分の半分が支給停止される。

・老齢厚生年金の受給権者が70歳以降も厚生年金適用事業所に勤務している場合、（厚生年金保険料の負担はないが）65歳以後の在職老齢年金のしくみによって、年金額の一部または全部が支給停止となる場合がある。

(3) 繰上げ受給・繰下げ受給

　老齢基礎年金と老齢厚生年金の受給開始年齢は原則65歳だが、最長60月の繰上げ受給（1カ月当たり0.4％の減額）や、最長120月の繰下げ受給（1カ月当たり0.7％の増額）ができる。

	繰上げ支給	繰下げ支給
減額・増額	0.4％×月数の減額	0.7％×月数の増額
最大増減	24％（0.4％×60月）の減額	84％（0.7％×120月）の増額

① 繰上げ請求は老齢基礎年金・老齢厚生年金を両方同時に行う必要がある。繰下げについては、いずれか一方だけでも可能。

② 遺族基礎年金や遺族厚生年金・障害厚生年金の受給権者は、老齢基礎年金や老齢厚生年金の支給繰下げができない。

③ 加給年金は繰下げによる増額がない。また、振替加算の対象者が繰下げ支給の申出をした場合、（繰下げ期間中は振替加算も支給されず）振替加算は増額されない。

3 遺族給付

(1) 遺族基礎年金

この年金を受給できる遺族は「子のある配偶者」と「子」。

「子のある配偶者」とは、死亡した人の妻または夫であって、「子（＝18歳に達する日以後、最初の3月31日までにある子）」と生計を同一にしている人。つまり、遺族基礎年金は、高校卒業前の子供を養うために支給される「育英年金」のようなものだ。

なお、子の数が増減したときは（増減後の子の数に対応して）その翌月から年金額が改定される。

(2) 第1号被保険者の独自給付

第1号被保険者が死亡した場合、要件を満たせば、次の寡婦年金または死亡一時金のどちらかが支給される。

① 寡婦年金

国民年金の第1号被保険者としての保険料納付済期間（免除期間含む）が10年以上ある夫が死亡した場合、10年以上継続した婚姻関係があり、生計を維持されていた妻には60歳から（夫の死亡時に60歳以上だった場合は、夫の死亡日の属する月の翌月から）65歳になるまで寡婦年金が支給される。

② 死亡一時金

第1号被保険者の保険料納付済期間が3年（36月）以上の場合に支払われる。

(3) 遺族厚生年金

この年金を受給できる遺族は、被保険者によって生計を維持されていた「配偶者および子」「父母」「孫」「祖父母」のうち支給順位が最も高い者に限られる。また、この年金が支給されるのは、以下いずれかの要件に該当したとき。

① 厚生年金の加入者が在職中に死亡したとき

② 退職後、厚生年金の加入中（在職中）に初診日のある傷病で、初診日から5年以内に死亡したとき

③ 「1級または2級の障害厚生年金の受給権者」が死亡したとき

④ 「老齢厚生年金の受給権者」「老齢厚生年金の受給資格期間が25年以上ある人」が死亡したとき

なお、被保険者死亡当時に30歳未満で子のない妻は、遺族厚生年金の支給期間が最長5年間に制限される。

(4) 中高齢寡婦加算

遺族厚生年金にこの加算がされるのは、遺族基礎年金をもらえない状態の

40歳以上65歳未満の妻。なお、夫が（厚生年金の）被保険者の間に死亡した場合は被保険者期間が20年未満でも加算されるが、老齢厚生年金の受給者である場合などは**夫**の（厚生年金の）**被保険者**期間が**20年以上**でないと加算されない。

4　公的年金の税金

① 公的年金等（老齢基礎年金や老齢厚生年金・企業年金など）が所得税の源泉徴収の対象となるのは、「65歳未満：年金額108万円以上、65歳以上：年金額158万円以上」の場合。
② 公的年金等の収入が年400万円以下で、他の所得が20万円以下の場合、確定申告はしなくてもよい（が、確定申告すると税金の還付を受けられる場合がある）。

 本番得点力が高まる！ **問題演習**

問1
　老齢基礎年金および老齢厚生年金の支給開始の繰上げ、繰下げに関する次の記述のうち、最も適切なものはどれか。

1）1962年10月1日生まれの男性で、厚生年金保険の被保険者期間を有する者は、所定の要件を満たせば、60歳から老齢基礎年金のみを繰上げ受給し、65歳から老齢厚生年金を受給することができる。

2）振替加算の対象者が老齢基礎年金の繰下げ支給の申出をした場合、振替加算は、老齢基礎年金と同様に、繰り下げた月数に応じて増額される。

3）60歳から寡婦年金を受給していた者は、老齢基礎年金の繰下げ支給の申出をすることはできない。

4）65歳以後も引き続き厚生年金保険の被保険者である者が老齢厚生年金の繰下げ支給の申出をした場合、老齢厚生年金の年金額のうち、在職支給停止の仕組みにより支給停止とされる部分の金額は、支給を繰り下げたことによる増額の対象とならない。

《2017年9月基礎 問4改題》

　　自営業者の公的年金等に関する次の記述のうち、最も不適切なものはどれか。

1) 国民年金の第1号被保険者として30年間、保険料を納付してきたAさんＡさん（50歳）が、障害基礎年金の支給を受けることなく死亡した。Ａさんと生計を同じくしていた遺族が22歳の子のみの場合、所定の手続により、その子は死亡一時金の支給を受けることができる。

2) 国民年金の第1号被保険者として38年間、保険料を納付してきたＢさん（58歳）が、再婚して13年目に障害基礎年金の支給を受けることなく死亡した。この場合、Ｂさんと生計維持関係にあった妻（61歳）が寡婦年金の受給権を取得した場合、Ｂさんの妻に対する寡婦年金の支給は、原則として受給権発生月の翌月から65歳に達するまでである。

3) 国民年金の第1号被保険者として40年間、保険料を納付してきたＣさん（60歳）には、付加年金の保険料を納付した期間が20年ある。仮に、Ｃさんが老齢基礎年金の繰上げ支給の請求を行った場合でも、付加年金は65歳から減額されずに支給され、その額は200円に付加保険料納付済期間の月数を乗じて得た額である。

4) 国民年金の第1号被保険者として20年間、保険料を納付してきたＤさん（40歳）は、老後の生活資金の準備として全国国民年金基金に1口（Ａ型）加入した。この場合、Ｄさんは、国民年金の付加保険料を納付することはできないが、確定拠出年金の個人型年金に加入することはできる。　　　　　　《2015年1月基礎 問3》

　　老齢厚生年金の繰下げ支給に関する次の記述のうち、最も適切なものはどれか。

1) 障害基礎年金の受給権者が65歳に達して老齢厚生年金の受給権を取得した場合、当該受給権者は、老齢厚生年金の繰下げ支給の申出をすることができず、65歳から障害基礎年金と老齢厚生年金を受給することになる。

2) 65歳到達時に老齢厚生年金の受給権を取得した者が繰下げ支給を希望する場合、65歳到達月の末日までに「老齢厚生年金支給繰下

げ申出書」を提出し、繰り下げる月数を届け出る必要がある。

3）加給年金額が加算される老齢厚生年金の繰下げ支給の申出をした場合、老齢厚生年金の額は繰下げ加算額を加算した額とされるが、加給年金額については支給を繰り下げたことによる増額の対象とならない。

4）第1号厚生年金被保険者期間に係る老齢厚生年金と第2号厚生年金被保険者期間に係る老齢厚生年金の受給権を取得した者は、それぞれについて異なる時期から繰り下げて増額された年金の支給を受けることができる。　　　　　　　　　　《2021年5月基礎 問4》

 問4

公的年金の各種加算に関する次の記述のうち、最も適切なものはどれか。

1）夫が受給している老齢厚生年金の加給年金対象者である妻が老齢基礎年金の支給を繰り上げた場合、夫の老齢厚生年金に加算されていた加給年金額は打ち切られ、妻が受給する繰上げ支給の老齢基礎年金に振替加算が加算される。

2）振替加算が加算された老齢基礎年金を受給している妻が夫と離婚した場合、離婚した日の属する月の翌月分の年金額から振替加算の支給は打ち切られる。

3）障害等級2級に該当して障害厚生年金を受給している者が婚姻し、所定の要件を満たす配偶者を有することとなった場合は、所定の手続により、婚姻した日の属する月の翌月分から当該受給権者の障害厚生年金に加給年金額が加算される。

4）遺族厚生年金の受給権者が60歳に達した場合、中高齢寡婦加算の支給は打ち切られるが、その者が1966年4月1日以前に生まれた者であるときは、遺族厚生年金に経過的寡婦加算が加算される。　　　　　　　　　　《2018年9月基礎 問4改題》

問1 4) ── 1) ✕ 老齢基礎年金の繰上げ支給を請求する場合、老齢厚生年金の繰上げ請求を同時に行わなければならない。

2) ✕ 振替加算の対象者が老齢基礎年金の繰下げ支給の申出をした場合、振替加算は増額されない。

3) ✕ 60歳から寡婦年金を受給していた者も、老齢基礎年金の繰下げ支給の申出をすることができる。

4) ◯ 65歳以後も引き続き厚生年金保険の被保険者である者が老齢厚生年金の繰下げ支給の申出をした場合、在職支給停止のしくみにより支給停止とされる部分の金額は、支給を繰り下げたことによる増額の対象とならない。

問2 3) ── 1) ◯ 遺族基礎年金は18歳未満の子がいる配偶者や、18歳未満の子に対して支給される。22歳の子には遺族基礎年金が支給されないので、死亡一時金が支給される。

2) ◯ 国民年金の第1号被保険者としての保険料納付済期間（免除期間含む）が10年以上ある夫が死亡した場合、10年以上継続した婚姻関係があり、生計を維持されていた妻には60歳から65歳になるまで寡婦年金が支給される。

3) ✕ 付加年金は、基礎年金と連動して繰上げ・繰下げ支給され、繰り上げれば減額、繰り下げれば増額となる。

4) ◯ 国民年金基金と付加年金は同時に加入できないが、確定拠出年金の個人型は国民年金基金や付加年金と同時に加入できる。

問3 3) ── 1) ✕ 障害基礎年金のみを受給している場合には、老齢厚生年金の支給繰下げができる。

2) ✕ 老齢厚生年金の繰下げ支給を希望する場合は、年金受給権の発生日から1年経過後から繰下げの請求ができる。

3) ◯ 加給年金には繰下げによる増額がない。

4) ✕ 第1号厚生年金（会社員等）と第2号厚生年金（公務員等）の被保険者期間は同時期に繰り下げることが必要。

問4 3) ── 1) ✕ 夫の老齢厚生年金の加給年金対象者である妻が老齢基礎

年金の支給を繰り上げた場合でも、加給年金額は妻の65歳到達時まで加算され、その後の振替加算額も通常どおり支給される。

2) ✕　振替加算が加算された老齢基礎年金を受給している妻が夫と離婚した場合でも、振替加算の支給は継続する。

3) ○　障害等級2級に該当して障害厚生年金を受給している者が婚姻し、所定の要件を満たす配偶者を有することとなった場合は、障害厚生年金に加給年金額が加算される。

4) ✕　中高齢寡婦加算の加算は65歳まで。その者が1956年4月1日以前に生まれた者であるときは、経過的寡婦加算が遺族厚生年金に加算される。

出題率 **60%** ｜ 難易度 ★★★ ☆ ☆

9　企業年金・個人年金

ここで差がつく

絶対読め！30秒レクチャー

確定拠出年金は加入者が増え続けており、1級学科基礎でも頻出項目になっている！拠出限度額や税制、企業型加入者が転職等をした場合の取扱いがよくねらわれるぞ。2017年から個人型DC（確定拠出年金）の加入対象者が拡大されたので、注意が必要だ！

確定拠出年金

拠出する掛金額 / もらえる年金額

数十年後…

確定 / 未定

ナナメ読み！　学習のポイント

1　企業年金の種類

　企業年金は企業が主体となって、退職金などを年金として支給する制度。確定給付型と確定拠出型があり、「確定拠出年金」は後者の制度。拠出する掛金額は確定しているが、もらえる年金額は自分の運用次第。

2　確定拠出年金（DC）
かくていきょしゅつ　　　　　　　　ディーシー

（1）確定拠出年金の種類

　掛金を事業主が負担する「企業型」と個人が負担する「個人型」とがあって、それぞれ加入できる要件などが異なっている。なお、DC（Defined Contribution）は確定拠出年金の略称。

(2) 制度に加入できる人および掛金拠出限度額等

	企業型DC	個人型DC（iDeCo）
実施主体	企業型年金規約の承認を受けた企業	国民年金基金連合会
加入できる者	実施企業に勤務する従業員	以下の表の加入対象者を参照
掛金の拠出	事業主に加えて、加入者も掛金を拠出するマッチング拠出が可能。加入者掛金は事業主掛金を超えることができない。	加入者個人が拠出 ※ 従業員数が300人以下であれば、事業主が掛金を上乗せして拠出することが可能（イデコプラス）
拠出限度額（年額）	1．他に企業年金がない場合 66万円 2．他に企業年金がある場合 33万円	以下の表を参照

●個人型DC（iDeCo）の拠出限度額

加入対象者	拠出限度額 ※2024年11月まで
第1号被保険者（自営業者・学生等）	年額 816,000円（月額68,000円相当）
企業年金制度を持たない企業の従業員	年額 276,000円（月額23,000円相当）
「企業型」確定拠出年金加入者（他の企業年金がない場合）	年額 240,000円（月額20,000円相当）
「企業型」確定拠出年金加入者（他の企業年金がある場合）	年額 144,000円（月額12,000円相当）
確定給付企業年金のみ加入者及び公務員等共済加入者	年額 144,000円（月額12,000円相当）
第3号被保険者	年額 276,000円（月額23,000円相当）

個人型年金の毎月の掛金の額は5,000円以上1,000円単位で加入者が決定、毎年12月から翌年11月の間で年1回のみ変更することができる。

(3) 給付

確定拠出年金の加入者等期間が10年以上あれば、60歳から老齢給付金を受給できる。60歳時点での加入者等期間が10年未満でも、8年以上（10年未満）なら61歳から、6年以上（8年未満）なら62歳から、4年以上（6年未

満）なら63歳から、2年以上（4年未満）なら62歳から、1月以上（2年未満）なら65歳から受給できる。

(4) 税制

	企業型DC	個人型DC（iDeCo）
拠出時	事業主掛金：全額損金算入 加入者掛金：全額所得控除（小規模企業共済等掛金控除）※	加入者掛金：全額所得控除（小規模企業共済等掛金控除）※
給付時	1．年金として受給：公的年金等控除（標準的な年金額までは非課税） 2．一時金として受給：退職所得控除	

※ 小規模企業共済等掛金控除の適用を受けられないケース：納税者の配偶者で国民年金の第3号被保険者である者が確定拠出年金の個人型に加入し、その配偶者の掛金を納税者が支払った場合。

(5) 企業型確定拠出年金の加入者が退職した場合の扱い

転職先等		移換先	加入形態
国民年金第1号被保険者 （自営業等）		個人型年金	加入者・運用指図者
国民年金 第2号被保険者 （サラリーマン等）	企業型年金あり （確定給付型の制度なし）	企業型年金 （転職先）	加入者
	企業型年金あり （確定給付型の制度あり）	企業型年金 （転職先）	加入者
	企業型年金なし （確定給付型の制度なし）	個人型年金	加入者・運用指図者
	企業型年金なし （確定給付型の制度あり）	個人型年金 企業年金 （転職先）	加入者・運用指図者
国民年金第3号被保険者 （会社員の配偶者） 公務員		個人型年金	加入者・運用指図者
資産額25万円以下などに該当		脱退一時金	―

3 確定給付企業年金

確定給付企業年金において老齢給付金の受給資格を付与する期間は20年以内。老齢給付金は、60〜70歳までの間の規約で定める年齢に達したとき、または50歳以上70歳未満の規約で定める年齢に達した日以後に退職したときに支給が開始される。

  本番得点力が高まる！ **問題演習**

問1
□□□
企業年金等に拠出した掛金に係る法人税および所得税の取扱いに関する次の記述のうち、適切なものはいくつあるか。

(a) 確定拠出年金の個人型年金において、加入者である妻の掛金を生計を一にする夫が支払った場合、その掛金は夫の小規模企業共済等掛金控除として所得控除の対象となる。

(b) 確定拠出年金の企業型年金において、法人の事業主が拠出した掛金は損金の額に算入することができ、加入者が拠出した掛金は小規模企業共済等掛金控除として所得控除の対象となる。

(c) 確定給付企業年金において、法人の事業主が拠出した掛金は損金の額に算入することができ、加入者が拠出した掛金は生命保険料控除として所得控除の対象となる。

(d) 個人事業主が拠出した掛金のうち、国民年金基金の掛金は社会保険料控除として所得控除の対象となり、小規模企業共済の掛金は、事業所得の金額の計算上、必要経費となる。

1) 1つ

2) 2つ

3) 3つ

4) 4つ

《2019年9月基礎 問7》

問2
□□□
確定拠出年金の個人型年金に関する次の記述のうち、最も不適切なものはどれか。

1) 国民年金の第2号被保険者である公務員が個人型年金に加入する場合、掛金の拠出限度額は年額14万4,000円である。

2) 日本国内に住所を有する60歳以上65歳未満の国民年金の任意加入被保険者は、個人型年金の加入者となることができるが、日本国内に住所を有しない20歳以上65歳未満の国民年金の任意加入被保険者は、個人型年金の加入者となることができない。

3) 個人型年金の拠出期間の加入者掛金額は、5,000円に当該拠出に係る拠出期間の月数を乗じた額以上であり、加入者掛金額の単位は1,000円単位である。

4) 確定拠出年金の企業型年金および確定給付企業年金等を実施していない従業員300人以下の中小事業主は、労使合意の基に、従業員が拠出する個人型年金の掛金に上乗せして、中小事業主掛金を拠出することができる。　　　　　　　　　　　《2023年1月基礎 問6》

問3
□□□
確定給付企業年金に関する次の記述のうち、最も適切なものはどれか。

1) 確定給付企業年金では、規約において、20年を超える加入者期間を老齢給付金の給付を受けるための要件として定めることはできない。

2) 確定給付企業年金の老齢給付金は、60歳以上70歳以下の規約で定める年齢に達したとき、または40歳以上70歳未満の規約で定める年齢に達した日以後に退職したときに支給が開始される。

3) 確定給付企業年金による年金給付は、2カ月に1回、終身または5年以上にわたって定期的に支給するものでなければならない。

4) リスク分担型企業年金は、事業主が拠出する掛金に加えて、加入者が所定の方法により測定された将来のリスクに応じた掛金を拠出し、運用の結果、給付額に満たない積立金の不足が生じた場合は、事業主がその不足分を補塡する仕組みである。

《2021年5月基礎 問6》

問1 2)── (a) ✕　社会保険料（控除）の場合と異なり、配偶者の掛金を
支払っても（本人の分しか）所得控除の対象にならない。

(b)(c) ◯　本肢のとおり。

(d) ✕　小規模企業共済の掛金は全額が所得控除の対象。

問2 2)── 1) ◯　学習のポイント **2**(2)の下の表を参照。

2) ✕　日本国内に住所を有しない（国民年金の）任意加入被保
険者も加入可能。

3) ◯　学習のポイント **2**(2)を参照。

4) ◯　学習のポイント **2**(2)の上の表を参照。

問3 1)── 1) ◯　確定給付企業年金における老齢給付金の受給資格期間は
20年以内。

2) ✕　確定給付企業年金の老齢給付金は、60～70歳までの間
の規約で定める年齢に達したとき、または50歳以上の規約
で定める年齢に達した日以後に退職したときに支給が開始さ
れる。

3) ✕　年金給付は、毎年1回以上、5年以上の確定年金または
終身年金であることが必要。

4) ✕　リスク分担型企業年金は、事業主が将来のリスクに応じ
た掛金を拠出し、運用損などによる積立不足が発生した場合
は給付の調整を行うしくみ。事業主も加入者も一定のリスク
を負うことでリスクを分担する。

10 日本公庫など 中小企業の資金調達

ここで 差がつく

絶対読め！ 30秒レクチャー

　FPに相談するお客様の中には、中小企業の社長さんもいるので、その関心事は押さえておくようにしよう！　中小企業の資金調達に関しては、過去問を解きながら、主に「新規事業」「創業」などに関するローンを中心に知識を整理しておけ！

創業します！

がんばってね。

日本政策金融公庫

ナナメ読み！ **学習のポイント**

1 セーフティネット貸付（日本公庫）

(1) 経営環境変化対応資金
<small>けいえいかんきょうへん か</small>

　社会的・経済的環境の変化などにより、一時的に業況の悪化を来している者に対する経営基盤の強化を図るための資金の貸付。

① 融資対象となるケース

　・最近3カ月の売上高が前年同期または前々年同期に比して5%以上減少しており、今後も売上減少が見込まれる（中長期的には業況が回復し発展することが見込まれる）。

　・前期の決算期において、税引前損益または経常損益で損失を生じており、最近の決算期において、利益が増加したものの債務償還年数が15年以上ある（中長期的にはその業況が回復し発展することが見込まれる）。

(2) 金融環境変化対応資金

　金融機関との取引状況の変化により一時的に資金繰りに困難が生じているが、中長期的には（資金繰りが改善して）経営が安定することが見込まれる者

に対する貸付。

(3) 取引企業倒産対応資金

　取引企業など関連企業の倒産により経営に困難を来している者で、倒産した企業に対する取引依存度が20％以上など、一定の条件に該当している者に対する貸付。

2 日本公庫以外の資金調達

(1) 信用保証協会の保証付融資（マル保融資）

　製造業等（建設業・運輸業・不動産業を含む）の場合、資本金3億円以下または従業員300人以下の企業が対象。一般保証の限度額は2億8,000万円（普通保証2億円・無担保保証8,000万円）。

① セーフティネット保証（経営安定関連保証）：一定の事由により経営の安定に支障が生じている中小企業が対象。

② 創業関連保証：創業前または創業5年未満の者が対象。初年度決算が終了する前の利用は、事業計画書が必要。

③ 事業承継特別保証：事業承継時に、経営者保証不要で利用可能。

④ 借換保証：複数の保証つき融資を一本化することで、返済期間を長く、月々の返済金額を減らすなどできる制度。追加融資の同時申請も可能。

(2) 信用保証協会の中小企業特定社債保証制度

　中小企業が発行する社債（私募債）を金融機関が引き受ける際、信用保証協会が保証する制度。社債発行金額の80％を信用保証協会、20％を金融機関が保証する方式。企業の代表者も含め、保証人・連帯保証人は不要。社債発行金額が2億5,000万円までの場合は担保不要だが、それを超える場合には信用保証協会の担保設定が必要。

(3) ABL（アセット・ベースト・レンディング）

　動産・債権担保融資。売掛金等の債権や在庫等の資産を担保として融資を受ける資金調達の方法。

(4) 中小企業倒産防止共済制度（経営セーフティ共済）

① 中小企業者の連鎖倒産を防ぐための共済制度。中小機構（中小企業基盤整備機構）が運営。

② 月5,000円〜20万円（5,000円刻み）の掛金が選択できて、掛金総額800万円まで積立て可能。

③ 「積み立てた額の10倍」または「回収困難となった被害額」のいずれか少ない額まで貸付けを受けられる。

④ 共済契約はいつでも解約できる。掛金納付月数が40カ月以上なら、掛金総額の100％が戻る（なお、100％を超えて増えることはない）。

 本番得点力が高まる！ **問題演習**

問 1
☐☐☐
日本政策金融公庫の中小企業事業におけるセーフティネット貸付等に関する次の記述のうち、最も不適切なものはどれか。なお、各選択肢において、ほかに必要とされる要件等はすべて満たしているものとする。

1) 金融環境変化対応資金の融資対象となるケースとして、「国際的な金融不安や経済環境の変化を背景に、取引金融機関から借入金利の引上げの要請または取扱いがあった」ことで、一時的に資金繰りに困難を来しているが、中長期的には資金繰りが改善し、経営が安定することが見込まれる場合がある。

2) 取引企業倒産対応資金の融資対象となるケースとして、取引企業の倒産等で経営に困難を来しており、「倒産企業に対する取引依存度が20％以上」である場合がある。

3) 経営環境変化対応資金の融資対象となるケースとして、「最近3カ月の売上高が前年同期または前々年同期に比して減少しており、かつ、今後も売上減少が見込まれる」が、中長期的にはその業況が回復し発展することが見込まれる場合がある。

4) 経営環境変化対応資金の融資対象となるケースとして、「前期の決算期において、税引前損益または経常損益で損失を生じており、最近の決算期において、利益が増加したものの債務償還年数が10年以上である」が、中長期的にはその業況が回復し発展することが見込まれる場合がある。

《2013年9月基礎 問3改題》

問2 　中小企業倒産防止共済制度（経営セーフティ共済）に関する次の記
述のうち、最も不適切なものはどれか。

1) 中小企業倒産防止共済制度は、中小企業者の取引先事業者が倒産
した場合に、自らが連鎖倒産や著しい経営難に陥るなどの事態を
防止するための共済制度であり、独立行政法人中小企業基盤整備
機構が運営している。

2) 掛金月額は、5,000円から20万円までの範囲で5,000円刻みで選
択することができ、掛金総額が800万円に達するまで積み立てる
ことができる。

3) 共済契約者の取引先事業者が倒産し、売掛金債権や前渡金返還請
求権の回収が困難となった場合、所定の要件を満たせば、積み立
てた掛金総額の10倍相当額または回収困難となった当該被害額
のいずれか少ない額の範囲内で貸付けを受けることができる。

4) 共済契約者はいつでも共済契約を解約することができ、共済契約
が解約された時点において掛金納付月数が40カ月以上である場
合、解約手当金の額が掛金総額を上回る。　　《2016年9月基礎 問8》

問1 4)── 1) 2) 3) ○

4) ✕　経営環境変化対応資金の融資対象となるケースの債務償
還年数は、15年以上。

問2 4)── 1) 2) 3) ○　いずれも本肢のとおり。 学習のポイント **2** **(4)** を参照。

4) ✕　掛金納付月数が40カ月以上なら掛金総額の100％が戻
るが、お金が増えることはない。

第2章

リスク管理

一定の確率で起こるアクシデントによって、本来なら実現したはずのライフプランが狂ってしまうことがあるので、保険を中心とした「リスク管理」は大切だ！1級学科基礎においては、「契約者保護」「契約手続き」「地震保険」「自賠責」「失火責任法」「保険の税金」「圧縮記帳」に絞って集中的にマスターしよう！

1 契約者保護に関する制度

絶対読め！**30**秒レクチャー

　ここでは、保険の契約者を保護する制度について理解しよう。1級学科基礎ではほぼ毎回出題される。2010年に施行された「保険法」はねらわれやすい。保険募集人が守るべき「保険業法」の禁止事項も頻出だ。「契約者保護機構の補償割合」は、補償割合が80%、90%、100%などと異なるケースをパーフェクトにしよう！

ナナメ読み！ 学習のポイント

1 保険業法

　契約者などの利益の保護や、保険会社の事業が健全に運営されるために必要なことが定められている。

（1）保険業法における禁止行為

① 契約条項のうち重要な事項を告げない行為

② 不実告知（ウソの告知）を勧める行為

③ 告知妨害、不告知を勧める行為

④ **不当な乗換募集**

⑤ 特別利益の提供

⑥ 不当な比較表示

⑦ 将来の金額が不確実な事項にかかる断定的判断

⑧ 保険会社のグループ会社等による特別利益の提供

⑨　その他、保険契約者保護に欠けるおそれのある行為

(2) 申込みの撤回（クーリング・オフ）

　いったん契約の申込みをした後でも撤回できる制度。一般的には「クーリング・オフに関する書面等を受け取った日」「申込日」のいずれか遅い日から、その日を含めて8日以内であれば「書面」または「電磁的記録（メールやHP等）による通知で申込みを撤回できる。

　なお、保険期間1年以下の契約、法人による申込み、事業のための保険契約、団体信用生命保険、保険会社が指定する医師による診査を受けた後はクーリング・オフ制度の対象外。また、新たに生命保険を契約した場合や、転換した場合は対象となるが、特約を中途付加した場合や更新などの場合は対象外。自ら指定した場所での申込みは原則対象外だが、指定した場所が「申込者の居宅」「保険業者の営業所」の場合は対象。

(3) 改正保険業法（2016年5月施行）

① 情報提供義務の明確化

　　保険募集人は保険契約の締結に際して（保険契約者の保護に役立つ）積極的な情報提供が必要と明示された。

② 意向把握義務の創設

　　保険募集人は、顧客の意向を把握したうえで、それに沿った保険プランの提案が必要となった。たとえ顧客が特定の保険商品を指定した場合でも、意向把握・確認や推奨販売に関する説明は省略できない。

③ 体制整備義務

　　保険代理店は、規模や特性に応じた体制整備（管理・指導など）が義務づけられた。

(4) その他

　外貨建て保険や変額保険の販売については（保険業法により）「適合性の原則」など金融商品取引法に規定された規制の一部が準用される。

2 保険法

　保険契約に関するルールを定めた法律。通常の保険契約以外に、共済契約も適用対象となっている。

(1) 告知制度

保険法では、告知義務が「保険会社が告知を求めた事項に応答する義務」（質問応答義務）であると明示されている。また、保険募集人による告知妨害などがあった場合、保険会社は（告知義務違反による）契約解除ができない。

(2) 被保険者の同意

保険法では、契約者と被保険者が異なる死亡保険契約は、被保険者の同意が必要と定められ、同意しても事情が大きく変わった場合には被保険者からの解除請求が認められている。なお、保険金受取人の変更は遺言によっても可能だが、被保険者の同意がなければ効力を生じないとされている。

(3)「保険法の施行日より前の契約」にも適用されるルール

保険法では、約款で定めた支払期限が、支払にあたって必要な調査のための合理的な期間を超えている場合には、保険会社は遅滞の責任を負う旨が定められている。この規定や、重大事由による解除に関する規定は、保険法の施行日前に締結された契約にも適用される。

(4) 片面的強行規定
（へんめんてき）

保険法の規定よりも、保険契約者・被保険者・受取人に不利な内容の約款の定めは無効となる。

(5) 時効

保険金を請求する権利や、保険料の返還を請求する権利は時効により3年で消滅する。

3 保険契約者保護機構
（ほ　ご　き　こう）

① 保険会社が破綻した場合でも契約者が保護され、保険業全体に対する信頼を維持する目的で設立されたのが、生命保険契約者保護機構と損害保険契約者保護機構。

② 救済する保険会社に対して資金援助を行うほか、自ら破綻保険会社の保険契約の引受け等を行う。

③ 生命保険契約者保護機構の補償割合
原則として責任準備金等の90％（高予定利率契約を除く）。
高予定利率契約とは、破綻時に過去5年間で常に予定利率が基準利率（現

在は3％）を超えていた契約。

④ 損害保険契約者保護機構の補償割合
　　・自賠責保険、家計地震保険→保険金の100％補償
　　・自動車保険、火災保険など→破綻後3カ月間は100％補償、3カ月経過後
　　　は80％補償
　　・年金払積立傷害保険、その他の疾病・傷害保険→90％補償（高予定利率
　　　契約を除く）

⑤ 生命保険契約者保護機構の補償対象は、国内の元受保険契約で、再保険
　　や、運用実績連動型保険契約の特定特別勘定部分は除かれる。普通の保険契
　　約部分は補償するが、運用部分は補償しないということ。

⑥ 少額短期保険業者は補償の対象とならない。

⑦ 国内で事業を行う生命保険会社の外資建保険は補償の対象。

4 金融庁の「保険会社向けの総合的な監督指針」

　保険契約の契約条項のうち重要な事項は、「契約概要」と「注意喚起情報」
に分けて告げることとされている。

5 再保険

　保険会社が破綻しないように、保険会社自体が加入する保険を再保険とい
う。

本番得点力が高まる！ 問題演習

問1 　　保険募集人の募集行為に関する次の記述のうち、最も不適切なもの
□□□　はどれか。

　　1）銀行等が保険募集人として保険募集を行う場合、融資先募集規制
　　　　により、当該銀行等の事業性資金の融資先に対し、生命保険の募
　　　　集をいっさいすることはできない。

　　2）投資性の高い保険（特定保険契約）の募集には、金融商品取引法

の販売・勧誘ルールが準用され、「適合性の原則」「契約締結前・契約締結時交付書面の交付」等が義務付けられている。

3) 乗合代理店は、比較可能な同種の保険商品のなかから顧客の意向に沿った保険商品を選別して提案をしようとする場合、乗合代理店が取り扱う保険商品のうち顧客の意向に沿った比較可能な同種の保険商品の概要や当該提案の理由を説明しなければならない。

4) 金融庁の「保険会社向けの総合的な監督指針」では、高齢者に対する保険募集について、「親族等の同席」「複数の保険募集人による保険募集」「高齢者本人の意向に沿った商品内容等であることの確認」等の取組みを実行するよう求めている。

《2023年5月基礎 問9》

 問2 生命保険契約者保護機構に関する次の記述のうち、適切なものはいくつあるか。

(a) 生命保険契約者保護機構による補償の対象となる生命保険契約は、高予定利率契約を除き、保険会社破綻時の責任準備金等の80%まで補償される。

(b) かんぽ生命保険の生命保険契約は、生命保険契約者保護機構の補償の対象とならないが、別途、保険金等の支払に関する政府保証がある。

(c) 国内で事業を行う生命保険会社において加入した外貨建終身保険は、生命保険契約者保護機構の補償の対象とならない。

1) 1つ
2) 2つ
3) 3つ
4) 0 （なし）

《2022年5月基礎 問9》

 問3 保険業法に定める保険契約の申込みの撤回等（クーリング・オフ制度）に関する次の記述のうち、最も適切なものはどれか。なお、各選択肢において、ほかに必要とされる要件等はすべて満たしているものとする。

1) 個人が、生命保険契約の申込みの場所として自らの居宅を指定し、保険募集人の訪問を受けて、当該居宅内において申込みをした場

合、その者は、クーリング・オフ制度により当該生命保険契約の申込みの撤回等をすることができる。

2) 個人が、団体信用生命保険に加入の申込みをした場合、その者は、クーリング・オフ制度により当該生命保険契約の申込みの撤回等をすることができる。

3) 個人が、既に加入している生命保険契約を更新した場合、その者は、クーリング・オフ制度により当該生命保険契約の更新の申込みの撤回等をすることができる。

4) 法人が、契約者（＝保険料負担者）および死亡保険金受取人を法人、被保険者を役員とする保険期間10年の定期保険契約の申込みをした場合、その法人は、生命保険会社が指定した医師の診査が終了する前であれば、クーリング・オフ制度により当該生命保険契約の申込みの撤回等をすることができる。

《2021年9月基礎 問9》

問4
保険法に関する次の記述のうち、最も不適切なものはどれか。

1) 保険契約者または被保険者になる者は、生命保険契約の締結に際し、保険事故の発生の可能性に関する重要な事項のうち保険者になる者が告知を求めたものについて、事実の告知をしなければならないとされている。

2) 保険金受取人が保険金を請求する権利および保険契約者が保険料の返還を請求する権利は、時効により2年で消滅するとされている。

3) 生命保険契約の保険契約者は、被保険者の同意を得て、法律上有効な遺言により、死亡保険金受取人を変更することができるとされている。

4) 保険法の規定は、原則として同法施行日以後に締結された保険契約に適用されるが、重大事由による解除に関する規定は、同法施行日よりも前に締結された保険契約にも適用される。

《2017年1月基礎 問9》

問5
生命保険会社の健全性・収益性に関する指標等に関する次の記述のうち、最も不適切なものはどれか。

1) 保有契約高は、保険会社が保障する金額の総合計額であり、個人年金保険については、年金支払開始前契約の年金支払開始時における年金原資の額と年金支払開始後契約の責任準備金の額の合計額となる。

2) 基礎利益は、保険会社の基礎的な期間損益の状況を表す指標であり、経常利益から有価証券売却損益などの「キャピタル損益」と危険準備金繰入額などの「臨時損益」を除いて算出される。

3) ソルベンシー・マージン比率は、保険会社が有する保険金等の支払余力を表す指標であり、内部留保や有価証券含み損益などの合計である「ソルベンシー・マージン総額」を保険リスクや予定利率リスクなどを数値化した「リスクの合計額」の2倍相当額で除して算出される。

4) EV（エンベディッド・バリュー）は、保険会社の企業価値を表す指標であり、貸借対照表などから計算される「修正純資産」と保有契約に基づき計算される「保有契約価値」を合計して算出される。

《2019年1月基礎 問9》

問1 1)── 1) ✕ 融資先に対して、銀行の職員が生命保険を募集する行為
は、一定の種類の保険契約（一時払終身保険等）について、
禁止されていない。

2) 3) 4) ◯ 本肢のとおり。

問2 4)── (a) ✕ 学習のポイント 3 ③を参照。80%ではなく90%。

(b) ✕ かんぽ生命も民間生保の1つであり、補償の対象。

(c) ✕ 学習のポイント 3 ⑦を参照。

問3 1)── 1) ◯ 本肢のとおり。

2) ✕ 団体信用生命保険は、法人（金融機関）が保険会社と契
約する保険なので対象外。

3) ✕ 契約の更新は対象外。

4) ✕ 法人契約の保険は対象外。

問4 2)── 1) 3) 4) ◯ 本肢のとおり。

2) ✕ 保険金などを受け取る権利に関する消滅時効は2年では
なく3年。

問5 3)── 1) 2) 4) ◯ 本肢のとおり。

3) ✕ ソルベンシーマージン総額（支払余力）を、リスクの合
計額（保険リスク等を数値化したもの）の2分の1相当額で
除して算出する。

出題率 **35%** | 難易度 ★★ ☆☆☆

2 生命保険契約の手続き

最後の
ひと押し

絶対読め! **30**秒レクチャー

生命保険は、多数の人々が保険料を出しあって、相互に支えあう制度だ！ しかし、健康状態のよくない人や危険度の高い職業に従事している人ばかりが無条件に契約すると、すぐに制度が崩壊してしまう。だから、契約にあたっては、過去の傷病歴（傷病名・治療期間等）、現在の健康状態、職業などについて、告知書や生命保険会社の指定した医師の質問に、事実をありのまま告げる義務（告知義務）がある。こういった「告知」などの契約手続きに関する問題は、2回に1回は出題されると思っておこう！

告 知

去年、食中毒で
入院しましたが、
今は健康です。

ナナメ読み！ 学習のポイント

1 告知義務
（こくちぎむ）

（1）告知義務とは

保険会社の質問事項（病歴・健康状態など）に対して被保険者が事実を告げなければならない**質問応答義務**のこと。告知の内容は、被保険者の年齢・職業・最近の健康状態・過去5年以内の既往歴（きおうれき）・体の障害など。

（2）告知義務違反にあたるケース
（こくちぎむいはん）

① 保険会社が告知を求めた病歴や健康状態などの重大な事実について、真実を告げない場合や嘘をついたりした場合。

② 故意の場合だけでなく、重大な過失（注意すれば正しく告知できた）があった場合もこの違反に該当する。

(3) 告知義務違反があった場合

① 責任開始日から2年以内、または保険会社が告知義務違反となる事実を知った場合は、契約締結日から5年以内かつ知った時から1カ月以内であれば保険会社は保険契約を解除できる。なお、解除の効力は将来に向かってのみ生じる。

② 契約が2年を超えて継続していても、契約から2年以内に給付金や保険金の支払事由が発生していた場合、保険会社は契約を解除できる（なお、その支払事由が告知義務違反となる事実と関係ない場合、解除されても、給付金や保険金は支払われる）。

③ 詐欺に相当する重大な告知義務違反があった場合は（契約から2年以上たっていても）保険会社は契約を詐欺による無効または取消しにできる。

(4) 告知義務違反に気付いた場合の対処法

① 保険会社に対して「告知の訂正」を申し出ることができる。

② それにより契約が継続できる場合は、不足していた保険料の納付を求められる場合がある。

③ その状況では保険契約の継続ができない場合（たとえば年齢制限を超過していた場合など）、保険契約は無効となり、すでに払い込んだ保険料は返還される。

2 責任開始日

① 保険会社が契約された保障をする責任が発生する日のこと。責任開始日は「申込み」「告知・診査」「第1回保険料の払込み」がそろった日となる。

② ガン保険や医療保険では、それに加えてさらに一定の免責期間がある場合もある。

③ 保険証書が到着していなくても、責任開始日を過ぎていれば、万一のときに保険金や給付金を受け取れる。

3 自動振替貸付

保険料の払込みがなく一定期間を過ぎた契約に対して、その契約の解約返戻

金の範囲内で、保険会社が自動的に保険料を立て替え、契約を有効に継続させる制度。特徴は次のとおり。

① 立替えられた保険料には所定の利息が付く。

② 自動振替貸付を受けた後でも、一定期間内に解約または延長（定期）保険・払済保険への変更手続をすれば、自動振替貸付はなかったものとされる。

③ 立替えられた保険料とその利息が解約返戻金を上回ると、保険料の立替えができず、契約は失効する。

④ 保険種類などによっては利用できない場合もある。

✎ 本番得点力が高まる！ 問題演習

問1 　生命保険契約の各種手続等に関する次の記述のうち、最も適切なものはどれか。

1) 払済保険に変更した場合、予定利率は変更時点における予定利率が適用され、原則として、元契約に付加されていた特約は消滅するが、リビング・ニーズ特約は消滅しない。

2) 生命保険会社は、保険契約者または被保険者の告知義務違反があった場合、生命保険契約の締結日から5年以内で、かつ、契約の解除の原因があることを知った時から2カ月以内であれば、契約を解除することができる。

3) 個人年金保険料税制適格特約が付加された個人年金保険において、年金年額の減額を行い返戻金が発生した場合、返戻金は所定の利息を付けて積み立てられ、年金支払開始日に増額年金の買増しに充てられる。

4) 契約転換とは、現在の生命保険契約を活用して同一の生命保険会社で新規に契約する方法であり、転換（下取り）価格には、転換前契約の責任準備金が充当され、積立配当金は払い戻される。

《2023年5月基礎 問11》

問2 　生命保険の募集および契約締結に関する次の記述のうち、適切なものはいくつあるか。

(a) 保険会社は、契約の申込みを行おうとする保険商品が顧客のニーズに合致しているものかどうかを顧客が契約締結前に最終的に確認する機会を確保するために、一定の保険商品について意向確認書面を作成し、顧客に交付する必要がある。

(b) 保険会社が個人と生命保険契約を締結等する場合、犯罪による収益の移転防止に関する法律（犯罪収益移転防止法）に基づき、原則として顧客の本人特定事項、取引を行う目的、職業を確認する必要がある。

(c) 保険会社・保険募集人は、変額年金保険等の特定保険契約の販売・勧誘にあたっては、顧客の知識、経験、財産の状況および特定保険契約を締結する目的を的確に把握のうえ、顧客属性等に則した適正な販売・勧誘の履行を確保する必要がある。

1) 1つ
2) 2つ
3) 3つ
4) 0（なし） 《2013年9月基礎 問9》

問3 生命保険契約の各種手続等に関する次の記述のうち、最も適切なものはどれか。

1) 被保険者が死亡し、死亡保険金受取人が死亡保険金の請求をした場合、一般に、保険会社に請求書類が到着した日の翌日から10営業日以内に死亡保険金が支払われることとされている。

2) 加入している終身保険について、保険料の払込みを中止し、払済終身保険に変更した場合、一般に、払済終身保険の予定利率には変更前の終身保険の予定利率が引き継がれる。

3) 失効した生命保険契約の復活手続を行う場合、一般に、復活後の保険料は復活時の保険料率で再計算され、当該保険料率により算出された失効期間中の保険料総額を一括して払い込む必要がある。

4) 契約者貸付は、一般に、契約者が加入している生命保険契約の利用時点の解約返戻金額を限度として保険会社から貸付を受けることができるものであり、その返済前に保険金の支払事由が生じた

場合、保険金から貸付金の元利合計額が差し引かれる。

問1 3) ── 1) ✕　払済保険には、元の契約の予定利率が引き継がれる。

2) ✕　学習のポイント 1 (3) を参照。

3) ◯　本肢のとおり。

4) ✕　転換価額には、転換前契約の責任準備金が充当され、積立配当金も充当される。

問2 3) ── (a) (b) (c) ◯　本肢のとおり。

問3 2) ── 1) ✕　死亡保険金の支払いは、一般に請求書類が到着した日の翌日から5営業日以内。

2) ◯　本肢のとおり。

3) ✕　「復活」は、失効中の保険料等を一括して払い込み、失効前の契約と同条件で継続させるもの。失効前と同じ保険料となる。

4) ✕　契約者貸付は、解約返戻金の一定の範囲内を限度として貸付を受けることができる制度。

---

3 損害保険商品 —火災と地震

ここで
差がつく

絶対読め！30秒レクチャー

　火災保険は「住宅火災」（火災に限らずい
ろいろOK）と「住宅総合」（さらに水災・盗
難もセットで）の違いを押さえよう！　地震
保険は「建物5,000万円、家財1,000万円」
を上限に、主契約の保険金額の30〜50％の
範囲で設定すると覚えておこう！　1問は出
ると思って、パーフェクトに頭にたたき込も
う！

上限が決まって
いるんだ。

5,000万円

地震保険

1,000万円

ナナメ読み！　学習のポイント

1 火災保険の種類と特徴

（1）住宅火災保険

　「住居専用の建物」「建物内の家財」にかける保険。火災に限らず、落雷や破
裂・爆発、風災、ひょう災、雪災による損害のほかに、臨時費用・残存物片付
け費用・失火見舞い費用・地震火災費用・損害防止費用などの諸費用について
も補償される。ただし水災は対象外！

（2）住宅総合保険

　「住居専用の建物」「建物内の家財」にかける保険。住宅火災保険の補償内容
よりもカバーする補償の範囲が広く、水災・盗難などもOK。

（3）普通火災保険

　店舗、工場、倉庫の建物およびその建物に収容されている動産が対象。団地
保険は、鉄筋コンクリート造りの団地・マンションを対象とした保険だが、水

災は対象外。

(4) 火災保険の特徴

① 保険料は建物の構造で異なり、保険料は高い順にH（非耐火）＞T（耐火）＞M（マンション）となる。

② 保険期間は1年単位で5年まで選択でき、長期の契約になるほど割引率が大きくなる。

③ 敷地内にあっても、自動車は火災保険の対象外。

2 地震保険

(1) 地震保険がカバーする対象

「火災保険では免責」となっている地震による被害をカバーするためには、地震保険への加入が必要。地震保険は、地震による損害だけでなく、地震・噴火・津波によっておきた火災、損壊、埋没を補償する。対象は、居住用の建物および収容されている家財。ただし、1つ30万円を超える貴金属などは補償対象外。

(2) 地震保険の契約方法

① 地震保険は単独の保険ではなく、火災保険に付帯する形をとる。加入している火災保険契約がある場合は、その保険期間内に中途で付帯できる。

② 火災保険に加入する際、地震保険を付帯しない場合は加入しない旨の押印が必要。

③ 保険金額は「建物5,000万円、家財1,000万円」を上限に、主契約の保険金額の30～50％の範囲で任意に定められる。

④ 保険期間は、短期が1年、長期が2～5年。火災保険の期間が5年超の場合、地震保険は「保険期間1年の自動継続」または「長期の5年」のいずれかを選択。

(3) 地震保険料・保険金の仕組み

大地震が起きると一度に大きな被害が出てしまい、民間の保険会社だけでは対処しきれない可能性がある。そこで、地震保険は国と民間の損害保険会社が補償を分担し合う、国主導の公的な保険となっている。この背景があるので、地震保険の保険料・保険金は各保険会社によって違いがない。

(4) 保険料

地震保険の保険料は「建物の構造（イ構造・ロ構造の2区分）」および「所在地（都道府県による等地別の3区分）」により決められている。

(5) 地震保険の主な割引制度

基本料率に対して最大50%の割引率が適用できる（重複適用は不可）。

- 建築年割引：割引率10%（新耐震基準が導入された、1981年6月以降の建物が対象）
- 免震建築物割引：割引率50%
- 耐震等級割引：割引率10%、30%、50%
- 耐震診断割引：割引率10%

(6) 損害額に応じた保険金の支払い

時価に対する主要構造部の損害額の割合が

① 50%以上なら<u>全損</u>→保険金の100%支払い（時価が限度）

② 40%以上なら<u>大半損</u>→保険金の60%支払い（時価の60%が限度）

③ 20%以上なら<u>小半損</u>→保険金の30%支払い（時価の30%が限度）

④ 3%以上20%未満なら<u>一部損</u>→保険金の5%支払い（時価の5%が限度）

 本番得点力が高まる！ **問題演習**

問 1
☐☐☐ 　住宅建物および家財を対象とする火災保険の一般的な商品性に関する次の記述のうち、最も適切なものはどれか。

1) 火災保険の対象となる住宅建物は、その構造により、M構造、T構造、H構造に区分され、構造級別による保険料率は、M構造が最も高い。

2) 火災保険から支払われる損害保険金の額は、損害の程度を「全損」「大半損」「小半損」「一部損」に区分し、再調達価額にその区分に応じた割合を乗じ、その金額から免責金額を控除して算出される。

3) 住宅建物および家財を対象として火災保険を契約する場合、被保険者が所有する自動車に生じた火災等による損害は、当該自動車がその敷地内にある車庫に収容されている場合に限り、補償の対象となる。

4）火災保険では、風災等により建物等の外側の破損がない場合、風・雨・雹（ひょう）・雪・砂塵等の建物内部への吹込みや浸込み等により生じた損害は、補償の対象とならない。

《2021年9月基礎 問13》

問2 地震保険に関する次の記述のうち、最も不適切なものはどれか。

□□□

1）契約する火災保険の保険料払込方法が一括払いで保険期間が5年の場合、当該火災保険の契約時に付帯する地震保険は、保険期間1年の自動継続または保険期間を5年とする長期契約のいずれかを選択する。

2）地震保険の保険料の免震建築物割引の割引率は、居住用建物の耐震等級に応じて3つに区分されており、割引率は最大50%である。

3）地震を原因とする津波により、地震保険の対象である居住用建物の流失した部分の床面積が、その建物の延床面積の70%以上となった場合、全損と認定される。

4）地震を原因とする地盤液状化により、地震保険の対象である木造建物が傾斜した場合、傾斜の角度または沈下の深さにより一定の損害が認定されれば、保険金が支払われる。《2022年9月基礎 問13》

問3 火災保険および地震保険に関する次の記述のうち、最も適切なものはどれか。

□□□

1）火災保険、地震保険ともに、保険期間を1年単位で10年まで選択することができ、長期契約の保険料を一括払いした場合には、いずれも保険料に対して所定の割引率が適用される。

2）店舗併用住宅を対象とする場合、火災保険では、専用住宅と異なる保険料率が適用されることがあるが、地震保険では、所在地や建物の構造の区分が同一であれば、専用住宅との保険料率の差異はない。

3）家財を対象とする場合、1個または1組の価額が30万円を超える貴金属や書画、骨董品については、火災保険、地震保険ともに、契約時に申告して申込書等に明記することにより、保険の対象とすることができる。

4）火災保険、地震保険ともに、保険金は、保険の対象となっている
建物や家財の損害の程度を「全損」「大半損」「小半損」「一部損」
に区分し、保険金額にその区分に応じた割合を乗じて決定される。

《2020年1月基礎 問13》

問1 4)─ 1) ✕ 学習のポイント **1** (4)①を参照。H構造（ヒ・タイカ構造）
が最も燃えやすいので最も保険料率が高い。

2) ✕ 学習のポイント **2** (6)を参照。この4区分に応じて支払われ
るのは地震保険。

3) ✕ 学習のポイント **1** (4)③を参照。

4) ◯ 本肢のとおり。

問2 2)─ 1) ◯ 本肢のとおり。

2) ✕ 学習のポイント **2** (5)を参照。

3) ◯ 本肢のとおり。

4) ◯ 本肢のとおり。

問3 2)─ 1) ✕ 地震保険の保険期間は最長5年。火災保険の保険期間も
（2022年9月末までの契約は最長10年だったが）現在は最
長5年となっている。

2) ◯ 本肢のとおり。

3) ✕ 30万円を超える貴金属等は火災保険では（申込書に明記
すれば）補償されるが、地震保険では補償対象外。

4) ✕ 学習のポイント **2** (6)参照。このような損害の割合による区
分があるのは地震保険だけであり、火災保険にはない。

---

4 自賠責保険と失火責任法

ここで差がつく

絶対読め！30秒レクチャー

　1級学科基礎の損保領域では「自賠責保険」と「失火責任法」のいずれかが出題されることが多いぞ！　自動車保険には強制と任意の2つがあるが、強制のジバイセキは対人賠償事故（他人を死傷させた場合）に限定されることを頭にたたき込んでおけ！　火事に関しては、失火責任法という法律がある。故意や重大な過失があったときを除いて、損害賠償責任が生じな

強制のジバイセキは自分のケガは対象にならないぞ。

いのだ。ただしガス爆発は「火災」ではないとされるので、失火責任法の規定が適用されない！

ナナメ読み！　学習のポイント

1 自動車保険

(1) 自賠責保険

　自動車損害賠償責任保険は強制加入の保険で、自賠責と呼ばれている。自動車事故の被害者救済と加害者の賠償能力確保を目的としており、補償の対象は対人賠償事故に限定される。

① 補償対象

　補償対象は「運行供用者（車のオーナー）・運転者・運転補助者」以外の「他人」。そのため、自動車事故で自分の家族を死傷させた場合でも、その家族が自賠法上の運行供用者・運転者・運転補助者でない場合は補償の対象。

② 保険料

　　自動車の車種や保険期間（車検期間）に応じて定められる。保険会社、運転者の範囲・年齢、自動車の走行距離などによる差異はない。

③ 支払限度額

　　被害者1人当たり「死亡：3,000万円、後遺障害：75万～4,000万円、傷害：120万円」だが、1事故当たりの限度額はない。

(2) 自動車損害賠償保障法（通称：ジバイホウ）

　　自動車（原動機付自転車を含む）の運行による人身事故に対する損害賠償を保障し、被害者を保護するための法律。

　　自動車の運行供用者（所有者など）は「①自己または運転者に過失がなかった②被害者または第三者に故意・過失があった③自動車に構造上の欠陥がなかった」の3つを立証しない限り賠償責任があると定める（この責任は雇われた運転者には適用されない）。なお自賠責保険でも、被害者に（過失割合7割以上の）重大な過失がある場合は、過失割合に応じて支払われる保険金の額が減額される。

(3) 自賠責保険の被害者請求

① 被害者が加害者側からの支払いをまったく受けられないか、あるいはその一部の支払いしか受けられない場合には、保険会社に直接請求できる。このことを「被害者請求」という。

② 自賠責保険には、治療費など当座の費用として被害者からのみ請求できる「仮渡金」の制度がある（政府保障事業には「仮渡金」の制度はない）。

③ 請求にあたっては、加害者側の自賠責保険会社名と証明書番号を確認しておく必要があり、請求できる期限も限られているので注意が必要だ。

④ 自賠責保険の「被害者請求の時効」（保険金請求権の時効）は3年。

　　・死亡による損害…死亡日から3年

　　・傷害による損害…事故日から3年

　　・後遺障害による損害…症状固定日から3年

(4) 任意の自動車保険

　　いずれも保険金請求権の時効は3年である。

① 対人賠償保険…自賠責保険の支払額を超える部分の対人賠償を補償

② 対物賠償保険…自動車事故で他人の物を壊した場合の賠償責任を補償

③　車両保険…偶然の事故によって自動車が損害を受けた場合に補償

④　自損事故保険…自損事故で（運転者や同乗者が）死傷したときの補償

⑤　無保険者傷害保険…無保険車との事故で被保険者が死傷したときの補償

⑥　搭乗者傷害保険…乗車中の人が事故で死傷した場合の補償

⑦　人身傷害補償保険…自動車事故で（運転者や同乗者が）死傷した場合など
に、過失割合にかかわらず補償されるという保険

(5) 任意の自動車保険の割引・割増制度

①　初めて自動車保険を契約するときは6等級からスタート。

②　1年間事故なし（保険を使わない）だと、更新時に1等級アップ（6→7
など）。

③　対人、対物、自損事故などの保険金が支払われたら、更新時に3等級ダウ
ン（6→3など）。

④　盗難、台風、落書きなど不可抗力により車両保険金が支払われたら、更新
時に1等級ダウン（6→5など）。

⑤　人身傷害、搭乗者傷害、ファミリーバイク特約の保険金のみが支払われた
ら、「ノーカウント事故」として事故なしと同じ扱い。

⑥　クルマの売却や廃車により解約する場合、中断証明書の発行を受けること
により（保険会社を問わず）有効期間（10年）内に新たに契約する自動車
保険に中断前の等級を引きつぐことができる。

(6) 保険金にかかる税金

　個人が自動車保険から受取る保険金で、税金がかかる（非課税でない）のは
「賠償的な意味合いのない死亡保険金」のみ。

2　失火責任法

①　「失火の責任に関する法律」の略称で、失火による民事上の責任を制限す
る法律である。

②　軽過失（ちょっとした不注意）による火災で隣家などに損害を与えてし
まった場合、民法の不法行為の規定（※）に優先して失火責任法が適用され、
損害賠償責任は免除される。ただし、爆発・故意・重過失による失火の場合
は、民法第709条の規定どおり損害賠償責任を負う。

③ 賃借人の家主(やぬし)に対する賠償責任は（不法行為責任ではなく）債務不履行責任(さいむふりこう)となるので免除されない。

チェック！
条文参照

■民法第709条（不法行為による損害賠償）

　故意または過失によって他人の権利または法律上保護される利益を侵害した者は、これによって生じた損害を賠償する責任を負う。

 本番得点力が高まる！ **問題演習**

問1
□□□
　自動車損害賠償責任保険（以下、「自賠責保険」という）および政府の自動車損害賠償保障事業（以下、「政府保障事業」という）に関する次の記述のうち、最も不適切なものはどれか。

1）自賠責保険の保険料は、自動車の車種や保険期間に応じて定められており、締結する保険会社、運転者の範囲・年齢、自動車の年間走行距離による差異はない。

2）自賠責保険における被害者1人当たりの保険金の支払限度額は、死亡の場合で3,000万円、傷害の場合で120万円であり、後遺障害の場合は障害の程度に応じて最大4,000万円である。

3）政府保障事業では、被害者は、損害賠償額が確定する前であっても、治療費などの当座の費用として仮渡金の支払を請求することができる。

4）政府保障事業による損害の塡補は、自賠責保険と同様に、人身事故による損害が対象となり、物損事故による損害は対象とならない。　　　　　　　　　　　　　　　　　　　　　　　　《2021年1月基礎 問13》

問2
□□□
　賃貸住宅に住む賃借人が失火等で借家や隣家を焼失・損壊させたことによる次の賠償責任のうち、失火の責任に関する法律の適用により賠償責任を負わないものはいくつあるか。

（a）賃借人が失火で借家を全焼させ、賃借人に重大な過失が認められない場合における家主に対する賠償責任

（b）賃借人が失火で借家を全焼させ、賃借人に重大な過失が認めら

れる場合における家主に対する賠償責任
(c) 賃借人が失火で隣家を全焼させ、賃借人に重大な過失が認められない場合における隣家の所有者に対する賠償責任
(d) 賃借人がガス爆発事故で隣家を損壊させ、賃借人に重大な過失が認められない場合における隣家の所有者に対する賠償責任

1) 1つ
2) 2つ
3) 3つ
4) 4つ

問3
□□□
自動車損害賠償責任保険（以下、「自賠責保険」という）に関する次の記述のうち、最も不適切なものはどれか。

1) 原動機付自転車（原付）は、自動車損害賠償保障法に基づき、自賠責保険の契約が締結されているものでなければ、運行の用に供してはならない。

2) 自賠責保険の保険料は、車種や保険期間に応じて定められており、加入する損害保険会社、運転者の年齢、走行距離等による差異はない。

3) 自賠責保険では、加害者の過失割合が7割未満である場合、重過失減額制度により、原則として、自賠責保険により支払われるべき保険金等が加害者の過失割合に応じて減額される。

4) 自賠責保険における被害者1人当たりの保険金の支払限度額は、死亡の場合で3,000万円、傷害の場合で120万円、後遺障害の場合は障害の程度に応じて75万円から最高4,000万円である。

《2022年5月基礎 問13》

問4
□□□
個人が契約する任意の自動車保険の一般的な商品性に関する次の記述のうち、最も不適切なものはどれか。なお、記載のない事項については考慮しないものとする

1) 自動車保険におけるテレマティクス保険とは、走行距離や運転者の運転の特性（アクセルやブレーキの操作状況などの安全運転指向等）の情報を取得・評価して保険料に反映させる保険である。

2) 記名被保険者が運転する被保険自動車の事故により、同乗してい

た記名被保険者の配偶者がケガをした場合、その治療費等は、対人賠償保険により補償される。

- 3) ノンフリート等級別料率制度では、前年度契約において対人・対物賠償保険から保険金が支払われた場合、保険契約の更新時に等級が3つ下がり、前年度契約において盗難・台風・落書き等により車両保険から保険金が支払われた場合、保険契約の更新時に等級が1つ下がる。

- 4) ノンフリート等級別料率制度では、自動車を譲渡して自動車保険契約を解約する際に中断証明書を取得した場合、中断後に新たに契約する自動車保険の契約始期日が解約日から10年以内であれば、中断前の契約の等級を引き継ぐことができる。

《2023年1月基礎 問14》

問1 3)── 1) 2) 4) ◯ 本肢のとおり。

3) ✕ 政府保障事業には「仮渡金」の制度がない。

問2 1)── (a) (b) 家主に対する賠償責任は「債務不履行」による責任となるので免責されない。

(c) 隣家など第三者に対しては、故意や重大な過失があったときを除いて、失火による損害賠償責任を負わない。

(d) ガス爆発は「火災」ではないとされるので、失火責任法の規定が適用されず、損害賠償責任を負う。

問3 3)── 1) 2) 4) ◯ 本肢のとおり。

3) ✕ 学習のポイント 1 (2)を参照。被害者の過失割合が7割以上の場合に、過失割合に応じた減額がされる。

問4 2)── 1) ◯ 本肢のとおり。

2) ✕ 対人賠償保険は（第三者への賠償を行うもので）運転者本人・父母・配偶者・子に対する損害は補償対象外。

3) ◯ 学習のポイント 1 (5)③④を参照。

4) ◯ 学習のポイント 1 (5)⑥を参照。

5 保険に関する税金

絶対
マスター

絶対読め！30秒レクチャー

　1級学科基礎において、保険に関する税金は「生命保険料控除」と「保険の経理処理」のいずれか1つが出題されると覚悟しておこう。生命保険は、お金を支払うときに「○○保険料控除」という税の優遇がある。一方、お金を受取るときは3パターンの税金がかかる。父親が自分に保険をかけた場合、万一の時に遺族がもらう保険金は相続税の対象。父親が母親に保険をかけて、自分で保険金を受取る場合は、所得税の対象。父親が自分以外に保険をかけて、子供が保険金を受取ったら贈与税の対象。また、法人保険の経理処理では、貯蓄性のある保険料は資産、掛捨ての保険料は費用という大原則を理解したうえで「ハーフタックス」などの例外を押さえておこう。

じゃあ
費用だ！

掛捨ては
金が残らぬ
解約時

ナナメ読み！　学習のポイント

1 保険料に関する税の優遇

(1) 生命保険料控除

　生命保険料を支払った場合に、一定の金額を所得から差し引くことで税負担が少し軽くなる制度。

① 一般生命保険料控除

　対象となる契約には、生命保険会社との保険契約、簡易保険契約または農協等の生命共済などがある。

② 個人年金保険料控除

　　対象となる契約は、年金受取人が契約者本人または配偶者で、保険料払込期間が10年以上で、個人年金税制適格特約がついたものである。

③ 介護医療保険料控除

　　介護（費用）保障または医療（費用）保障を内容とする支払保険料について対象となる。

（2）生命保険料控除の控除額

① 2012年1月以降の契約については下記のように定められている。

一般生命保険料控除の控除限度額　所得税：40,000円、住民税：28,000円

個人年金保険料控除の控除限度額　所得税：40,000円、住民税：28,000円

介護医療保険料控除の控除限度額　所得税：40,000円、住民税：28,000円

② 新制度における生命保険料全体の控除限度額は、所得税で120,000円、住民税で最高70,000円となる。

③ 2011年末までの契約の控除限度額は、一般生命保険料控除・個人年金保険料についてそれぞれ所得税50,000円、住民税35,000円である。

④ 2011年末までの契約でも、2012年1月以降に契約の更新・転換・増額・特約の付加をすると、以降は契約全体に新制度が適用される。ただし、保険料が不要の特約（リビングニーズ特約・指定代理請求特約など）や身体の傷害のみで保険金が支払われる特約（傷害特約や災害割増特約など）は中途付加しても新制度は適用されない。

（3）地震保険料控除

　　地震保険の保険料を支払った場合、所得税における控除額は、年間保険料が5万円以下の場合は保険料全額、5万円を超える場合は5万円となる。賃貸マンションなどの投資用物件に付保した地震保険料は、控除対象外。

（4）保険契約が終了した場合の保険料控除

　　満期や解約などにより保険契約が終了した場合でも、その年に支払った保険料は（生命保険料控除・地震保険料控除など）控除の対象となる。

2 生命保険の保険金と税金

(1) 死亡保険金にかかる税金

　個人が死亡保険金を受取った場合、3種類の税金（相続税・所得税・贈与税）のいずれかの対象となる。

① 相続税の課税を受ける場合

　　自分で自分に保険をかけている（契約者と被保険者が同じ）場合、遺族が受取る死亡保険金は相続税の対象となる。ただし、保険金を受取ったのが相続人の場合、「500万円×法定相続人の数」が非課税となる。なお、団体信用生命保険から支払われる保険金は（金融機関が受取るので）、相続税の課税対象外。

② 所得税の課税を受ける場合

　　お金を払った本人がお金を受取る（契約者と受取人が同じ）場合、受取る死亡保険金は一時所得として所得税の対象となる。

$$一時所得の金額＝\left(死亡保険金－\frac{正味払込}{保険料総額}\right)－\frac{特別控除額}{（50万円）}$$

　　※　総所得金額に含めるのは、上記の一時所得の金額の2分の1

③ 贈与税の課税を受ける場合

　　3者（契約者、被保険者、受取人）がそれぞれ異なる場合、贈与税の対象となる。その場合、その1年間に個人から贈与された財産と合算され、その合計額から110万円の基礎控除額を差し引いた部分に課税される。

(2) 満期保険金・解約返戻金にかかる税金

　満期保険金や解約返戻金を受取った場合、契約者と受取人が同じ場合は所得税（一時所得）、異なる場合は贈与税の対象となる。

(3) 非課税財産の給付金・保険金

　入院給付金、手術給付金、高度障害給付金、所得補償保険金など、ケガや病気等の出費を補てんする意味合いの給付金は非課税。受取人が被保険者自身でない場合（配偶者や直系血族、生計を一にするその他の家族など）でも非課税。また、リビングニーズ特約の生前給付金も非課税。

(4) 金融類似商品とされる場合にかかる税金

　一時払の貯蓄性がある保険（養老保険や個人年金など）を契約から5年以内

に解約・満期のお金を受取った場合、契約者と受取人が同じ場合は、金融類似商品として受取差益に20.315%の源泉分離課税がされる。

　ただし（満期のない）終身保険や終身年金タイプの商品は、5年以内の解約でも受取差益が一時所得となる。

（5）個人年金保険の受取り時にかかる税金

① 契約者と年金受取人が同じ場合、年金額のうち純粋なもうけの部分（年金額－対応する払込保険料）が雑所得の扱いとなる（契約者と受取人が異なる場合は贈与税の対象）。

② 契約者と年金受取人が同じで、雑所得の金額が25万円以上の場合、上記①のもうけの部分に対して10.21%の源泉徴収がされる。

③ 年金を一括で受取った場合の税金

　・保証期間付終身年金の場合：保証期間分の年金を一括で受取っても、保証期間経過後に年金受取人が生きていれば年金が支払われる（契約は継続する）ため、一括で受取る保証期間分の金額は雑所得となる。

　・確定年金の場合：年金を一括して受取ると、その時点で契約は消滅するため、受取った金額は一時所得となる。

④ 公的年金等以外の年金に係る雑所得の計算

> 公的年金等以外の雑所得の金額＝Ⓐ総収入金額－Ⓑ必要経費
>
> Ⓐ＝基本年金額＋増額年金額＋増加年金額
>
> Ⓑ＝その年に支給される年金の額×$\dfrac{払込保険料等の総額}{年金支給総額（見込額）}$

3 法人における生命保険の経理処理

（1）保険料の経理処理ルールの原則

　貯蓄性のある保険（終身保険など）の保険料は「保険料積立金」として資産に計上し、貯蓄性のない保険（ピーク時返戻率が50%以下の定期保険や医療保険など）の保険料は損金とするのが原則。

（2）長期平準定期保険の経理処理

　長期平準定期と呼ばれる「途中までは解約返戻金が増えていく（貯蓄性のあ

る）定期保険」では、定期保険でも全額損金にはならない。2019年7月7日以前に加入した同商品は「半分は資産計上、半分は損金算入」の経理処理ができるが、現在はピーク時返戻率に応じた厳しい資産計上ルールに変わった。

(3) 貯蓄性のある定期保険および第三分野保険

ピーク時返戻率（最高解約返戻率）50％超70％以下の場合は保険期間の前半4割は「40％資産、60％損金」、70％超85％以下の場合は保険期間の前半4割は「60％資産、40％損金」、85％超の場合は当初10年間は「ピーク時返戻率の90％資産、10％損金」という保険料の経理処理をする。

(4) ハーフタックスプラン（福利厚生目的の養老保険加入）

法人契約の養老保険で「被保険者＝役員・従業員、満期受取人＝法人、死亡受取人＝被保険者の遺族」とする契約は、貯蓄性がありながら全額資産計上にはならない。税法上で定められた条件を満たせば、半分は資産計上、半分は（福利厚生費として）損金算入できる。被保険者の大多数が同族関係者の場合、半分の損金部分は（福利厚生費ではなく）給与等として取扱われる。

(5) 配当金の経理処理

法人が受取る配当金は、益金に算入する。

(6) 保険金受取りの経理処理

法人が満期保険金や死亡保険金を受取った場合、その保険契約に関して資産に計上されている保険料積立金との差額が益金（または損金）となる。また、掛捨ての定期保険や医療保険に関する保険金や給付金が会社に入ってきた場合は、いったん全額を益金として計上する必要がある。

養老保険などで、満期保険金を受取らずに据置保険金とした場合でも、課税時期は（据置保険金を引出した年ではなく）満期時の年度となる。

4 損害保険に関する税金

対人・対物事故により支払われる損害保険（対人賠償・対物賠償）の保険金は、所得税法上、非課税所得となる。

(1) 火災保険と税金

家屋や家財の損害により支払われる損害保険金は、非課税となる。

(2) 傷害保険と税金

　入院・手術・通院・後遺障害に関する保険金や、所得補償保険金は非課税。また、傷害保険の死亡保険金は、保険料負担者が被保険者本人で、被保険者の相続人が保険金受取人である場合は相続税の対象。

(3) 自動車保険と税金

① 　人身傷害補償保険で支払われる保険金は、損害額全額が支払い対象で、そのうち相手からの過失割合分は非課税、死亡した本人の過失割合分は相続税の課税対象となる。

② 　自家用車が盗難に遭って自動車保険の車両保険から支払われた保険金は所得税の課税対象外。

(4) 満期返戻金と税金

　損害保険（積立型）の満期返戻金や契約者配当金は、一時所得となる。

(5) 法人契約の損害保険と税金

① 　保険料

　　掛捨ての損害保険の保険料は損金が原則。ただし、満期金のある契約の場合、貯蓄性のある積立保険料の部分のみ資産計上となる。

② 　満期返戻金・配当金

　　法人が受取る配当金は益金となる。満期返戻金を受取った場合も益金に算入するが、資産に計上していた保険料積立金を損金に算入するので、結果としては差額が益金となる。

③ 　保険金・給付金

　　損害保険の保険金や給付金などを法人が受取った場合は、いったん益金として計上する必要がある。また、受取った保険金で損傷した資産（建物など）に代わる資産を取得した場合、圧縮記帳という課税繰延べの制度（第2章⑥参照）を使うことも可能。

5　外貨建て保険の税務

① 　外貨建て保険（例：ドル建て個人年金保険）の解約差益は、保険差益と為替差益を合わせて（区別なく）一時所得として所得税の課税対象となる。

② 　円建て保険と同様に、生命保険料控除や死亡保険金の非課税枠の適用が受

けられる。

6 個人事業主が加入する保険の税務（事業所得の計算上）

・必要経費に算入<u>できる</u>もの ：業務用の自動車の自動車保険料、事業のために支払った火災保険料
・必要経費に算入<u>できない</u>もの：個人事業主を被保険者とする傷害保険料や生命保険料、自宅部分の火災保険料

 本番得点力が高まる！ **問題演習**

問1
□□□
　生命保険料控除に関する次の記述のうち、最も適切なものはどれか。なお、2012年1月1日以後に締結した保険契約等に基づく生命保険料控除を「新制度」、2011年12月31日以前に締結した保険契約等に基づく生命保険料控除を「旧制度」とする。

1)「旧制度」の適用対象となる定期保険特約付終身保険について、2023年中に契約者を変更した場合、変更後の当該契約は「新制度」の適用対象となる。

2)「旧制度」の適用対象となる定期保険特約付終身保険について、2023年中に定期保険特約を更新した場合、更新後の当該契約は「新制度」の適用対象となる。

3)「旧制度」の適用対象となる定期保険特約付終身保険について、2023年中に定期保険特約の保険金額を減額した場合、減額後の当該契約は「新制度」の適用対象となる。

4)「旧制度」の適用対象となる定期保険特約付終身保険について、2023年中に新たに傷害特約を付加した場合、中途付加後の当該契約は「新制度」の適用対象となる。　《2015年9月基礎　問12改題》

問2
□□□
　居住者であるAさん（65歳）は、2023年中に下記の生命保険の年金および解約返戻金を受け取った。当該生命保険契約の課税関係に関する次の記述のうち、最も不適切なものはどれか。なお、Aさんは給与所得者ではなく、Aさんが2023年中に受け取った下記の年金およ

び解約返戻金以外の収入は、老齢基礎年金および老齢厚生年金の合計350万円のみである。

---

① 個人年金保険（10年確定年金）の1回目の年金
　　契約年月日　　　　　　　　：1996年4月1日
　　契約者（＝保険料負担者）：Aさん
　　年金受取人　　　　　　　：Aさん
　　年金額（年額）　　　　　：100万円
　　正味払込保険料（累計額）：700万円
② 一時払変額個人年金保険（10年確定年金）の解約返戻金
　　契約年月日　　　　　　　　：2015年10月1日
　　契約者（＝保険料負担者）：Aさん
　　解約返戻金額　　　　　　：1,020万円
　　正味払込保険料　　　　　：1,000万円
③ 一時払終身保険の解約返戻金
　　契約年月日　　　　　　　　：2020年9月1日
　　契約者（＝保険料負担者）：Aさん
　　解約返戻金額　　　　　　：780万円
　　正味払込保険料　　　　　：800万円

---

1) Aさんが個人年金保険（10年確定年金）から受け取る年金は、年金額から当該年金額に対応する正味払込保険料の額を控除した金額に10.21％の税率を乗じて計算した金額に相当する税額が源泉徴収される。

2) Aさんが一時払変額個人年金保険（10年確定年金）を解約して受け取った解約返戻金は、解約日が契約日から5年を超えているため、一時所得の収入金額として総合課税の対象となる。

3) Aさんが一時払終身保険を解約して受け取った解約返戻金は、金融類似商品として源泉分離課税の対象となるため、解約により生じた損失の金額は、他の一時所得の金額と通算することはできない。

4) Aさんは、公的年金等に係る雑所得以外の所得金額が20万円を

超えるため、2023年分の所得税について確定申告をしなければ
ならない。

《2017年9月基礎 問11改題》

問3
□□□ 　法人が、自己を契約者とし、役員または使用人を被保険者とする保
険期間が3年以上の定期保険に加入し、その保険料を支払った場合に
おける支払保険料の取扱いに関する下記の文章の空欄①～③に入る語
句の組合せとして、2019年6月28日に発遣された「法人税基本通
達等の一部改正について（法令解釈通達）」に照らし、最も適切なも
のはどれか。

　加入した定期保険の最高解約返戻率が50%超70%以下である
場合、原則として、支払保険料の資産計上期間は、保険期間の開
始の日から当該保険期間の（ ① ）相当期間を経過する日までと
なり、その資産計上額は、当期分支払保険料の額に（ ② ）を乗
じて計算した金額となる。また、その資産計上した保険料の取崩
期間は、保険期間の（ ③ ）相当期間経過後から保険期間の終了
の日までとなる。

---

1) ①100分の40　②100分の40　③　100分の75
2) ①100分の40　②100分の60　③　100分の60
3) ①100分の60　②100分の40　③　100分の60
4) ①100分の60　②100分の60　③　100分の75

《2020年1月基礎 問12》

問1 2)──1) ✕　「旧制度」に基づく保険契約の契約者変更は、新制度適
　　　　　用の対象外。
　　　　2) ◯　「旧制度」の契約更新・転換や特約の中途付加を行うと、
　　　　　新制度適用の対象。
　　　　3) ✕　「旧制度」に基づく保険契約における保険金額の減額は、
　　　　　新制度適用の対象外。
　　　　4) ✕　傷害特約は、「新制度」では生命保険料控除の対象とな

らないため、中途付加した場合であっても、「旧制度」の適用対象となる。なお、災害割増特約を中途付加した場合も同様である。

問2 3) ── 1) ○　契約者と年金受取人が同じである個人年金は、年金額から当該年金額に対応する正味払込保険料の額を控除した金額に10.21％が源泉徴収される。ただし、雑所得の金額が25万円未満の場合には、源泉徴収されない。

> 公的年金等以外の雑所得の金額＝Ⓐ総収入金額－Ⓑ必要経費
> 　Ⓐ＝基本年金額＋増額年金額＋増加年金額
>
> 　Ⓑ＝その年に支給される年金の額× $\dfrac{\text{払込保険料等の総額}}{\text{年金支給総額（見込額）}}$

Ⓐ総収入金額＝100万円

Ⓑ必要経費＝ $100\text{万円} \times \dfrac{700\text{万円}}{100\text{万円} \times 10\text{年}}$

　　　　　＝100万円×0.7

　　　　　＝70万円

雑所得の金額＝Ⓐ－Ⓑ＝30万円≧25万円

∴　源泉徴収される

2) ○　一時払個人年金保険（変額個人年金含む）で確定年金を選択している場合、積立期間5年以内の契約は金融類似商品として課税される。Aさんの場合、契約日から5年を経過してからの解約のため、金融類似商品に該当せず、解約返戻金は一時所得として総合課税の対象となる。

3) ×　満期のない終身保険は5年以内に解約しても金融類似商品とはならず、一時所得となる。

4) ○　公的年金等の収入金額が400万円以下であり、かつ、公的年金等に係る雑所得以外の各種の所得金額が20万円以下である場合には確定申告は不要。Aさんの場合、老齢基礎年金および老齢厚生年金の合計額は350万円だが、公的年金等以外の雑所得の金額（1）より個人年金保険：30万円）が20万円を超えるため、確定申告しなければならない。

問3 1) —— 学習のポイント **3** (3) を参照。

ピーク時返戻率が50%超70%以下の定期保険は以下の経理処理をする。

① 保険期間スタートから100分の40経過日までは支払保険料の100分の40を資産計上、残額を損金算入。

② 保険期間の100分の75経過後は、資産計上した額を保険期間終了まで均等に取りくずして損金算入。

6 圧縮記帳

絶対読め！ **30**秒レクチャー

1級学科基礎において、圧縮記帳は50％の確率で出ている！ 保険金の圧縮記帳とは、法人が保険金によって固定資産を取得した時に、保険差益の一定割合を損金として計上する手続のこと！ これにより課税額が減る配慮がされているのだ。

このお金でいい倉庫を買えば、保険差益を減らして、目先の税金を軽くできる！

保険金

ナナメ読み！ 学習のポイント

1 圧縮記帳

法人の固定資産（建物や車など）が損失（滅失・損壊）を被り、保険金を受取って代替資産を取得する場合、保険差益に多額の税負担が発生すると買換えづらくなってしまう。

そこで、一定の要件を満たして代替資産を取得する場合は、保険差益の一定割合を損金に算入することで、その年度の税負担を軽減することができる。（課税の繰延べ）

2 圧縮限度額を求める3ステップ

① 保険差益を出す。

保険金から、「滅失・損壊した資産の簿価」と「滅失・損壊に関する経費

（取壊し費用等の額）」を差し引くと保険差益が出る。

② 手残りの保険金のうち、代替資産の取得に充てた割合（100％を超える場合は100％とする）を出す。

③ 圧縮限度額は①×②で求められる。

保険差益＝保険金－（損失資産の帳簿価額＋損失に関する支出費用）

$$圧縮限度額＝保険差益×\dfrac{\substack{代替資産の取得に充てた保険金\\（分母の金額が限度）}}{保険金－損失に関する支出費用}$$

3 圧縮記帳の対象

① 圧縮記帳の対象となる保険金は、滅失または損壊のあった日から3年以内に支払いの確定した保険金。

② 圧縮記帳は、火災保険だけでなく、自動車保険契約（車両保険）の保険金についても適用できる。

③ 法人所有店舗が火災に遭い、保険金等の額が確定する前に代替資産を取得した（先行取得した）場合でも、圧縮記帳の適用対象となる。

④ 買換え後の用途に変更があっても、同一種類の固定資産の買換えであれば対象となる。（工場建物と倉庫建物など）

⑤ 商品などは（固定資産ではないから）対象にならない。

⑥ 個人が所有する固定資産の損害に対する保険金は（非課税の扱いとなり）、圧縮記帳の対象外。

⑦ 企業費用・利益総合保険（店舗休業保険）の保険金は、固定資産の滅失・損壊を対象として支払われるものではないので、圧縮記帳の「保険金」には含めない。

問1

☐☐☐　損害保険の受取保険金と圧縮記帳に関する次の記述のうち、最も適切なものはどれか。なお、各選択肢において、ほかに必要とされる要件等はすべて満たしているものとする。

1）法人所有の建物および商品が火災により全焼し、同年に受け取った火災保険金で焼失前と同様の建物と同一種類の商品を購入した場合、圧縮記帳は、建物に対してのみならず、商品に対しても適用できる。

2）圧縮記帳の対象となる保険金は、法人所有の固定資産の滅失または損壊により、その滅失または損壊のあった日から5年以内に支払の確定した保険金等とされている。

3）店舗たる建物を保険の目的とした場合、圧縮記帳は、法人所有の建物に対してのみならず、個人事業主が所有している建物に対しても適用できる。

4）圧縮記帳は、火災保険契約に基づく保険金のみならず、自動車保険契約（車両保険）に基づく保険金についても適用できる。

《2010年9月基礎 問15》

問2

☐☐☐　法人が受け取る損害保険の受取保険金と圧縮記帳に関する次の記述のうち、最も不適切なものはどれか。

1）法人所有の店舗が火災に遭い、建物および商品が全焼し店舗を休業した場合、店舗休業保険からの受取保険金については、圧縮記帳の適用対象とならない。

2）法人所有の店舗が火災に遭い、保険金等の支払を受けた事業年度に焼失した資産の代替資産の取得等ができない場合、その翌期首から原則として2年以内に代替資産の取得等の見込みがあるときは、圧縮限度額の範囲内の額を特別勘定として損金の額に算入することができる。

3）法人所有の店舗が火災に遭い、保険金等の額が確定する前に、法人が焼失した建物（所有固定資産）に係る代替資産を取得した場合については、圧縮記帳の適用対象とならない。

4) 法人所有の自動車が盗難に遭い、自動車保険の車両保険からの受
取保険金で新しい自動車を取得した場合については、圧縮記帳の
適用対象となる。　　　　　　　　　　　　《2011年1月基礎 問15》

問3
□□□　　　法人が受け取る損害保険の保険金と圧縮記帳に関する次の記述のう
ち、最も適切なものはどれか。なお、各選択肢において、ほかに必要
とされる要件等はすべて満たしているものとする。

1) 法人所有の工場建物が火災により滅失し、受け取った火災保険金
でその事業年度中に倉庫建物を新たに取得した場合は、建物の用
途が異なるため、圧縮記帳の適用対象とならない。

2) 法人所有の工場建物が火災により滅失し、受け取った火災保険金
を当該建物が滅失した時点において既に建設中であった工場建物
の建設費用に充当した場合は、圧縮記帳の適用対象とならない。

3) 法人所有の工場建物内の機械設備が火災により滅失し、火災保険
金の額が確定する前に滅失した機械設備に係る代替資産を取得し
た場合は、圧縮記帳の適用対象とならない。

4) 法人所有の倉庫建物内の商品が火災により全焼し、受け取った火
災保険金でその事業年度中に焼失前と同一の商品を購入した場合
は、圧縮記帳の適用対象となる。　　　　　《2017年1月基礎 問15》

問4
□□□　　　X株式会社（以下、「X社」という）の工場建物が火災により全焼
し、後日、X社は、契約している損害保険会社から保険金を受け取
り、その事業年度中に受け取った保険金によって工場建物を新築し
た。下記の〈資料〉に基づき、保険金で取得した固定資産の圧縮記帳
をする場合の圧縮限度額として、次のうち最も適切なものはどれか。

なお、各損害保険の契約者（＝保険料負担者）・被保険者・保険金
受取人は、いずれもX社とする。また、記載のない事項については
考慮しないものとする。

〈資料〉

・滅失した工場建物の帳簿価額　　　　　　　　：4,000万円

・工場建物の滅失によりX社が支出した経費

　　　焼跡の整理費（片づけ費用）　　　　　　：200万円

　　　類焼者に対する賠償金　　　　　　　　　：375万円

・損害保険会社から受け取った保険金

　　火災保険（保険の対象：工場建物）の保険金：6,200万円

　　企業費用・利益総合保険の保険金　　　　：1,500万円

・新築した代替建物（工場建物）の取得価額　：4,500万円

1) 500万円

2) 1,300万円

3) 1,500万円

4) 2,100万円

《2023年1月基礎 問15》

問1 4) ── 1) ✕　固定資産でないものに圧縮記帳の適用はない。

　　　　2) ✕　滅失または損壊のあった日から「3年以内」に支払いの確定した保険金とされている。5年ではない。

　　　　3) ✕　個人が所有する建物の損害に対する保険金は「非課税」の扱いとなる。圧縮記帳は適用されない。

　　　　4) ○　圧縮記帳は、車両保険の保険金についても適用できる。

問2 3) ── 1) ○　店舗休業保険の保険金は、固定資産の損失ではなく、休業による利益逸失を補償するものなので、圧縮記帳の対象にならない。

　　　　2) ○　「支払いを受けた事業年度に代替資産を取得すれば、圧縮記帳の適用を受けられる」のが原則だが、本肢のとおりの処理も認められる。

　　　　3) ✕　保険金等の額が確定する前に代替資産を先行取得した場合でも、圧縮記帳の適用対象となる。計算式は以下のとおり。

$$\text{先行取得資産の圧縮限度額} = \text{通常の圧縮限度額} \times \frac{\text{帳簿価額}}{\text{取得価額}}$$

　　　　4) ○　圧縮記帳は、車両保険の保険金についても適用が可能。法人所有のクルマも固定資産である。

問3 2) ── 1) ✕　用途にかかわらず、同一種類の固定資産であれば対象となる。

　　　　2) ○　滅失時点ですでに建設中であった資産は、適用の対象外。

3）✕　先行取得した場合でも適用対象。学習のポイント 3 ③を参照。

4）✕　固定資産でない「商品」は対象とならない。

問4 3) …… 学習のポイント 2 を参照。

① 保険差益は

6,200万円－4,000万円－200万円＝2,000万円

② 代替資産に充てた割合は

$$\frac{4,500万円}{6,200万円－200万円} ⇒ 75\%$$

③ よって、①×②＝ 1,500万円

第3章

金融資産運用

株式・債券・投信など、さまざまな金融資産をどう活用して財産を守ったり増やしたりするかは、ライフプラン実現のうえで重要なポイントだ。1級学科基礎においては、「経済指標」「株式」「債券」「投信」「外貨預金の計算」「ポートフォリオ運用」「オプション」「預金保険制度」を徹底的に理解して、それ以外の深みにはまるな！

出題率 **85%** ｜ 難易度 ★★★ ★ ★

1 マーケット環境の理解

絶対
マスター

絶対読め！30秒レクチャー

　FPは、保険、運用、住宅ローンな
どさまざまな相談を受けるが、的確な
アドバイスをするには、最新の経済状
況や今後の見通しを把握している必要
があるので「マーケット環境の理解」
は金融資産運用以外でも重要だ！
　1級学科基礎では、経済指標に関す
る問題、特に景気動向指数やCI（コンポジット・インデックス）が繰り返
し出題されており、マネーストック統計も出ているから注意だ。

ナナメ読み！　学習のポイント

1 代表的な景気・経済指標

(1) GDP（国内総生産）

　GDP（Gross Domestic Product）とは、一定の期間内に国内の経済活動
によって生み出された付加価値の合計。

(2) 景気動向指数

　総合的な景気状況の判断を行おうとする指数。内閣府が毎月発表する。景気
に先行して動く**先行**指数（新設住宅着工床面積、消費者態度指数、新規求人数
など）、景気と一致して動く**一致**指数（鉱工業指数のうち生産や出荷に関する
指数、有効求人倍率など）、景気に遅れて動く**遅行**指数（完全失業率、家計消
費支出、法人税収入など）の3つがある。景気動向の判断には**一致**指数が使わ
れる。

景気動向指数には、CIとDIの2系列がある。従来はDIが重視されていたが、2008年4月値以降、CIが中心の発表形態に移行した。

① CI（Composite Index）

　　景気変動の**大きさやテンポ**（量感）を測るもの。一般に、一致CIが<u>上昇しているときは景気の拡張局面</u>、<u>低下しているときは後退局面</u>。**一致CI**の動きと景気の転換点は、おおむね一致する。

② DI（Diffusion Index）

　　景気の各経済部門への波及の度合いを測るもの。対3カ月前比の変化率を合成して作成される。

(3) 日銀短観

　主要企業（資本金10億円以上の上場会社や中小企業など約1万社）を対象に景気動向に関する調査を行い集計したもので、日本銀行が年4回発表する。代表的な指標としては「業況判断DI」がある。

(4) 2つの物価指数

① 企業物価指数（CGPI：Corporate Goods Price Index）

　　企業間の取引および貿易取引における商品の価格変動を時系列で捉えたもの。「国内企業」「輸出」「輸入」の3つの指数で構成されている。**日本銀行**が発表する。

② 消費者物価指数（CPI：Consumer Price Index）

　　全国の家計が購入する商品と**サービス**の価格変動を時系列で捉えたもの。**総務省**が毎月発表する。コアCPIは、生鮮食品を除いて算出されたCPI。

チェック！条文参照

■日本銀行法第2条（通貨及び金融の調節の理念）

　日本銀行は、通貨及び金融の調節を行うに当たっては、物価の安定を図ることを通じて国民経済の健全な発展に資することをもって、その理念とする。

---

(5) マネーストック

　金融部門から経済全体に供給されている通貨の総量。一般法人・個人・地方公共団体等（＝金融機関・中央政府以外の経済主体）が保有する通貨量の残高を集計したもの。従来「マネーサプライ」といわれていたものが、統計の見直しにより「**マネーストック**」統計となった。

通貨の範囲に応じてM1、M2、M3、広義流動性の4つの指標がある。M2は景気動向指数の**先行指数**。

(6) マネタリーベース

日本銀行が世の中に直接的に供給するお金のことで、金融市場調節の主たる操作目標となっている。流通現金と日銀当座預金の合計値。

(7) 雇用の指数

① 有効求人倍率（ゆうこうきゅうじんばいりつ）

公共職業安定所（ハローワーク）における「月間有効求人数÷月間有効求職者数」により算出される数字。景気動向指数の**一致系列**に採用されている。

② 常用雇用指数（じょうようこよう）

「毎月勤労統計調査」の雇用者数を指数化したもの。景気動向指数の**遅行系列**に採用されている。

③ 完全失業率（かんぜんしつぎょうりつ）

15歳以上で働く意思があるにもかかわらず就労できなかった者の、労働力人口（学生やリタイアした高齢者を除いた人口）に占める比率。景気動向指数の**遅行系列**に採用されている。

実務上ではどうなの？

FPは将来を予想したり占ったりする仕事ではありませんが、お客様は今後のマーケットの環境や見通しについて、信頼できるFPの個人的な見解を聞きたいもの。その場合、株価や為替に関しては長い期間のチャート（最低10年以上）をお客様の前に出して「長期トレンド」に関する話を始めることが多くなります。なぜなら、FPにはお客様の10年後、20年後…のライフプランを実現する長期の資産管理をサポートする役割があるからです。

本番得点力が高まる！ 問題演習

問1 内閣府が公表する景気動向指数に採用されている経済指標に関する次の記述のうち、最も適切なものはどれか。

1) 日本銀行が公表しているマネーストック統計は、金融機関および中央政府以外の経済主体が保有する通貨量の残高を集計した統計であり、この統計における「Ｍ２」が景気動向指数の先行系列に採用されている。

2) 経済産業省が公表する鉱工業生産指数は、鉱工業生産活動の全体的な水準の推移を示す指標であり、景気動向指数の先行系列に採用されている。

3) 内閣府が公表する消費者態度指数は、現在の景気動向に対する消費者の意識を調査して数値化した指標であり、景気動向指数の一致系列に採用されている。

4) 厚生労働省が公表する有効求人倍率と総務省が公表する完全失業率は、いずれも景気動向指数の遅行系列に採用されている。

《2018年9月基礎 問16》

問2 わが国の経済指標に関する次の記述のうち、最も不適切なものはどれか。

1) 景気動向指数のＣＩ（コンポジット・インデックス）は、採用系列の前月と比べた変化の大きさを合成して作成された指数であり、ＣＩ一致指数の動きと景気の転換点はおおむね一致する。

2) 消費者態度指数は、消費者マインドを示す指標であり、消費者の「暮らし向き」「収入の増え方」「雇用環境」「耐久消費財の買い時判断」に関する今後半年間の見通しに基づき作成され、毎月公表される。

3) 貸出約定平均金利は、国内銀行（ゆうちょ銀行等を除く）および信用金庫における約定時の貸出金利を集計したものであり、「新規」「ストック」の2種類の計表がある。

4) 完全失業率は、15歳以上の人口のうち、働く意思と能力がありながら就業の機会が得られない状態にある者の割合であり、景気動向指数において遅行系列に採用されている。 《2019年9月基礎 問16》

問1 1)── 1) ○　本肢のとおり。

2) ✕　鉱工業生産指数は、鉱工業生産活動の全体的な水準の推移を示す指標。景気と一致して動く**一致指数**。

3) ✕　消費者態度指数は、景気に先行して動く**先行指数**。

4) ✕　有効求人倍率は**一致指数**。完全失業率は、景気の動きに遅れて動く**遅行指数**。

問2 4)── 1) 2) 3) ○　本肢のとおり。

4) ✕　完全失業率は、労働力人口（15歳以上の人口から学生やリタイアした高齢者を除いたもの）に占める完全失業者の割合。

2 株式投資

絶対
マスター

第
3
章

金融資産運用

絶対読め！30秒レクチャー

　株式をカンタンにいうと「会社のオーナーとしての権利」。会社の所有者としての権利が世界中で売買されているのだ。毎回出るところなので、バッチリ勉強したキミには得点力アップを保証するぞ！　1級学科基礎では、事業利益を金融費用で割った「インタレスト・カバレッジ・レシオ」が繰り返し出題されている。

ナナメ読み！ 学習のポイント

1 株式の特徴

(1) 株主の主な権利

① 経営参加権（けいえいさんか）：株主総会に出席して利益処分案や役員の選任などの重要事項を承認することなどを通じて、間接的に企業経営に参加できる権利

② 剰余金分配請求権（じょうよきんぶんぱい）：株主総会の決議に基づいて配当を出すことが決まった場合に、利益の分配である配当を受け取ることができる権利

③ 残余財産分配請求権（ざんよざいさんぶんぱい）：企業が解散した場合、負債を返済した後も財産が残ったら、その財産の分配を受けることができる権利

(2) 株式の種類

① 普通株（ふつう）：権利、制約や優先権などのない株式

② 優先株（ゆうせん）：他の株式に比べて、優先的に剰余金の配当・残余財産の分配などを受ける権利がある株式

③ 劣後株（れつご）：他の株式に比べて、配当などを受ける際に劣後性がある株式

2 株式の投資指標

(1) PER（株価収益率、Price Earnings Ratio）

株価を1株当たり当期純利益（EPS）で割った指標で、利益に対する株価の割安感（割高感）がわかる。約15〜20倍が平均的な水準。PERが低いほど割安。

$$\text{PER} = \frac{\text{株価}}{\text{1株当たり純利益}}$$

(2) PBR（株価純資産倍率、Price Bookvalue Ratio）

株価を1株当たり純資産で割った指標で、純資産に対する株価の割安感（割高感）がわかる。1倍を切ると相当な割安感がある。PBRが低いほど割安。

$$\text{PBR} = \frac{\text{株価}}{\text{1株当たり純資産}}$$

(3) ROE（自己資本利益率、Return On Equity）

当期純利益を自己資本（借入金を含まない株主の資本）で割った指標で、自己資本に対する利益率がわかる。ROEが高いほどのぞましい。

$$\text{ROE}(\%) = \frac{\text{当期純利益}}{\text{自己資本}} \times 100$$

$$\text{ROE} = \frac{\text{PBR}}{\text{PER}}$$

ROEの計算は、諸財務指標の組み合わせに分解できる。なお、総資本回転率は、総資本（総資産）の運用効率を見る指標。

$$\text{売上高純利益率}(\%) = \frac{\text{当期純利益}}{\text{売上高}} \times 100$$

$$\text{総資本回転率} = \frac{\text{売上高}}{\text{総資本}}$$

$$\text{自己資本比率}(\%) = \frac{\text{自己資本}}{\text{総資本}} \times 100$$

$$\text{ROE}(\%) = \text{売上高純利益率} \times \text{総資本回転率} \times \frac{1}{\text{自己資本比率}}$$

$$= \frac{\text{当期純利益}}{\text{売上高}} \times \frac{\text{売上高}}{\text{総資本}} \times \frac{\text{総資本}}{\text{自己資本}} \times 100$$

(4) 配当利回り

1株当たり配当金を株価で割った指標で、投資額（株価）に対し、1年間で

受け取れる配当の割合がわかる。配当利回りが高いほどのぞましい。

$$配当利回り(\%)=\frac{1株当たり配当金}{株価}\times100$$

(5) 配当性向

当期の配当金を当期純利益で割ることで求められる指標で、利益のうち、すぐに株主に還元した割合を知ることができる。100%を超えることがある。

$$配当性向(\%)=\frac{配当金}{当期純利益}\times100$$

(6) サスティナブル成長率

ROEに内部留保率（1−配当性向）をかけた数値で、外部資金調達を行わずに内部投資のみで実現する成長率。

$$サスティナブル成長率=ROE\times内部留保率$$
$$=ROE\times(1-配当性向)$$

3 インタレスト・カバレッジ・レシオ

会社の借入金等の利息の支払能力を測るための指標で、事業利益が支払うべき利息費用等の何倍あるかを示す。

$$インタレスト・カバレッジ・レシオ=\frac{事業利益}{金融費用}$$
$$事業利益=営業利益+受取利息・配当金など$$
$$金融費用=支払利息・割引料など$$

4 配当割引モデル

配当割引モデルとは、将来の配当を予測して、その合計を現在価値に割り引いて、理論株価を求めようとするもの。

$$理論株価=\frac{予想配当}{期待利子率-期待成長率}$$

この式は暗記せず、過去問演習を通じて数字の扱い方を理解しよう。

株式投資の基礎知識

(1) 株式の注文方法

① 指値注文：上限（下限）の値段を指定して行う注文

例）「○○円で○○株を買いたい（売りたい）」

② 成行注文：値段を指定しないで行う注文

例）「いくらでもいいので○○株を買いたい（売りたい）」

●成行注文優先の原則

指値注文より成行注文を優先させるというもの。

(2) 株式市場の代表的な指標

・2022年4月4日、東証はこれまでの市場区分（1部、2部、マザーズ、JASDAQ）を再編して3つの市場（プライム、スタンダード、グロース）の区分となった。

① 日経平均株価：東証の上場銘柄のうち、225銘柄を選択した修正平均株価。株価の高い銘柄（値がさ株）の値動きに影響されやすい。

② 東証株価指数（TOPIX）：旧東証1部の全銘柄を対象とした加重平均株価。時価総額の大きい銘柄（大型株：銀行など）の値動きに影響されやすい。

③ 単純平均株価：上場銘柄の株価を足し合わせて、単純に銘柄数で割って求める平均株価。

④ JPX日経インデックス400：東証に上場する銘柄を対象に、ROEや営業利益等の指標等により選定された400銘柄で構成される時価総額加重型の株価指数。

(3) 外国の株式市場の指標

① ダウ工業株30種平均：ニューヨーク証券取引所やナスダック市場に上場する米国の代表的な30銘柄を対象とする（修正）平均株価指数。

② S&P500種株価指数：ニューヨーク証券取引所・アメリカン証券取引所・ナスダック市場に上場している、代表的な500銘柄を対象とした時価総額加重平均型の株価指数。

③ FTSE100種総合株価指数：ロンドン証券取引所に上場している時価総額が大きい100銘柄を対象とする時価総額加重型の株価指数。

④ DAX指数：フランクフルト証券取引所で取引されるドイツの主要40銘柄

を対象とした時価総額加重型の株価指数。

(4) 株式の様々な取引方法

① 株式累積投資（通称：ルイトウ）

毎月一定金額の株式を継続して購入していくもので、ドル・コスト平均法の効果を得ることができる。

・通常、毎月1万円以上で設定した金額（1,000円単位）で同一銘柄の株式を継続的に買い付けることができる。

・その株式が単元株数に達するまでは、株式の名義人は取扱会社の株式累積投資口名義だが、配当金は投資家に配分される。

② 株式ミニ投資

単元株の10分の1の単位で取引ができる制度。売買注文の方法は成行注文のみ（指値注文はできない）。

③ 信用取引

証券会社から資金や株式を借りて株式の売買を行うしくみ。

・制度信用取引：証券取引所の規則により定められた信用取引。株式の返済期限（＝6カ月）、金利、取引銘柄などが取引所の規則により決められている。ETFやREITも対象となる銘柄は信用取引が可能。貸借銘柄については逆日歩が発生することがある。

・一般信用取引：投資家と証券会社との契約による信用取引。株式の返済期限、金利、取引銘柄などを投資家と証券会社の間で自由に決められる。逆日歩が発生することはない。

・貸借銘柄：信用取引の対象となる銘柄のこと。制度信用銘柄の中から金融商品取引所が選定する銘柄に限定される。

・逆日歩：証券会社は信用売りのときに貸し出す株が足りない場合、ほかから株券を調達してくるが、この品貸料のことを逆日歩という。信用売りをしている投資家のコストになる。

・委託保証金：信用取引で株式を売買する際に差し入れる保証金。取引した株の約定価額の30%以上が必要で、最低委託保証金は30万円。委託保証金は有価証券で代用できるが、非上場株式は対象外。

(5) 株式の受渡し

上場株式の売買においては、売買注文が成立した当日（約定日）から数えて

3営業日目（約定日の2営業日後）が、株式の受渡しと代金の支払いをする日（受渡日）となる。

実務上ではどうなの？

　独立系FPの実務上で、個々の企業のリスクの見極めが難しい個別株を提案することはほとんどありません。しかし、お客様がすでに保有している株式に関してコメントを求められることはあります。その場合、PBRやPERなどの客観的な指標をわかりやすく説明したうえで、「PBRが1倍割れなので割安感がある」「PERが30倍以上なので割高感がある」というようなコメントをすると説得力が増すでしょう。

本番得点力が高まる！ 問題演習

問1
□□□
　以下の〈X社のデータ〉から算出したX社のインタレスト・カバレッジ・レシオとして、最も適切なものは次のうちどれか。なお、計算結果は表示単位の小数点以下第3位を四捨五入すること。

〈X社のデータ〉

売 上 高	2,625,720百万円
営 業 利 益	102,310百万円
受 取 利 息	3,250百万円
受 取 配 当	850百万円
支 払 利 息	14,320百万円
経 常 利 益	78,520百万円

1）0.29倍
2）5.77倍
3）7.37倍
4）7.43倍

《2015年1月基礎 問19》

問2
□□□ 　株式の信用取引（PTS信用取引を除く）に関する次の記述のうち、最も適切なものはどれか。

1) 制度信用取引では原則として上場している全銘柄が対象となるのに対し、一般信用取引では上場銘柄のうち各証券会社が独自に選定した銘柄が対象となる。

2) 制度信用取引において、顧客が預託する委託保証金は、金銭のほか、国債、地方債、上場株式や非上場株式などの有価証券で代用することが認められている。

3) 制度信用取引を行う場合、貸借銘柄については逆日歩が発生することがあるが、一般信用取引を行う場合、逆日歩が発生することはない。

4) 委託保証金率が30％である場合に、50万円の委託保証金を金銭で差し入れているときは、約定金額150万円まで新規建てすることができる。

《2018年1月基礎 問20改題》

問3
□□□ 　下記の〈財務指標〉から算出されるサスティナブル成長率として、次のうち最も適切なものはどれか。なお、自己資本の額は純資産の額と同額であるものとし、計算結果は表示単位の小数点以下第3位を四捨五入すること。

〈財務指標〉

株 価 収 益 率	15.00倍
株価純資産倍率	1.20倍
配 当 利 回 り	2.00％
配 当 性 向	30.00％

1) 　5.60％

2) 　7.84％

3) 　8.75％

4) 12.25％

《2017年9月基礎 問20》

問4
□□□ 　米国の株価指標等に関する次の記述のうち、最も不適切なものはどれか。

1) ダウ・ジョーンズ工業株価平均（ニューヨーク・ダウ）は、ニューヨーク証券取引所およびNASDAQ市場に上場している

30銘柄を対象として、連続性を持たせる形でこれらの平均株価を算出し、公表される修正平均株価の指標である。

2) S&P500種株価指数は、ニューヨーク証券取引所およびNASDAQ市場に上場している500銘柄を対象として、連続性を持たせる形でこれらの平均株価を算出し、公表される修正平均株価の指標である。

3) ナスダック総合指数は、NASDAQ市場で取引されている全銘柄を対象とする時価総額加重平均型の株価指数である。

4) VIX指数は、S&P500種株価指数を対象としたオプション取引のボラティリティをもとに算出・公表されている指数であり、一般に、数値が高いほど、投資家が相場の先行きに対して警戒感を示しているとされている。　　　　　　　　《2021年9月基礎 問20》

問5 □□□　2022年4月4日以後の東京証券取引所の市場区分と株価指数等に関する次の記述のうち、最も不適切なものはどれか。

1) 東証プライム市場指数、東証スタンダード市場指数、東証グロース市場指数は、いずれも基準日を「2022年4月1日」、基準値を「1,000」とする時価総額加重方式の株価指数である。

2) プライム市場は、多くの機関投資家の投資対象になりうる規模の時価総額（流動性）を持ち、より高いガバナンス水準を備え、投資者との建設的な対話を中心に据えて持続的な成長と中長期的な企業価値の向上にコミットする企業向けの市場とされている。

3) プライム市場の上場維持基準として定められた流動性の水準は、株主数800人以上、流通株式数10,000単位以上、流通株式時価総額50億円以上、1日平均売買代金0.2億円以上である。

4) 選択先の市場区分の上場維持基準を満たしていない上場会社は、上場維持基準の適合に向けた計画およびその進捗状況を提出し、改善に向けた取組みを図ることで、当分の間、経過措置として緩和された上場維持基準が適用される。　　　　《2022年9月基礎 問19》

問1 4)

$$\text{インタレスト・カバレッジ・レシオ} = \frac{\text{事業利益}}{\text{金融費用}}$$

事業利益＝営業利益＋受取利息・配当金
金融費用＝支払利息・割引料

事業利益：102,310 ＋ 3,250 ＋ 850 ＝ 106,410（百万円）
金融費用：14,320（百万円）
よって、インタレスト・カバレッジ・レシオは、

$$\frac{106,410 \text{百万円}}{14,320 \text{百万円}} = 7.4308\cdots ≒ 7.43（倍）$$

問2 3)

1) × 制度信用取引で取引できる銘柄は、証券取引所が決定（全銘柄ではない）する。一般信用取引で取引できる銘柄は、各証券会社が決定する。

2) × 信用取引の委託保証金は、有価証券で代用することができるが、非上場株式は対象外。

3) ○ 本肢のとおり。

4) × $\text{委託保証金率} = \dfrac{\text{委託保証金}}{\text{取引金額の上限}}$

$$\text{取引金額の上限} = \frac{\text{委託保証金}}{\text{委託保証金率}} = \frac{50\text{万円}}{30\%} ≒ 166 \text{万円}$$

よって約166万円まで新規建てできる。

問3 1)

$$\text{ROE} = \frac{\text{PBR}}{\text{PER}} = \frac{\text{株価}}{1 \text{株当たり純資産額}} \times \frac{1 \text{株当たり当期純利益}}{\text{株価}} = \frac{\text{当期純利益}}{\text{純資産}}$$

$$\text{ROE} = \frac{\text{PBR}}{\text{PER}} = \frac{1.20}{15.00} = 0.08$$

サスティナブル成長率＝ROE×（1－配当性向）
　　　　　　　　　＝8.00％×（1－30.00％）＝5.60％

問4 2)

1) 3) 4) ○ 本肢のとおり。

2) × 学習のポイント 5 (3)②を参照。S&P500種株価指数は、時価総額加重平均型の株価指数である。

問5 3)

1) 2) 4) ○ 本肢のとおり。

3) × プライム市場の上場維持基準として定められた流動性の水準は株主数800人以上、流通株式数は20,000単位以上、

123

流通株式時価総額100億円以上、１日平均売買代金2,000万円以上。

3 債券投資

絶対読め！ 30秒レクチャー

まずは「100円を出すと、1年後に1円、2年後に1円がもらえて、3年後には1円と最初の100円が返ってくる」という債券の基本イメージを持とう。利回り計算の式は「1年当たりのもうけ÷投資額」であることを理解できれば、暗記しなくても解ける。過去の出題頻度は

ほぼ100％なので、過去問が完全に理解できるまで集中トレーニングしよう。お馴染みの「個人向け国債」「債券の利回り計算」は、1級学科基礎でも頻出だから十分に確認しておこう！

ナナメ読み！ 学習のポイント

1 債券について

（1）債券の発行時に定められること

① 表面利率：額面金額に対して支払われる1年間の利金のこと。

② 発行価格：額面が100円の場合、発行価格が100円超の発行をオーバーパー発行、発行価格が100円の発行をパー発行、発行価格が100円未満の発行をアンダーパー発行という（債券価格100円のことを「パー」という。ゴルフの「パー」と同じイメージ）。

③ 償還期限：元金が償還される期限

（2）債券の利払い方法による分類

① 利付債：毎年決まった時期に利金（利子、クーポン）を受け取ることがで

きる債券

② 割引債：利金は支払われない代わりに、利息相当分を差し引いた金額で発行され額面で償還される債券

(3) 債券のリスク

① 信用リスク：債券の発行体が元利金を払えなくなるリスク

② 価格変動リスク：市場金利によって債券の価格が変動するリスク

③ 途中償還リスク：償還期限前に買入償却や繰上償還することにより、予定どおりの期間や、利回りでの運用ができなくなるリスク

④ カントリーリスク：債券を発行する国における政情不安・財政悪化・戦争などの影響を受けるリスク

⑤ 流動性リスク：当該銘柄の取引高が少ないことにより、妥当な価格での売却ができないリスク

(4) 債券の格付け

債券の格付けとは、元利金の支払いの確実性（安全性）の度合いを、第三者である格付機関が判定したもの。一般に、格付けがトリプルB（BBB）以上の債券を投資適格債券、ダブルB（BB）以下の債券を投機的格付債券という。

(5) 債券、金利、価格の関係

市場の「金利」水準と、過去に発行された固定金利の「債券」の価格には、一般に「金利が上昇すると債券が下落し、金利が下落すると債券が上昇する」という関係がある。

① 他の条件が同じであれば、格付けの高い債券は、格付けの低い債券に比べ、利回りは低くなる。

② 他の条件が同じであれば、償還までの期間が長い債券は、償還までの期間が短い債券に比べて、金利の変動に伴う価格変動幅は大きくなる。

(6) サムライ債とショーグン債

① サムライ債：外国法人が日本国内で円建てで発行する債券

② ショーグン債：外国法人が日本国内で外貨建てで発行する債券

(7) 債券のデュレーション

① 債券への投資資金の平均回収期間（単位は年）を表す。

② 他の条件が同じであれば、「債券のクーポンが低いほど」「残存期間が長いほど」デュレーションは長くなる。

③　割引債券のデュレーションは、割引債券の残存期間と等しくなる。

④　修正デュレーション：デュレーションを（１＋最終利回り）で割った指標。利回りの変化に対する債券の価格変化の大きさを示す。

(8) イールドカーブ（利回り曲線）

　債券の残存期間（横軸）と利回り（縦軸）の関係をグラフ化した曲線をイールドカーブという。

①　順イールド：右上がりの曲線を描くイールドカーブ。残存期間の（短い債券より）長い債券のほうが利回りが高い自然な状態。

②　逆イールド：右下がりの曲線を描くイールドカーブ。金利低下が予想されるときに、このような曲線を描くことがある。

③　フラット化：長短金利差が縮小してくると、イールドカーブは傾きが緩やかとなる。このような動きをフラット化という。

④　スティープ化：長短金利差が拡大してくると、傾きが急となる。このような動きをスティープ化という。

⑤　ロールダウン効果：順イールドが続いているとき、保有する債券の残存期間が短くなるにつれて利回りが低下し、債券価格が上昇することでリターンが得られる効果のこと。

●イールドカーブの形状

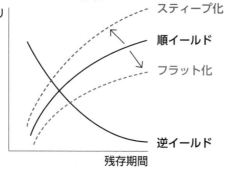

利回り

スティープ化

順イールド

フラット化

逆イールド

残存期間

(9) 債券の流通市場

　２つの流通市場のうち、大部分は、店頭取引で行われている。

①　取引所取引：証券取引所で（債券の）売買を成立させる取引のこと。

②　店頭取引：証券取引所を通さず、金融機関や機関投資家などが、直接（債券の）売買を行う取引のこと。

2 国債

① 個人向け国債

　購入者が個人に限られた国債で、変動10年・固定5年・固定3年の3種類がある。

●3種類の個人向け国債の比較表

	変動10年	固定5年	固定3年
購入対象者	個人限定。募集価格額面100円につき100円。<u>最低購入額面金額は1万円</u>		
満期（償還期限）	10年	5年	3年
償還金額	額面100円につき100円（中途換金も同じ）		
利率（年率）	基準金利×0.66	基準金利－0.05％	基準金利－0.03％
利率の下限	0.05％（最低保証金利）		
中途換金	第2期利子支払日（発行から<u>1年</u>経過）以降であればいつでも可能		
中途換金の特例	保有者が死亡した場合または<u>大規模な自然災害により被害を受けた場合</u>は、発行から1年以内であっても中途換金可能		
中途換金時の換金金額	額面金額＋経過利子相当額－直前2回分の各利子（税引後）相当額		
発行頻度	毎月発行		

② 物価連動国債

　元金額が消費者物価指数に連動して増減する（インフレ対応力のある）国債。償還時の想定元金額が額面金額を下回る場合は、額面金額にて償還される。

128

3 債券の利回り（単利）

●所有期間別の債券の利回り

●応募者利回り：新発債（新たに発行された債券）を満期償還時まで保有した
場合の利回り

$$応募者利回り(\%) = \cfrac{利率 + \cfrac{額面(100円)-発行価格}{償還期間}}{発行価格} \times 100$$

●所有期間利回り：新発債または既発債（すでに発行された債券）を購入し、
満期償還時まで保有せず、途中で売却した場合の利回り

$$所有期間利回り(\%) = \cfrac{利率 + \cfrac{売却価格-購入価格}{所有期間}}{購入価格} \times 100$$

●最終利回り：既発債を満期償還時まで保有した場合の利回り

$$最終利回り(\%) = \cfrac{利率 + \cfrac{額面(100円)-購入価格}{残存期間}}{購入価格} \times 100$$

●割引債の複利計算による最終利回り

$$購入価額 \times (1+利回り)^{残存期間} = 額面(100円)$$

実務上ではどうなの？

　債券のリターンには、インカムゲイン（利払額）とキャピタルゲイン（売値と買値の差）がありますが、債券の利回り（単利）を求める式は「1年当たりのインカムゲイン」と「1年当たりのキャピタルゲイン」の合計（1年当たりのもうけ）を投資額で割って求める、と理解しておくと、いろいろな式を暗記しなくてすむのでラクチンです。

4　債券等の利子

　国債（個人向け国債を含む）・地方債・公募公社債・上場公社債等の特定公社債の利子は、利子所得として申告分離課税（20.315％の源泉徴収）の対象。確定申告をすれば上場株式等の譲渡損失との損益通算も可能。

本番得点力が高まる！　問題演習

問1
□□□

　個人向け国債に関する次の記述のうち、最も不適切なものはどれか。

1) 個人向け国債は、原則として毎月募集され、1万円から1万円単位で購入することができ、取扱機関によって発行条件や中途換金の換金金額が異なることはない。

2) 固定金利型の個人向け国債の利率（年率）は、「3年満期」が基準金利から0.03％を差し引いた値であり、「5年満期」が基準金利から0.05％を差し引いた値であるが、いずれも0.05％が下限とされている。

3) 個人向け国債の利子は、20.315％の税率を乗じて計算した金額に相当する税額が源泉（特別）徴収されて課税関係が終了し、同一年中に生じた上場株式の譲渡損失の金額と損益通算することができない。

4) 個人向け国債を有する者が死亡した場合、その相続人は、当該個

人向け国債の第2期利子支払期前であっても、取扱機関に対し、当該個人向け国債の中途換金を請求することができる。

《2019年5月基礎 問18》

問2 以下の表に記載されている割引債券の1年複利計算による最終利回り（空欄①）と固定利付債券の単利計算による最終利回り（空欄②）の組合せとして、次のうち最も適切なものはどれか。なお、税金や手数料等は考慮せず、計算結果は表示単位の小数点以下第3位を四捨五入すること。

	割引債券	固定利付債券
単　　　価	97.60円	100.50円
償還価格	100.00円	100.00円
表面利率	―	0.75%
最終利回り	（①）%	（②）%
残存期間	4年	2年

1) ①0.61　②0.50
2) ①0.61　②1.00
3) ①1.22　②0.50
4) ①1.22　②1.00

《2020年9月基礎 問20》

問3 債券のリスク指標に関する次の記述のうち、最も適切なものはどれか。

1) 他の条件が同じであれば、債券の表面利率が低いほど、また残存期間が長いほど、デュレーションは長くなる。
2) 残存期間が同じであれば、利付債よりも、割引債のほうがデュレーションは短くなる。
3) デュレーションが同じであれば、コンベクシティが大きい債券のほうが、小さい債券よりも、金利の低下局面において債券価格の上昇率は小さくなる。
4) 修正デュレーションとは、デュレーションの精度不足を補うためのものであり、金利の変化に対するデュレーションの変化の割合で表される。

《2022年9月基礎 問18》

問1 3)── 1) ○　本肢のとおり。

2) ○　学習のポイント 2 を参照。

3) ×　学習のポイント 4 を参照。

4) ○　学習のポイント 2 を参照。

問2 1)── 最終利回りは、既発債を満期償還時まで保有した場合の利回り。

① 「割引債の最終利回り」は、以下の計算式となる。

> 残存期間4年：購入価額×(1＋利回り)^4＝額面(100円)

利回り＝X％とすると、

$97.60 \times (1 + X\%)^4 = 100$

$(1 + X\%)^4 = 100 \div 97.60$

$X \fallingdotseq 0.61$

※4乗根は「√」キーを2回たたく

② 「単利の利付債券の最終利回り」は、以下の計算式となる。

$$最終利回り(\%) = \frac{利率 + \dfrac{額面(100円) - 購入価格}{残存期間}}{購入価格} \times 100$$

$$\frac{0.75\% + \dfrac{100円 - 100.50円}{2年}}{100.50円} \times 100 = 0.4975\cdots\%$$

→0.50％（小数点以下第3位四捨五入）

問3 1)── 1) ○　本肢のとおり。

2) ×　利付債の方が（利子を受けとる分）平均的な投資資金の回収期間（デュレーション）は短くなる。

3) ×　コンベクシティが大きい債券の方が（債券保有者に）有利な価格変化をするので、金利低下時における債券価格の上昇率は大きくなる。

4) ×　修正デュレーションは利回りの変化に対する債券の価格変化の大きさを示す。

出題率 **75%** ｜ 難易度 ★★★ ☆ ☆

4 投資信託

絶対
マスター

絶対読め！30秒レクチャー

　投資信託は、投資家から集められた資金を1つのファンド（基金）にまとめ、それをさまざまな株や債券などに分散投資する金融商品だ。投資家を取り巻く3つのプレーヤー、3つの手数料、ETFとREITなどの基本を理解せよ。1級学科基礎では、運用スタイル・MMF・個別元本などが出題されているので、過去問で勉強しよう！

ナナメ読み！　学習のポイント

1 投資信託を構成するプレーヤーと役割

投資家（受益者）	投資信託を購入し、受益権を持つ者
販売会社	投資信託の募集・販売や収益金・償還金の支払い、目論見書、運用報告書の交付などを行う会社（証券会社など）
投資信託委託会社（委託者）	信託財産の運用の指図や、目論見書・運用報告書の発行を行う会社（最近は「○○アセットマネジメント」という社名の会社が多い）
信託銀行（受託者）	信託財産の保管・管理や委託者からの指図に従って実際に運用を行う銀行

2 投資信託の分類

(1) 株式投信と公社債投信

① 株式投資信託：運用対象として株式を組み入れることが可能な投資信託。実際に株式を組み入れるかは関係ない。

② 公社債投資信託：株式で運用することが一切できない投資信託。国債等の安全性の高い公社債だけで運用している。MRFやMMFなど。MRF（マネー・リザーブ・ファンド）は、元本割れとなった場合に（例外的に）損失補てんが可能とされている。

(2) 単位型と追加型

① 単位型投資信託：（当初）募集期間しか購入ができない投資信託。

② 追加型投資信託：いつでも自由に時価で購入・換金できる投資信託。

(3) 契約型と会社型

① 契約型投資信託：一般的な投信。投資信託委託会社と信託銀行が信託契約を結んでいる投資信託。

② 会社型投資信託：投資法人※を設立し、投資家はこの投資主となる投資信託。実態は株式といえるような投信。J-REIT（不動産投信）など。

> ※ 投資法人（会社型投資信託）は、特定の資産に投資することを目的として設立される法人。実際の運用・管理などの業務はすべて外部委託する必要がある。配当可能利益の90％超を分配するなどの要件を満たすと、分配金の損金算入（法人税の実質非課税）が認められる。

(4) 運用スタイル

① アクティブ運用：積極的に運用を行い、ベンチマーク（目標となる指標）を上回る運用成績を目指す手法。調査コストなどがかかるので、一般にパッシブ運用のファンドより運用コストが高い。

② パッシブ運用：ベンチマークに連動した運用を目指す手法。インデックス運用ともいう。

③ マーケット・ニュートラル運用：割安と思われる銘柄の買建てと、割高と思われる銘柄の売建てを、同額保有することで、マーケットの上下動に左右されない運用をする手法。

④ ロング・ショート運用：株価が割安と判断される銘柄のロング（買い）ポ

ジションを取り、同時に株価が割高と判断される銘柄の**ショート**（売り）ポ
ジションを取る運用手法。

⑤　スマートベータ運用：企業の財務や業績など（時価総額以外）の要素に基
づいて銘柄を選定した指数（スマートベータ指数）に基づいて運用するスタ
イル。

⑥　ESG投資：定量的な（財務情報などに基づく）投資判断だけでなく、環
境（E）・社会（S）・企業統治（G）の観点から経営の持続性・収益性など
も評価した上で投資先を選定する手法。

(5) 投資手法

①　バリュー型：企業の収益性や資産価値などに照らして、株価が**過小評価**さ
れている（割安）と思われる企業に投資をする手法。

②　グロース型：将来高い**成長性**が見込める企業に投資をする手法。

(6) トップダウンとボトムアップ

この2つのアプローチは併用される場合がある。

①　トップダウン・アプローチ：投資環境の分析によって国別や業種別の組入
比率などを決定し、その比率に応じて組入銘柄を決めていく手法。

②　ボトムアップ・アプローチ：各銘柄の投資指標の分析や、企業訪問などの
リサーチによって投資魅力の高い銘柄を発掘する手法。

(7) ファンド・オブ・ファンズ

投資対象や運用スタイルなどの異なる複数のファンドに分散投資する形態の
ファンド。原則、株式や債券などの個別銘柄を組み入れることはない。

(8) アンブレラ型ファンド

設定された複数のサブファンドの中から投資対象を自由に組み合わせること
ができる投資信託で、運用中にサブファンドを組み替える（スイッチングす
る）こともできる。

(9) ブル型とベア型

①　ブル型ファンド：ベンチマークが**上昇**すると正のリターンとなる。

②　ベア型ファンド：ベンチマークが**下落**すると正のリターンとなる。

3 投資信託を購入・保有する場合の注意事項

(1) 投資信託の3つのコスト

　同一の投資信託であれば、②と③は販売会社による差異がないが、①については差異が生じることがある。

① 入口では→**購入時手数料**（こうにゅうじ て すうりょう）

　　投資信託を購入するときにかかる手数料。申込手数料ともいう。

　　購入時手数料のかからないノーロード投信も増えている。

② 途中では→運用管理費用（**信託報酬**）（しんたくほうしゅう）

　　投資信託の保有中にかかる手数料。基準価格から日々差引かれる。この信託報酬の中から、投信<u>委託会社</u>に<u>委託者報酬</u>が支払われたり、<u>販売会社</u>に<u>事務代行手数料</u>が支払われたりしている。

③ 出口では→**信託財産留保額**（しんたくざいさんりゅうほ がく）

　　投資信託を解約する場合に差引かれるコスト。投信委託会社や販売会社の収入にはならず、投資信託内の財産となる。

(2) 情報公開資料（ディスクロージャー）

① 交付目論見書（こうふもくろみしょ）：投資信託を募集・販売するときに**必ず交付される資料**で、投資対象や運用方針、購入時手数料、運用管理費用（信託報酬）などの投資判断の材料となるものが記載されている。

② 交付運用報告書：決算期ごと（決算が年1回のファンドの場合は1年ごと。決算期間が6カ月未満の場合は6カ月に1度）に発行されるもので、ファンドの運用成績が記載されている。電磁的方法による提供も認められる。

③ 運用報告書（全体版）：ファンドの状況が詳細に記載されている。通常は運用会社のホームページ掲載（電磁的方法）により交付したものとみなされるが、投資者が請求すると必ず交付してもらえることになっている。

(3) トータルリターン

① 「現在の評価金額」「累計売付金額」（うりつけ）「累計受取分配金額」（うけとりぶんぱい）の合計から「累計買付金額」（かいつけ）を差引いて計算する。

② 投資信託の新規買付時から算出基準日までのトータルの損益金額。

③ 原則、販売会社は投資家に**年1回以上通知する**ことが義務付けられている。

4 投資信託の個別元本方式

個別元本とは、各投資家の課税上の購入価額のこと。分配前後の基準価額と個別元本の関係を整理しておこう。計算問題として出題されやすい。

① 「分配後の基準価額＞分配前の個別元本」の場合

　　分配後の個別元本＝分配前の個別元本

② 「分配後の基準価額＜分配前の個別元本」の場合

　　分配後の個別元本＝分配前の個別元本－元本払戻金（特別分配金）

5 公社債投資信託と上場投資信託の主な商品

(1) 公社債投資信託（通称：コウシャサイ・トウシン）の主な商品

	MMF （マネー・マネジメント・ファンド）※	MRF （マネー・リザーブ・ファンド）
運用対象	短期金融商品など	
購入単位	1円以上1円単位	
利払い	毎日決算し、収益分配金は毎月最終営業日に再投資される （1カ月複利）	
特　徴	30日経過すればペナルティーなしで解約可能	ペナルティーなしでいつでも解約可能

※　MMFは、利回り低下による運用難のため取扱いが停止されている。

(2) 上場投資信託（通称：ジョウジョウ・トウシン）の主な商品

証券取引所に上場している投資信託。上場株式と同じように売買できる。

① ETF（Exchange Traded Fund：株価指数連動型上場投資信託）

　　日経平均などの株価指数に連動するように運用されているインデックスファンドの一種。業種別の株価指数や商品指数などに連動するものもある。

② REIT（不動産投資信託）

　　会社型の投資信託（投資法人）の一種で、主に不動産で運用するファンド。日本の不動産投資信託を、J-REITという。

本番得点力が高まる！ 問題演習

問1
□□□
投資信託のディスクロージャーに関する次の記述のうち、最も不適切なものはどれか。

1) 交付目論見書は、投資者が直接的または間接的に負担することとなる費用について、購入時手数料の上限金額または上限料率、運用管理費用（信託報酬）の金額または料率に関する事項に加え、当該費用を対価とする役務の内容等を記載しなければならない。

2) 交付運用報告書は、日々決算型投資信託を除き、投資信託の決算期ごとに作成し、投資家に交付しなければならない。

3) 交付運用報告書は、運用経過の説明や今後の運用方針などのほか、一定の期間における当該投資信託の騰落率と代表的な資産クラスの騰落率を比較して記載することとされている。

4) 投資信託委託会社または販売会社は、運用報告書（全体版）について、投資信託約款に定められた電磁的方法により提供することができるが、投資者から当該運用報告書の交付の請求があった場合には、これを交付しなければならない。　《2023年1月基礎 問17》

問2
□□□
Aさん（居住者）は、2021年4月に特定口座でXファンド（公募追加型株式投資信託、当初1口1円、年1回分配）10,000口を基準価額11,000円で購入した。下記の〈Xファンドの分配金実績・分配落後基準価額の推移〉に基づき、2024年3月期における10,000口当たりの収益分配金について、所得税および復興特別所得税、住民税の源泉（特別）徴収後の手取金額として、次のうち最も適切なものはどれか。なお、源泉（特別）徴収される税額は円未満切捨てとすること。

〈Xファンドの分配金実績・分配落後基準価額の推移〉　（10,000口当たりの金額）

決 算 日	2022年3月期	2023年3月期	2024年3月期
分 配 金 実 績	1,000円	1,000円	600円
分配落後基準価額	11,500円	11,200円	10,800円

1) 479円
2) 519円

3) 560円

4) 600円 《2022年5月基礎 問23改題》

問3

□□□ 投資信託に関する次の記述のうち、最も適切なものはどれか。

1) 投資信託の基準価額は、当該信託財産の取得時の価額の合計額を計算日における受益権総口数で除して得た額とされ、原則として毎営業日計算される。

2) 運用管理費用（信託報酬）は、同一の投資信託の銘柄であれば、販売会社による差異はなく、一般に、インデックス型投資信託よりもアクティブ型投資信託のほうが高い傾向がある。

3) 信託財産留保額は、通常、投資信託を信託期間中に換金する際に徴収されるものであり、換金時の基準価額に所定の料率を乗じて算出され、その全部が投資信託委託会社の収入となる。

4) 投資信託のトータルリターンは、「評価金額＋累計売付金額－累計買付金額」により算出される金額とされ、原則として、販売会社は、投資者に対して年1回以上通知することが義務付けられている。 《2019年1月基礎 問17》

問1 2)—— 1) ○ 学習のポイント **3** **(2)**①を参照。

2) ✕ 決算期間が6カ月未満の投資信託（毎月決算型など）は、6カ月毎に作成。

3) ○ 本肢のとおり。

4) ○ 学習のポイント **3** **(2)**③を参照。

問2 2)—— 収益分配金を受け取る都度、個別元本が修正されるか確認する。

① 2022年3月期

分配落後の基準価額11,500円≧個別元本11,000円

∴ 個別元本の修正なし

② 2023年3月期

分配落後の基準価額11,200円≧個別元本11,000円

∴ 個別元本の修正なし

③ 2024年3月期

分配落後の基準価額10,800円＜個別元本11,000円

∴　差額（200円）が元本払戻金、残額（600円－200円＝
400円）は普通分配金

税金：400円×20.315％＝81.26→81円

税引後手取額：400円－81円＋200円＝519円

問3 2)── 1)　✕　投資信託の基準価額は、計算日の純資産総額を計算日に
おける受益権総口数で割って求める。

2)　○　学習のポイント **2** **(4)**を参照。

3)　✕　文字通り投信の「信託財産」に「留保」する額（受益者
が換金する際に必要な事務手数料として徴収する）で、委託
会社、受託会社、販売会社に対する手数料ではない。
学習のポイント **3** **(1)**③を参照。

4)　✕　足し合わせるべき金額に「累計受取分配金額」が抜けて
いる。分配金も重要なリターンの1つ。学習のポイント **3** **(3)**を
参照。

5　外貨建て金融商品

絶対読め！30秒レクチャー

外貨預金と外貨建てMMFの違いは説明できるようにしておこう！「TTSとTTBは銀行サイドに立った表現」と覚えておくと間違えない。1級学科基礎では、外貨預金の円ベース利回りを求める問題が2回に1回は出ているので解けるようにしておけ！

外貨をSellします。
TTS
銀行
＄
¥

外貨をBuyします。
TTB
銀行
＄
¥

ナナメ読み！　学習のポイント

1　外貨預金

米ドル、豪ドル、ユーロなどの外国の通貨で行う預金のこと。預金利息は利子所得、為替予約を付していない場合の為替差益（差損）は雑所得。

2　外貨建てMMF

外貨建ての短期債券などで運用されるMMF。MMFは国内外の公社債や、CPやCDなどの短期の金融商品を中心に運用する追加型公社債投資信託。株式はいっさい組み入れず、安定収益の確保を目標としている。

解約時の信託財産留保額の負担はない。為替差益は申告分離課税。

3 為替レート

① TTS：円を外貨に換えるレート（Sは銀行が外貨をSellする意味）

② TTB：外貨を円に換えるレート（Bは銀行が外貨をBuyする意味）

4 外貨預金の利回り（円ベースの計算）

① 外貨を預け入れる。

(A) 円ベースでの預入額＝預け入れた外貨の額×TTS

② 預入期間満了時の外貨ベースでの元利合計額を求める。

(B) 税引後の利息額＝預け入れた外貨の額×金利×（1－税率）

(C) 外貨ベースでの元利合計額＝預け入れた外貨の額＋(B)

③ ②を円ベースでの受取額に換算する。

(D) 円ベースでの受取額＝(C)×TTB

④ 円ベースでの利回りを計算

$$円ベースでの利回り＝\frac{もうけ＜(D)－(A)＞}{投資額(A)}×100（\%）$$

 本番得点力が高まる！ **問題演習**

問1 　外貨建商品等に関する次の記述のうち、最も適切なものはどれか。

1) 外国為替証拠金取引において、投資家の建玉に係る評価損の額が、外国為替証拠金取引を取り扱う金融商品取引業者の定めた水準に達した場合、建玉は強制的に決済されて取引が終了するため、証拠金の額を上回る損失が生じることはない。

2) 外貨建MMFは、一般に外貨預金と比べて為替手数料が安く、購入時手数料および解約手数料は不要であるが、買付後30日以内に解約する場合、所定の信託財産留保額が差し引かれる。

3) 外国株式の海外委託取引（外国取引）は、国外の株式市場に上場している外国株式について、投資家の注文を国内の証券会社が国外の証券取引所に取り次いで売買する取引であり、指値注文をす

ることができる。

4) 米国株式信用取引は、米国の株式市場に上場している株式を対象
としており、品貸料、返済期限等は、証券取引所の規則で定められている制度信用取引である。　《2023年1月基礎 問19》

問2
□□□

以下の〈条件〉で、為替予約を付けずに円貨を外貨に交換して外貨預金に預け入れ、満期時に円貨で受け取る場合における利回り（単利による年換算）として、次のうち最も適切なものはどれか。なお、6カ月は0.5年として計算し、税金等は考慮せず、計算結果は表示単位の小数点以下第3位を四捨五入すること。

〈条件〉

・外貨預金の期間、通貨、利率

　期間6カ月の米ドル建て定期預金、利率2.25％（年率）

・為替レート

	TTS	TTM	TTB
預入時為替レート	110.15円	109.15円	108.15円
満期時為替レート	117.25円	116.25円	115.25円

1) 11.61％

2) 15.29％

3) 15.53％

4) 19.27％　《2017年9月基礎 問21》

3) ── 1) ✕ 外国為替証拠金取引には、建玉を強制的に決済するしく
みがあるが、それでも相場急変時には証拠金を上回る損失が
生じる可能性がある。

2) ✕ 学習のポイント 2 を参照。

2) ○ 本肢のとおり。

2) ✕ 米国株の信用取引は（制度信用取引ではなく）一般信用
取引。

1) ── ① 預入時のレート TTS は 110.15 円なので、預入金額を 1 万米
ドルとすると必要な円は

10,000 米ドル×110.15 円＝1,101,500 円

② 6 カ月（0.5 年）経過後の米ドル元利合計

2.25％×0.5＝1.125％（0.01125）

10,000 米ドル×(1＋0.01125)＝10,112.5 米ドル

③ 満期時のレート TTB は 115.25 円なので、10,112.5 米ドル
を円換算すると

10,112.5 米ドル×115.25 円＝1,165,465.625 円

④ 利益額：1,165,465.625 円－1,101,500 円＝63,965.625 円

⑤ 年利回り：$\dfrac{63,965.625 円}{1,101,500 円} \div 0.5 \times 100$

≒11.61％（小数点以下第 3 位四捨五入）

6　金融商品の税金

絶対マスター

絶対読め！**30**秒レクチャー

　金融商品の税金は、1級学科基礎でも頻出項目の1つになった。何度も出ているNISA口座に関しては詳細の理解までパーフェクトにしたうえで、2024年1月スタートの新NISAについても理解を深めておこう。さらに2016年1月から一体化された金融所得課税もマスターしておけ！

税金はもうけの20%が原則だけど、例外もあるんだ。

税務署

税金

▶ ナナメ読み！　**学習のポイント**

1　株式の課税関係

（1）配当課税

　株式等の配当は、配当所得として支払いのつど税額が源泉徴収され、後で確定申告をして精算するのが原則。配当所得は原則として総合課税だが、上場株式等の配当所得は申告分離課税を選択することもできる。また、一定の要件の下で源泉徴収のみで申告不要とすることも可能。

① 上場株式等（大口株主以外）
  ・源泉徴収税率：20.315%（所得税15.315%、住民税5%）
  ・「総合課税（配当控除あり）・申告分離課税・申告不要」のいずれかを選択
  ・上場株式等の配当所得について確定申告をする場合は、その申告をする上場株式の配当に係る配当所得のすべてについて、総合課税と申告分離課税のいずれかを選択しなければならない。

② 非上場株式等

・源泉徴収税率：20.42％（所得税のみ）

・原則として総合課税（配当控除あり）

・1銘柄につき1回の配当金が10万円以下（年1回の場合）なら確定申告不要

(2) 譲渡益課税

① 株式等の譲渡所得等の金額

株式等の譲渡所得等の金額＝譲渡価額－取得費（委託手数料※を含む）

※ 取得費に含むことができる委託手数料は、その手数料に係る消費税等を含めた金額。

② 税率：20.315％（所得税15.315％、住民税5％）・申告分離課税

③ 同一年中に上場株式を譲渡したことによる譲渡所得以外の所得を得ていない者は、確定申告をすることで、株式等の譲渡所得等の金額の計算上、基礎控除などの所得控除額を控除することができる。

④ 「時価1億円以上の上場株式を所有している者」が国外転出した場合、国外転出した時に（その時点の最終価格で）当該株式の譲渡があったものとみなして、当該株式の含み益に対して所得税等が課される。

⑤ 2016年1月以降、これまで認められていた「上場株式の譲渡損益と非上場株式の譲渡損益の通算」は不可となった。

(3) 特定口座制度

① 源泉徴収ありの特定口座（源泉徴収口座）

・源泉徴収税率：20.315％（所得税15.315％、住民税5％）

・確定申告不要（申告することもできる）

・配当・利子所得と（株式等の）譲渡損失は、口座内で損益通算ができるが、取引のつど計算して通算されるのではなく、1年間を締めて損益通算が行われる。

② 源泉徴収なしの特定口座（簡易申告口座）

金融機関から送付される「年間取引報告書」により、簡単に申告を行うことができる。

2 新NISA（少額投資非課税制度）

2024年1月よりスタートした新NISAの概要を把握しておこう。

（1）新しいNISA制度

	つみたて投資枠　併用可	成長投資枠
年間投資枠	120万円	240万円
非課税保有期間 （注1）	無期限	無期限
非課税保有限度額 （総枠）（注2）	1,800万円 ※簿価残高方式で管理（枠の再利用が可能）	
		1,200万円（内数）
口座開設期間	恒久化	恒久化
投資対象商品	長期の積立・分散投資に適した一定の投資信託 （旧制度のつみたてNISA対象商品と同様）	上場株式・投資信託等（注3） （①整理・監理銘柄②信託期間20年未満、毎月分配型の投資信託及びデリバティブ取引を用いた一定の投資信託を除外）
対象年齢	18歳以上	18歳以上
旧NISA制度との関係	2023年末までに旧制度の一般NISA及びつみたてNISA制度において投資した商品は、新しい制度の外枠で、旧制度における非課税措置を適用 ※旧制度から新しい制度へのロールオーバーは不可	

（注1）非課税保有期間の無期限化に伴い、旧制度のつみたてNISAと同様、定期的に利用者の住所等を確認し、制度の適正な運用を担保

（注2）利用者それぞれの非課税保有限度額については、金融機関から一定のクラウドを利用して提供された情報を国税庁において管理

（注3）金融機関による「成長投資枠」を使った回転売買への勧誘行為に対し、金融庁が監督指針を改正し、法令に基づき監督及びモニタリングを実施

（2） 2023年までの旧NISA制度

	つみたてNISA （2018年創設）	併用可	一般NISA （2014年創設）
年間投資枠	40万円		120万円
非課税保有期間	20年間		5年間
非課税保有限度額	800万円		600万円
口座開設期間	2023年まで		2023年まで
投資対象商品	長期の積立・分散投資 に適した一定の投資信託 （金融庁の基準を満たした投資信託に限定）		上場株式・投資信託等
対象年齢	18歳以上		18歳以上

3 債券の課税関係

国債・地方債・公募公社債・上場公社債等（広く取引されている債券）のことを特定公社債、それ以外の債券（私募債）を一般公社債という。

（1） 特定公社債

2016年以後、上場株式等（公募株式投信を含む）と特定公社債等（公募公社債投信を含む）の税務上の取扱いが統一されて、特定公社債の利子は、上場株式等の譲渡損失と損益通算が可能となった。

① 利子所得

　・確定申告をする場合は申告分離課税（税率20.315％）

　・「源泉徴収ありの特定口座」なら確定申告不要

② 譲渡益・償還差益

　上場株式等の譲渡所得として申告分離課税（税率20.315％）

4 障害者等の少額預金の利子所得等の非課税制度

① この制度の適用を受けられる者は、身体障害者手帳の交付を受けている者、遺族基礎年金や遺族厚生年金を受けている妻など。遺族基礎年金や遺族厚生年金を受けている夫は対象とならない。

② この制度の適用を受ける預貯金等については、その元本合計額350万円までの利子等が非課税となる。

③ この制度の適用を受けるためには、最初に預入等をする日までに「非課税貯蓄申告書」を提出しなければならない。

④ 外貨預金は「障害者等の少額預金の利子所得等の非課税制度」の対象にはならない。

 本番得点力が高まる! **問題演習**

問1
□□□　特定口座に関する次の記述のうち、最も不適切なものはどれか。なお、本問における簡易申告口座とは、特定口座のうち源泉徴収がされない口座をいう。

1) 複数の金融機関で源泉徴収選択口座を開設した場合、源泉徴収選択口座内の上場株式等を譲渡したことによる譲渡所得を申告するかどうかは口座ごとに選択することができる。

2) 源泉徴収選択口座内における上場株式等の譲渡益と、当該口座に受け入れた上場株式等の配当等に係る配当所得について、いずれかのみを申告することはできない。

3) 源泉徴収選択口座内における上場株式等の譲渡益は、申告をしなければ合計所得金額に含まれないが、申告をすると合計所得金額に含まれる。

4) 簡易申告口座は、当該口座において毎年最初の売却取引または信用取引等の差金決済を行う前であれば、年の途中であっても、所定の手続により当該口座を源泉徴収選択口座に変更することができる。

《2023年1月基礎 問22》

問2
□□□　居住者（一定の大口株主等である者を除く）が受け取る株式の配当および株式の譲渡に係る所得税の取扱いに関する次の記述のうち、最も適切なものはどれか。なお、上場株式については一般口座で保有しているものとし、記載のない事項については考慮しないものとする。

1) 内国法人から支払を受ける上場株式の配当については、その金額の多寡にかかわらず、確定申告不要制度を選択することができ、確定申告不要制度を適用するかどうかは1回に支払を受けるべき配当ごとに選択することができる。

2) 内国法人から支払を受ける非上場株式の配当については、申告分
　離課税を選択することにより、その配当所得の金額を同一年中に
　非上場株式を譲渡したことにより生じた損失の金額と損益通算す
　ることができる。

3) 2019年分において生じた上場株式に係る譲渡損失の金額で確定
　申告により繰り越されたものについては、2022年中に非上場株
　式を譲渡したことにより生じた譲渡所得の金額から控除すること
　ができる。

4) 年末調整の対象となる給与所得者が20万円以下の上場株式に係
　る譲渡所得の金額を有し、その他の所得がない場合、その者が医
　療費控除の適用を受けるための還付申告を行うときであっても、
　当該譲渡所得の金額については申告する必要はない。

《2020年9月基礎 問23改題》

問1 2)──1) 3) 4) ○　本肢のとおり。

2) ✕　源泉徴収選択口座においては、譲渡所得等と配当所得の
　いずれかのみを申告する（一方は申告不要制度を選択する）
　ことも可能。

問2 1──1) ○　学習のポイント 1 (1)を参照。

2) ✕　非上場株式の配当は総合課税(または申告不要も可)だが、
　譲渡損失は申告分離課税となり、区分が異なるので損益通算
　できない。

3) ✕　学習のポイント 1 (2)⑤を参照。

4) ✕　医療費控除の適用を受けるために申告をする場合は、「20
　万円以下なら申告不要」のルールは適用されない。

---

7 ポートフォリオ運用

絶対
マスター

絶対読め！30秒レクチャー

　ポートフォリオ運用は、いろいろ
な値動きをする資産に分散しておく
ことで「すべての資産が同時に下落
する」リスクを減らしつつ、期待で
きるリターンを維持する手法だ。1
級学科基礎では、リスク調整後のリ
ターンを示す指標「シャープレシ
オ」などがよく出題されるから理解
しておこう。

Portfolio

第**3**章　金融資産運用

ナナメ読み！　**学習のポイント**

1 ポートフォリオ運用の基礎知識

(1) 分散投資（ぶんさんとうし）

　株式、債券、外貨建資産、預貯金など、さまざまな種類の資産クラス（カテ
ゴリー）に資産を分配する方法をアセット・アロケーションという。

(2) 期待収益率（きたいしゅうえきりつ）（期待リターン）

　期待できる平均的なリターンのこと。予想されるシナリオ（好況・不況な
ど）とそのシナリオが生じる確率（生起確率（せいきかくりつ））を決め、それぞれの予想収益率
を加重平均して求める。

> 期待収益率（%）＝〈予想収益率×生起確率〉の合計

(3) 分散と標準偏差

収益率（リターン）の散らばり具合をリスクという。期待収益率に対する、様々な状況における予想収益率のばらつきの大きさを数値化することで、リスクを計算できる。その尺度として、分散と標準偏差がある。

① 分散

「ある状況における予想収益率と期待収益率の差」を2乗した値にその状況が生じる確率を乗じて、それらすべてを合計した値のこと。

> 分散＝〈（ある状況における予想収益率－期待収益率）^{2}×生起確率〉の合計

② 標準偏差

分散の平方根（ルート：2乗した数値をもとに戻した数値）のこと。標準偏差が小さいほどリスクが小さく、大きいほどリスクが大きい。

> 標準偏差＝$\sqrt{\text{分散}}$

(4) 相関係数（⇒「応用」でも出たので注意）

複数の資産の値動きの関係を示す係数で「－1～＋1」の範囲の数値となる。

> 相関係数＝$\dfrac{\text{証券Aと証券Bの共分散}}{\text{証券Aの標準偏差×証券Bの標準偏差}}$

相関係数	値動きの関係	リスク軽減効果
1	証券の値動きが完全に同じになる	なし
0	証券間の値動きにまったく相関関係がない	あり
－1	証券の値動きが完全に反対の動きとなる	最大になる

(5) CAPM（Capital Asset Pricing Model＝資本資産評価モデル）

金融資産の期待収益率を説明するモデルの1つ。以下の式であらわされる。

> （対象となる資産の）期待収益率
> ＝安全資産利子率＋β×（市場全体の収益率－安全資産利子率）

β値は、「市場全体の動き」と「対象資産の動き」との相関関係を示す指標。β（ベータ）値が高いほど、市場全体よりも価格変動が大きい資産（ポート

フォリオ) といえる。

2 パフォーマンス評価

リスクに見合うリターンが得られたかどうかを評価する尺度。リターンには、安全資産利子率（無リスク資産利子率）をどれだけ上回ったかを示す超過収益率などを使う。

(1) シャープ・レシオ

標準偏差（リスク）の異なるポートフォリオの比較に用いる指標。リターンから安全資産利子率を引いた値（超過収益率）を「標準偏差」で割って求める。シャープ・レシオ算出の式は正確に覚えよう。計算問題で出る。

$$シャープ・レシオ＝\frac{ポートフォリオの収益率－安全資産利子率}{ポートフォリオの標準偏差}$$

ここでいう安全資産とは、国債などリスクがほぼゼロの資産を意味する。この式の分子は「リスクを取ることによって得られたリターン」（安全資産の利子率を上回った%）であり、シャープ・レシオの値が大きいほど効率よく運用されたといえる。

(2) トレイナー・レシオ（トレイナーの測度）

リターンから安全資産利子率を引いた値（超過収益率）を「β」で割って求める。値が大きいほど効率よく運用されたといえる。

$$トレイナー・レシオ＝\frac{ポートフォリオの収益率－安全資産利子率}{ポートフォリオの\beta}$$

(3) ジェンセンのアルファ（ジェンセンの測度）

ジェンセンのアルファがプラスであれば、市場ポートフォリオよりも優れた運用であったといえる。

$$ジェンセンのアルファ＝ポートフォリオの収益率－CAPMによる収益率※$$

※ 「安全資産利子率＋β×（市場全体の収益率－安全資産利子率）」で求める。

(4) インフォメーション・レシオ

ポートフォリオの収益率からベンチマークの収益率を引いた値（超過収益率）をトラッキングエラーで割って求める。トラッキングエラーは、ベンチ

マークのリスクとポートフォリオのリスクがどれだけ乖離しているかを数値化したもの。値が大きいほど効率よく運用されたといえる。

> インフォメーション・レシオ
> $$= \frac{ポートフォリオの収益率-ベンチマークの収益率}{トラッキングエラー}$$

 本番得点力が高まる！問題演習

問1 　　国内ポートフォリオ運用において、リスク調整後収益率を測定するための各種手法の一般的な説明に関する次の記述のうち、最も不適切なものはどれか。

1) トレイナーの測度は、ポートフォリオの収益率から安全資産利子率を差し引いた超過収益率を、CAPM（資本資産評価モデル）で算出されるポートフォリオのβ（ベータ）で除して求める。

2) インフォメーション・レシオ（情報比）は、ポートフォリオの収益率からベンチマークの収益率を差し引いた超過収益率を、CAPM（資本資産評価モデル）で算出されるポートフォリオのβ（ベータ）で除して求める。

3) シャープ・レシオ（シャープの測度）は、ポートフォリオの収益率から安全資産利子率を差し引いた超過収益率を、ポートフォリオの収益率の標準偏差で除して求める。

4) ジェンセンのアルファ（ジェンセンの測度）は、ポートフォリオの収益率から、CAPM（資本資産評価モデル）による収益率（安全資産利子率＋β×(市場全体の収益率－安全資産利子率)）を差し引いて求める。 《2014年9月基礎 問22》

問2 　　以下の表における①ポートフォリオXのシャープ・レシオ（シャープの測度）と②ポートフォリオYのトレイナーの測度の組合せとして、次のうち最も適切なものはどれか。なお、計算結果は小数点以下第3位を四捨五入すること。

	収益率	標準偏差	ポートフォリオのβ
安全資産	1.0%	−	−
ベンチマーク	5.0%	10.0%	1.00
ポートフォリオX	8.0%	6.0%	1.10
ポートフォリオY	12.0%	15.0%	1.20

1) ① 1.17 ② 9.17

2) ① 1.17 ② 6.20

3) ① 6.36 ② 0.73

4) ① 6.36 ② 6.20

《2022年1月基礎 問22》

 証券Aと証券Bに3：7の割合で投資するポートフォリオの期待収益率とリスク（標準偏差）の組合せとして、最も適切なものはどれか。

経済状況	生起確率	証券Aの収益率	証券Bの収益率
好況	25%	0%	16%
普通	50%	10%	8%
不況	25%	20%	4%

1) 期待収益率 9.5% リスク（標準偏差）1.5%

2) 期待収益率 9.5% リスク（標準偏差）2.25%

3) 期待収益率 9.3% リスク（標準偏差）1.1%

4) 期待収益率 9.3% リスク（標準偏差）1.21%

《2012年9月基礎 問23》

 下記の〈A資産とB資産の期待収益率・標準偏差・共分散〉から算出されるA資産とB資産の相関係数として、次のうち最も適切なものはどれか。なお、計算結果は小数点以下第3位を四捨五入すること。

〈A資産とB資産の期待収益率・標準偏差・共分散〉

	期待収益率	標準偏差	A資産とB資産の共分散
A資産	4.25%	5.75%	36.50
B資産	5.50%	7.25%	

1) 0.07

2) 0.57

3) 0.64

4) 0.88

《2019年5月基礎 問22》

問5 資本資産評価モデル（CAPM）に関する次の記述のうち、最も不適切なものはどれか。なお、β（ベータ）値は、すべて1より大きいものとする。

1) β値と安全資産利子率がともに一定である場合、市場全体の期待収益率が2倍になると、資本資産評価モデル（CAPM）によるポートフォリオの期待収益率は2倍になる。

2) 資本資産評価モデル（CAPM）におけるβ値は、市場全体の動向と資産の動向との相関関係を示し、システマティック・リスクを表す指標である。

3) 資本資産評価モデル（CAPM）により算出されるポートフォリオの期待収益率を上回った超過収益率を測ることによりリスク調整後収益率を測定する手法を、ジェンセンのアルファ（ジェンセンの測度）という。

4) 資本資産評価モデル（CAPM）によれば、同じ市場を対象とする2つのポートフォリオを比較した場合、β値が大きいポートフォリオのほうが、市場全体の変動の影響をより大きく受けるため、価格変動は大きくなる。

《2023年9月基礎 問21》

問1 2)── 1) ○ トレイナーの測度：本肢のとおり。

2) ✕ インフォメーション・レシオ：

> **ポートフォリオの収益率−ベンチマークの収益率**
> トラッキングエラー（ベンチマークのリスクに対するポートフォリオのリスクのかい離）

3) ○ シャープ・レシオ：本肢のとおり。

4) ○ ジェンセンのアルファ：本肢のとおり。

問2 1)── ポートフォリオXのシャープレシオ＝（8.0％−1.0％）÷6.0％
　　　　　　　　　　　　　　　＝1.166…→1.17

ポートフォリオYのトレイナーの測度＝（12.0％−1.0％）÷1.20
　　　　　　　　　　　　　　　＝9.166…→9.17

問3 3)── 〈各経済状況時の予想収益率〉

好況時＝0×0.3＋16×0.7＝11.2％

普通時＝10×0.3＋8×0.7＝8.6％

不況時＝20×0.3＋4×0.7＝8.8％

〈各経済状況時の期待収益率〉

好況時＝11.2×0.25＝2.8％

普通時＝8.6×0.50＝4.3％

不況時＝8.8×0.25＝2.2％

よって、ポートフォリオの期待収益率＝2.8＋4.3＋2.2＝<u>9.3％</u>

次に、ポートフォリオのリスク（標準偏差）は、期待収益率からのバラツキであり、分散の平方根で求める。

リスク（標準偏差）＝$\sqrt{分散}$（分散の平方根）

$$分散＝0.25×(11.2-9.3)^2＋0.5×(8.6-9.3)^2$$
$$＋0.25×(8.8-9.3)^2$$
$$＝1.21$$

$$\sqrt{1.21}＝\underline{1.1\%}$$

問4 4)

$$相関係数＝\frac{証券Aと証券Bの共分散}{証券Aの標準偏差×証券Bの標準偏差}$$

$$A・B資産の相関係数＝\frac{36.50}{5.75×7.25}$$

$$＝0.875\cdots→\underline{0.88}（小数点以下第3位四捨五入）$$

問5 1)　1) ✕　CAPMの式を変形して、ポートフォリオの収益率＝安全資産利子率＋β×（市場全体の収益率－安全資産利子率）

⇒（1－β）×安全資産利子率＋β×市場全体の収益率

ここで、市場全体の収益率が2倍になると（βが1より大きい場合は）ポートフォリオの収益率は2倍より小さくなる

2) 〇　学習のポイント **1** (5)を参照。

3) 〇　学習のポイント **2** (3)を参照。

4) 〇　学習のポイント **1** (5)を参照。

8 デリバティブ（金融派生商品）

絶対
マスター

絶対読め！ **30** 秒レクチャー

デリバティブ（金融派生商品）は「先物＝将来の一時点で《定価》で売ったり買ったりする約束」と「オプション＝将来の一時点で《定価》で売ったり買ったりする権利」の2つを理解しておこう。1級学科基礎では、オプションの出題率が異常に高いので、オプションは必ず出ると覚悟して過去問演習でパーフェクトに学習しろ！

金融派生商品
先物 と **オプション**

2つを理解！

ナナメ読み！ **学習のポイント**

1 先物取引

将来のある時期に、特定の資産（原資産）を、特定の数量、特定の価格で売買することを約束する取引。

① 先物取引を利用することにより、特定の資産の価格変動リスクを回避（ヘッジ）できる。ヘッジ取引には、価格下落リスクに備える売りヘッジと価格上昇リスクに備える買いヘッジがある。

② 日本では、一般に、先物取引は取引所取引で行われる。

2 オプション取引

特定の商品（原資産）を、定められた期日（満期日）または期間内に、定められた価格（権利行使価格）で買う権利（コール・オプション）または売る権

利（プット・オプション）を売買する取引。

① 取引所取引と店頭取引の2つがある。

② アメリカンタイプとヨーロピアンタイプ

・アメリカンタイプ：満期日までの間にいつでも権利行使できる

・ヨーロピアンタイプ：満期日に限り権利行使できる

③ プレミアム（オプション料）

オプションの買い手は、売り手から権利を買う際に、売り手に対してプレミアム（オプション料）を支払う。

プレミアムは、コール・オプション、プット・オプションともに、「オプションの買い手」にとって有利な条件となる場合（ボラティリティ〈原資産価格の変動率〉の上昇など）に上昇する。

④ 権利行使価格と原資産価格の関係

・アット・ザ・マネー（ATM）：権利行使価格と原資産価格が同じ水準になる状態（オプションを行使した時に利益ゼロ）

・イン・ザ・マネー（ITM）：オプションを行使したときに、利益が出る（プラスの）状態

・アウト・オブ・ザ・マネー（OTM）：オプションを行使したときに、損失が出る（マイナスの）状態

⑤ 金利を対象とするオプション

・キャップ：設定金利で資金調達できる権利。金利上昇に対するヘッジとなる

・フロア：設定金利で資金運用できる権利。金利低下に対するヘッジとなる

⑥ 「コール・オプションの買い手」にとって有利な条件とは

・ボラティリティ（原資産価格の変動率）が高い

・満期までの残存期間が長い

・原資産価格が高い（プットは逆）

・権利行使価格が低い（プットは逆）

⑦ バリア条件とは

一定価格（バリアー）に達すると有効または無効になるオプション取引。有効になる条件がノックイン、無効になる条件がノックアウト。バリア条件の設定は、オプションの買い手にとって有利にならず、プレミアムの下落要

因となる。

⑧　日経225オプション取引

大阪取引所に上場。日経平均を原資産とする。オプション価格の1,000倍の価額を1枚として、枚数単位で取引される。

満期日に限り権利行使できるヨーロピアンタイプ。原則、各限月の第2金曜日が特別清算指数算出日（SＱ日）となる。

3　スワップ取引

異なる形態の「お金を受け取る権利」を交換したり、異なる形態の「お金を支払う義務」を交換する手続き。

①　金利スワップ：同じ通貨の、異なる金利の受取りや支払いの交換のことで、金利部分のみの交換がされる。

②　通貨スワップ：異なる通貨の、元本や金利の受取りや支払いの交換のことで、元本部分と金利部分の両方が交換される。

 本番得点力が高まる！ **問題演習**

問1 　わが国の先物取引に関する次の記述のうち、最も不適切なものはどれか。

1）先物取引の立会時間は、日中立会と夜間立会（ナイト・セッション）があり、どちらの立会時間も、板寄せ方式やザラバ方式による取引が行われている。

2）ＴＯＰＩＸ先物（ラージ）は、ＴＯＰＩＸ（東証株価指数）の1万倍の金額が最低取引単位（1枚）とされ、日経225先物（ラージ）は、日経平均株価の1,000倍の金額が最低取引単位（1枚）とされている。

3）株価指数先物取引には、ＴＯＰＩＸ先物や日経225先物のほか、ＪＰＸ日経インデックス400先物、ＮＹダウ先物があり、いずれも大阪取引所に上場している。

4）株価指数先物取引の取引最終日は、原則として、各限月の第1金

曜日（ＳＱ日）の前営業日となり、取引最終日までに反対売買で決済されなかった建玉は、最終清算数値（ＳＱ値）により決済される。　　　　　　　　　　　　　　　　　　　　《2023年5月基礎 問21》

問2
□□□

一般的なオプション取引に関する次の記述のうち、最も不適切なものはどれか。なお、記載のない事項については考慮しないものとする。

1）原資産価格が上昇すると、コール・オプションのプレミアムは高くなり、プット・オプションのプレミアムは低くなる。

2）権利行使価格が高いほど、コール・オプションのプレミアムは低くなり、プット・オプションのプレミアムは高くなる。

3）満期までの残存期間が長いほど、コール・オプション、プット・オプションのプレミアムはいずれも高くなる。

4）ボラティリティが低下すると、コール・オプション、プット・オプションのプレミアムはいずれも高くなる。《2021年1月基礎 問22》

問3
□□□

オプション取引による一般的なリスクヘッジに関する次の記述のうち、最も不適切なものはどれか。

1）東証株価指数（TOPIX）を原資産とするプット・オプションの購入は、東証株価指数（TOPIX）が下落することに対するヘッジとなる。

2）ドル・コール／円・プットの購入は、ドルの対円相場が上昇するドル高／円安に対するヘッジとなる。

3）キャップの購入は、対象となる金利が上昇することに対するヘッジとなる。

4）ペイヤーズ・スワップションの購入は、固定金利が低下することに対するヘッジとなる。　　　　　　　　《2022年5月基礎 問22》

4)── 1) ○ 本肢のとおり。

2) ○ 本肢のとおり。

3) ○ 本肢のとおり。

4) × 株価指数先物取引の取引最終日は、各限月の第2金曜日の前営業日となる。

問2 4)── 1) ○ 原資産価格が上昇すると、コール・オプションのプレミアムは高くなりプットオプションのプレミアムは低くなる。

2) ○ 権利行使価格が高いほど、コールオプションのプレミアムは低くなりプットオプションのプレミアムは高くなる。

3) ○ 残存期間が長いほど、コール・オプション、プット・オプションともプレミアムが高くなる。

4) × ボラティリティが低下するとプレミアムが低くなる。

問3 4)── 1) ○ 東証株価指数のプット・オプションの購入は、東証株価指数が下落するほど利益が増加するため、東証株価指数が下落することに対するヘッジになる。

2) ○ ドル・コール／円・プットを購入すると、将来のドルに対するドル高／円安に対するヘッジとなる。

3) ○ 金利キャップは設定金利で資金調達できる権利。キャップの買いは、対象となる金利の上昇に対するヘッジ。

4) × ペイヤーズ・スワップションとは、オプションの買い手が固定金利を支払い、変動金利を受け取る金利スワップを開始することができるオプションのことで、スワップ金利が上昇することに対するヘッジになる。

9 金融取引に関する法律と セーフティネット

ここで
差がつく

絶対読め！**30**秒レクチャー

金融機関が破綻した場合でも銀行、証券会社、保険会社などに預けている資産が保護される仕組みを総称して「セーフティネット」といい、「預金保険制度」「保険契約者保護機構」「投資者保護基金」などがある。得点力アップには「預金保険制度」の対象外や例外を中心に頭にたたき込もう。1級学科基礎では2回に1回は出ている！

セーフティネット
預金保険制度
保険契約者保護機構
投資者保護基金

これで　　助かったぁ～

第**3**章　金融資産運用

ナナメ読み！　**学習のポイント**

1 　預金保険制度

政府、日本銀行、民間金融機関の出資により設立され、対象金融機関から保険料が納付されている預金保険機構が運営するセーフティネット。

（1）保護対象になるものとならないもの

① 保護の対象になる金融商品

普通預金、貯蓄預金、定期預金、当座預金、ゆうちょ銀行の貯金など。

② 保護の対象外の金融商品

外貨預金、外国銀行の在日支店の預金、国内銀行の海外支店の預金、元本補てん契約のない金銭信託、譲渡性預金など。なお、他人名義預金や架空名義預金も保護の対象外。

（2）保護の対象額

① 原則：保護される預金は、銀行ごとに元本1,000万円とその利息が上限。

② 例外1:「無利息」「要求払い」「決済サービスの提供」の3条件を満たした決済用預金は全額保護される。

③ 例外2:合併や営業譲渡があった場合、その後1年間に限り、「1,000万円×合併にかかわった金融機関の数」まで保護される。

(3) 破綻処理の2つの方式

① 資金援助方式:救済会社が現れた場合に採用される方式。

② 保険金支払(ペイオフ)方式:救済会社が現れなかった場合の方式。

(4) 金融機関が破綻した時のポイント

① 預金とローンが同じ銀行にある場合でも、銀行の破綻時に債権債務が自動相殺されることはない。一定の手続きが必要。

② 金融機関の破綻日より前に相続が開始した被相続人の預金は、(相続分が確定している場合)その相続人が当該金融機関に有する他の預金と合算される。破綻後に死亡した被相続人の預金は、被相続人の名義のまま保護される。

③ 金融機関が破綻して預金保険からの支払いに時間がかかると想定される場合、預金保険機構から預金者に仮払金(1口座あたり60万円が上限)を支払うことができる。

2 その他の保険制度

(1) 保険契約者保護機構

責任準備金を一定割合まで補償して保険契約の維持を図り、保険契約者を保護するしくみ。(→第2章 1 3 参照)

(2) 投資者保護基金

証券会社や投信会社の経営が破綻し、投資家から預かっている有価証券やお金などを返還できなくなる事態に備え、補償するしくみ(投信購入先の銀行が破綻しても対象外)。一般顧客1人当たり、1,000万円を上限として損失を補償することになっている。

(3) 農水産業協同組合貯金保険制度

農水産業協同組合(JAバンクなど)が破綻した場合に、貯金者を保護する制度。制度の内容は、原則として預金保険制度と同じ。

3 個人情報保護法

① 個人情報を取扱う事業者は、取扱う個人情報の数にかかわらず、すべて個人情報取扱事業者として個人情報保護法の規制対象となる。

② （人種、信条、病歴など）本人に対する不当な差別または偏見が生じる可能性のある個人情報は「要配慮個人情報」とされ、その取得にあたっては、あらかじめ本人の同意を得ることが義務付けられている。

③ 個人情報取扱事業者が第三者から個人データの提供を受ける際、提供者の氏名、個人データの取得経緯を確認したうえ、その内容の記録を作成し、一定期間保存することが義務付けられている。

④ いわゆるオプトアウト規定を利用する個人情報取扱事業者は所要事項を個人情報保護委員会に届け出ることが義務付けられ、同委員会はその内容を公表する。

オプトアウト規定とは、あらかじめ本人に対して「個人データを第三者提供することについて通知または認識し得る状態」にしておき、本人がこれに反対をしない限り同意したものとみなす規定。

⑤ 以前は個人情報の不適正な取得の禁止のみ明文化されていたが、2022年4月の法改正により不適正な利用（違法・不当な行為を助長・誘発するおそれのある個人情報の利用）についても禁止が明文化された。

4 消費者を保護する法律各種

(1) 金融商品取引法
きんゆうしょうひんとりひきほう

投資者保護のための横断的法制や、貯蓄から投資に向けての市場機能の確保などへの対応を図ることを目的とした法律。

この法律では、金融商品取引業者を第一種金融商品取引業、第二種金融商品取引業、投資助言・代理業、投資運用業の4つに分け、「虚偽告知」や「断定的判断の提供」等の禁止などの行為規制をしている。投資家を特定投資家（プロ）と一般投資家に分けており、前者に対しては広告規制、契約締結前の書面交付義務、適合性の原則（顧客の知識、経験、財産の状況や目的に合わない勧誘を行ってはならないとする原則）などの行為規制が免除される。

(2) 金融サービス提供法（正式名称「金融サービスの提供及び利用環境の整備等に関する法律」）

金融商品の販売業者に対し、元本が割れる可能性があるなどの顧客に説明すべき事項（重要事項）の説明を怠り、損害が生じた場合に販売業者が**損害賠償責任を負う**（元本欠損額が損害額と推定される）ことを定めた法律。幅広い金融商品を対象としており、**外国為替証拠金取引**なども適用対象。

(3) 消費者契約法

事業者の一定の行為により契約者が誤認、困惑した場合に、消費者が契約の申込みや承諾を取り消すことができる法律。

(4) 金融サービス提供法と消費者契約法の違い

	金融サービス提供法	消費者契約法
適用範囲	金融サービスの提供契約	消費者と事業者間の契約すべて
対　象	個人・事業者（機関投資家以外）	個　人
法律の適用効果	損害賠償請求	契約取消 不当条項の無効

※　金融サービスの提供において、金融サービス提供法と消費者契約法の両方の規定に抵触する場合には、両方の法律が適用される。

✏️ 本番得点力が高まる! 問題演習

問 1
□□□

わが国の預金保険制度に関する次の記述のうち、最も適切なものはどれか。なお、本問における預金は、いずれも日本国内に本店のある銀行に預け入れられているものとする。

1) 当座預金は、その金額の多寡にかかわらず、預金保険制度の保護の対象外となる。

2) 円建ての預入期間を短縮または延長する権利を銀行が有している預金（仕組預金）は、その金額の多寡にかかわらず、預金保険制度の保護の対象外となる。

3) 単に名義を借りたにすぎない他人名義預金は、預金保険制度の保護の対象となる。

4) 名寄せの結果、破綻金融機関に同一の預金者が、担保権の目的となっていない一般預金等の口座を複数有しており、かつ、その元本の合計額が1,000万円を超える場合、当該一般預金等の弁済期（満期）と金利がそれぞれ異なっているときは、付保預金の特定にあたって弁済期（満期）が早いものが優先される。

《2023年9月基礎 問23》

 問2　「偽造カード等及び盗難カード等を用いて行われる不正な機械式預貯金払戻し等からの預貯金者の保護等に関する法律」（預金者保護法）に関する次の記述のうち、適切なものはいくつあるか。なお、金融機関に過失はないものとし、ほかに必要とされる要件等はすべて満たしているものとする。

(a) 偽造されたキャッシュカードによる預金等の不正払戻しについては、金融機関から生年月日等の他人に類推されやすい暗証番号を別の番号に変更するように複数回にわたる働きかけが行われたにもかかわらず、引き続き、生年月日等を暗証番号にしていた場合など、顧客に過失が認められる場合、被害額の75％相当額が補償の対象となる。

(b) 盗取されたキャッシュカードによる預金等の不正払戻しについては、顧客が他人に暗証番号を知らせた場合やキャッシュカード上に暗証番号を書き記していた場合など、顧客に重大な過失が認められる場合であっても、被害額の全額が補填される。

(c) 盗取されたキャッシュカードによる預金等の不正払戻しについて、補償の対象となる被害額は、やむを得ない特別の事情がある場合を除き、金融機関に対して盗取された旨の通知があった日から30日前の日以降において行われた不正払戻しの額とされる。

1) 1つ

2) 2つ

3) 3つ

4) 0（なし）

《2022年5月基礎 問24》

 問3　金融商品取引に係るセーフティネットに関する次の記述のうち、最も不適切なものはどれか。

1) 日本国内に本店のある銀行の海外支店や外国銀行の在日支店に預け入れた預金は、その預金の種類にかかわらず、預金保険制度の保護の対象とはならない。

2) 破綻金融機関に対して借入金を有している預金者は、借入約定等の特約により相殺が禁止されている場合などを除き、破綻金融機関に相殺を申し出ることで、預金と借入を相殺することができる。

3) 農業協同組合に預け入れた当座貯金や無利息普通貯金などの決済用貯金は、その預入金額の多寡にかかわらず、全額が農水産業協同組合貯金保険制度の保護の対象となる。

4) 投資信託の購入先である銀行が破綻し、分別管理が適切に行われていなかったために顧客資産の一部または全部が返還されない事態が生じた場合、投資者保護基金により顧客1人当たり1,000万円を上限として顧客資産が補償される。　　《2018年1月基礎 問23》

問1 4)── 1) ✕ 　学習のポイント **1**(1)①(2)②を参照。

　　　2) ✕ 　仕組預金は（原則）預金保険制度の保護対象。なお、利息は通常の定期預金金利までが保護対象。

　　　3) ✕ 　学習のポイント **1**(1)②を参照。

　　　4) ◯ 　本肢のとおり。

問2 1)──(a) ✕ 　顧客に過失が認められる場合でも、偽造は全額が補償対象。

　　　(b) ✕ 　キャッシュカードに暗証番号をメモした場合など、重大な過失がある場合は原則補償されない。

　　　(c) ◯ 　本肢のとおり。

問3 4)── 1) 2) 3) ◯ 　本肢のとおり。

　　　4) ✕ 　投信の購入先である銀行が、分別管理が適切に行われていないまま破綻した場合は、投資者保護基金の保護対象には該当しない。　学習のポイント **2** (2) を参照。

タックスプランニング

税金の世界を理解する最重要キーワードは「収入」「所得」「控除」の3つ。よくわからなくなったら、必ずここに戻ろう。1級学科基礎においては、「所得税の納税義務者」「住宅ローン控除」「医療費控除」「退職所得」「青色申告」「会社と役員間の取引」「法人税」「消費税」とその周辺だけパーフェクトにしておけ！

所得税の全体像

●課税標準の計算の流れ

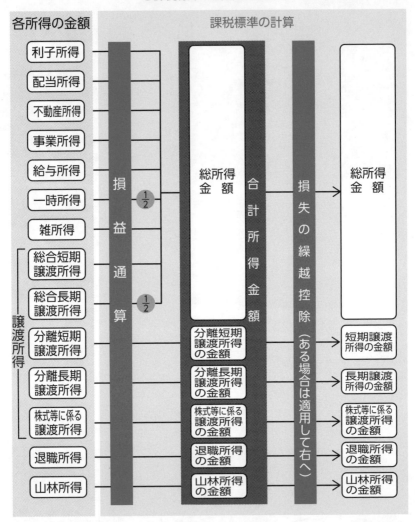

各所得の金額　　課税標準の計算

その年の課税標準となる所得金額を出す流れを押さえた上で、総所得金額と合計所得金額の違いを確認しておこう。

出題率 **25%** │ 難易度 ★★★★☆

1 所得税の納税義務者の区分

最後の
ひと押し

絶対読め！**30**秒レクチャー

　今や世界はボーダレスになっている！　海
外で働く日本人も、日本で働く外国人も増え
ているから、税金をどの国に納めるかは重要
だ。日本に決まった住所がある人、1年以上
滞在している人は「居住者」という納税区分
になり、原則として国内外の全所得に対して
日本で課税される…などの基本原則を理解し
よう。ここは、1級学科基礎でも定期的に狙
われるから注意！

ミーは非永住者だから、
国外で支払われた所得
には課税されないのサ。

過去10年の大半は
国外に住んドル

ナナメ読み！ **学習のポイント**

1 日本の所得税の納税義務者

　所得税の納税義務者は、「日本国内に定まった住所がある」または「1年以
上住んでいる（居所を有する）」居住者と、それ以外の非居住者に分けられる。

① 　公務員は、1年を超える海外勤務をする場合でも居住者として扱われるが、
　それに伴って海外に住む配偶者などの家族は（自身が公務員でなければ）非
　居住者として扱われる。

② 　1年の大半を船上で過ごす場合、勤務外期間中の滞在地または家族の居住
　地が国内にあるかどうかで、納税義務者の区分判定がされる。

③ 　来日中の外国人は、出張期間が1年未満と確定していれば非居住者だが、
　おおむね1年で未確定の場合、日本での納税区分は居住者とされる。

2 所得税の課税範囲

　居住者（非永住者を除く）はすべての所得に課税される。非居住者は、国内で生じた所得にのみ課税される（国外で生じた所得は課税されない）。

3 居住者の例外、非永住者

　居住者でも、日本国籍がなく過去10年間の半分以下しか日本に住んでいない人は非永住者といって、国外で生じて国外で支払われた所得には課税されない（国内で支払われたり、国内に送金されたりした場合は課税）。

 本番得点力が高まる！ **問題演習**

問1
□□□
　所得税の納税義務者と課税所得の範囲に関する次の記述のうち、適切なものはいくつあるか。

(a) 非永住者以外の居住者は、日本国内および日本国外で生じたすべての所得に対して、日本国内において所得税が課される。

(b) 非永住者が日本国内の企業に勤務して得られる給与所得については、日本国内において所得税が課される。

(c) 非居住者が日本国内に有する不動産を他人に賃貸することで得られる不動産所得については、日本国内において所得税が課される。

1) 1つ

2) 2つ

3) 3つ

4) 0（なし） 　　　　　　　　　　　　　　　《2022年1月基礎 問25》

問2
□□□
　所得税の納税義務者と課税所得の範囲に関する次の記述のうち、最も適切なものはどれか。

1) 日本国籍を有していない者で、日本国内に住所を有し、または現在まで引き続いて1年以上居所を有する個人は、居住者となる。

2) 日本国籍を有している者で、過去10年以内において日本国内に

住所または居所を有していた期間の合計が５年以下である個人は、非永住者となる。

3) 非永住者の所得について、国内源泉所得および国外源泉所得のうち日本国内において支払われたものは所得税の課税対象とされ、国外源泉所得のうち、国外から日本国内に送金されたものは所得税の課税対象とならない。

4) 非居住者が、年の途中において非永住者以外の居住者となった場合、その年に生じた国内源泉所得や国外源泉所得は、１年を通じて非永住者以外の居住者であったものとして所得税が課される。

《2023年1月基礎 問25》

問3 □□□

所得税の納税義務者に関する次の記述のうち、最も不適切なものはどれか。なお、各選択肢において国籍の記載がない者については日本国籍であるものとする。

1) 2024年7月1日に夏期臨時英会話講師として２カ月間の契約で単身来日した米国籍のA氏が、引き続き同年9月1日から向こう２年間、専任講師として在留することになった場合、A氏は7月と8月は非居住者、9月からは居住者として取り扱われる。

2) 独身のB氏は、所属企業の中国現地法人の業務を応援するため、2024年2月1日から3カ月間の予定で中国へ出張した。しかし、現地においてさらに長期の応援が必要となったため、同年4月1日から2年間、出張期間が延長される辞令を受けた。この場合、B氏は4月1日までは居住者、同日後は非居住者として取り扱われる。

3) 英国籍のC氏は、期間は正確には決まっていないが、おおむね1年の予定の出張で2024年8月1日に来日し、単身赴任なので会社のゲストハウスに宿泊している。このC氏は、非居住者として取り扱われる。

4) D氏は、所属企業が出資する開発途上国の企業で技術指導をするため、家族同伴で3年間の予定で海外赴任することになった。D氏とともに同伴する家族は、非居住者として取り扱われる。

《2012年9月基礎 問25改題》

問1 3)── (a) (b) ○　永住者の課税所得はすべての所得であるのに対して、非永住者の課税所得は、<u>日本国内で支払われた</u>、または国外から<u>日本国内に送金された</u>もの。

(c) ○　非居住者は国内で生じた所得のみ課税される。

問2 1)── 1) ○　学習のポイント **1** を参照。

2) ×　学習のポイント **3** を参照。非永住者になりうるのは、日本国籍がない居住者のみ。

3) ×　学習のポイント **3** を参照。国内に送金された場合も課税対象。

4) ×　同一年に居住者と非居住者の期間がある場合、各期間における区分に対応した所得に課税される。

問3 3)── 1) ○　A氏は7月と8月は居住が1年に満たないため、非居住者だが、9月以降は国内に<u>1年以上居住することが決まっている</u>ため、居住者としての扱いとなる。

2) ○　B氏は2月から3月までは居住者だが、4月以降は<u>1年以上海外に居住することが確定している</u>ので、非居住者としての扱いとなる。

3) ×　C氏は日本での居住が1年未満であれば非居住者となるが、日本での出張期間がおおむね1年で未確定であるため、居住者としての扱いとなる。

4) ○　D氏の家族は、国内に住所がなく、1年以上国内に住まない場合は、非居住者となる。

---

2 住宅ローン控除

ここで差がつく

絶対読め！ 30秒レクチャー

　1級学科基礎において「住宅ローン控除」はくり返し出題されている分野だ。住宅を購入する多くの人に影響する制度なので、今後も高い頻度で出題されるだろう。最近は、新築の「認定長期優良住宅」を取得した場合に、「少し有利な住宅ローン控除」または「特別税額控除」のいずれかを利用できる点も出題されているので、よく勉強しておこう。

年末残高の0.7%
税が戻るわ

↘ ナナメ読み！ 　**学習のポイント**

1 住宅ローン控除（住宅借入金等特別控除）

（1）要件

① 完済まで10年以上の分割返済を行う、金融機関等からの借入れ（または勤務先からの年利0.2%以上の借入れ）であること。繰上げ返済により当初から完済までの借入期間が10年未満となった場合、その年以後は適用要件に該当しなくなるので注意。

② この控除を受ける年分の合計所得金額が**2,000万円**以下であること（40㎡以上50㎡未満の新築住宅を取得してこの控除を受ける場合は合計所得金額1,000万円以下が条件となる）。

③ 転勤等により住んでいた家を賃貸にした場合は住宅ローン控除の対象から外れるが、翌年以降再びその家屋を居住の用に供したときは、控除期間内で一定の条件を満たせば、再居住した年（その年に賃貸していた場合は再居住

の翌年）から再び住宅ローン控除を受けられる。しかし、控除期間が（対象から外れた期間分）延長されることはない。

(2) 取得する住宅の要件

①6カ月以内に居住の用に供する、②床面積50㎡（新築なら40㎡）以上でその床面積の半分以上が居住用、③中古住宅の場合は新耐震基準に適合していること、④増築の場合は工事費用が100万円超。

なお、廃屋や賃貸にしていた家でも、増改築した日から6カ月以内に住んだときは、増改築分について住宅ローン控除を受けられる。

(3) 控除額の計算

控除額＝住宅ローンの年末残高×控除率（0.7%）

対象となる住宅は一般住宅と認定住宅に分けられ、それぞれ借入金の残高に限度額が定められている。

●住宅ローンの年末残高の限度額と控除率（2024〜2025年入居）

		借入限度額	控除率	控除期間
①	認定住宅	4,500万円 (5,000万円)※1	0.7%	13年
②	ZEH水準省エネ住宅	3,500万円 (4,500万円)※1		
③	省エネ基準適合住宅	3,000万円 (4,000万円)※1		
④	①〜③以外の新築または買取再販住宅	原則0円※2		
⑤	①〜④以外の中古住宅	2,000万円		10年

※1　カッコ内は子育て世帯（18歳以下の子がいる、または夫婦どちらかが39歳以下）の場合
※2　「2023年末までに建築確認を受けた」または「2024年6月末までに建築された」場合は2,000万円（控除期間は10年）

なお、本控除額が所得税額から控除しきれない場合は、その残額は（97,500円を限度として）翌年度分の住民税額から控除できる。

2 「認定住宅」新築等の特別税額控除

認定住宅（長期優良住宅・低炭素住宅）やZEH水準省エネ住宅の新築等をした場合に、住宅ローンがなくても受けられる税額控除。**1** 住宅ローン控除とダブルでの適用は受けられない。

(1) 特別税額控除の対象者：以下をすべて満たす人

① 認定住宅の新築・取得をした人

② 住宅の新築・取得から6カ月以内にその住宅に居住した人

③ 合計所得金額が2,000万円以下である人

(2) 特別税額控除の対象となる家屋

① 床面積が50㎡以上で、その床面積の半分以上が居住用

② 認定住宅に該当すると一定の証明がされたもの

(3) 特別税額控除の額

> 控除額（最高65万円）＝標準的なかかり増し費用×10％

3 3つのリフォーム減税（自己資金の場合）

適用されるための共通要件としては、①工事費用が50万円以上で、②改修工事後の床面積50㎡以上、③床面積の半分以上が居住用、④改修工事完了から6カ月以内に住む、⑤合計所得金額2,000万円以下、がある。

(1) 高齢者等居住改修工事（バリアフリーリフォーム）の税額控除

① 控除額は、標準的な工事費用の10％相当額（上限は20万円）

② 「50歳以上の人」「要介護・要支援者」「障害者、高齢者等と同居している人」に適用可能

(2) 多世帯同居改修工事（同居対応リフォーム）の税額控除

① 控除額は、標準的な工事費用の10％相当額（上限は25万円）

② 改修工事後に「キッチン・浴室・便所・玄関」のうち2つが、それぞれ複数ある場合に適用可能

(3) 省エネ改修工事（省エネ対応リフォーム）の税額控除

① 控除額は、標準的な工事費用の10％相当額（上限は25万円）

② 併せて太陽光発電設備を設置する場合、減税額は上限35万円にアップする

  本番得点力が高まる! **問題演習**

問1
☐☐☐ 2024年中に新築住宅を取得し、同月中に入居した居住者が適用を受ける住宅借入金等特別控除に関する次の記述のうち、最も不適切なものはどれか。なお、ＺＥＨ水準省エネ住宅とは、租税特別措置法第41条第10項第3号に規定する特定エネルギー消費性能向上住宅をいう。

1) 住宅借入金等特別控除の適用を受けることができる控除期間は、最長13年間である。

2) 取得した住宅が認定長期優良住宅に該当する場合、住宅借入金等特別控除による各年の控除額は、住宅借入金等の年末残高等に0.7%を乗じた金額であり、最大31万5,000円となる。

3) 取得した住宅がＺＥＨ水準省エネ住宅に該当する場合、住宅借入金等特別控除による各年の控除額は、住宅借入金等の年末残高等に0.7%を乗じた金額であり、最大24万5,000円となる。

4) 取得した住宅の床面積が120㎡である場合、住宅借入金等特別控除の適用を受けるためには、納税者のその年分の合計所得金額が3,000万円以下でなければならない。　《2022年9月基礎 問30改題》

問2
☐☐☐ 「既存住宅に係る特定の改修工事をした場合の所得税額の特別控除」（租税特別措置法第41条の19の3）に関する次の記述のうち、最も適切なものはどれか。

1)「高齢者等居住改修工事等に係る税額控除」は、一定のバリアフリー改修工事を行う者が50歳以上である者または介護保険法に規定する要介護または要支援の認定を受けている者である場合に限り、適用を受けることができる。

2)「多世帯同居改修工事等に係る税額控除」の適用対象となる多世帯同居改修工事等とは、改修工事に要した費用（補助金等の交付を受ける場合には、その額を控除した後の金額）が100万円を超

えるものとされている。

3)「多世帯同居改修工事等に係る税額控除」の控除額は、多世帯同居改修工事等に係る標準的費用額の10%相当額で、30万円が限度とされている。

4)「高齢者等居住改修工事等に係る税額控除」「一般断熱改修工事等に係る税額控除」「多世帯同居改修工事等に係る税額控除」のいずれも、改修工事を行った年分の納税者の合計所得金額が2,000万円を超える場合には、適用を受けることができない。

《2017年1月基礎 問28》

問1 4)──1)○　住宅ローン控除の控除期間は最長13年。

2)○　学習のポイント **1** (3) を参照。残高上限4,500万円×0.7%＝31万5,000円

3)○　残高上限3,500万円×0.7%＝24万5,000円

4)✕　合計所得金額が2,000万円以下である場合に住宅ローン控除の適用を受けることができる。

問2 4)──1)✕　障害者や高齢者と同居している人にも適用される。

2)✕　改修工事50万円超から適用可能。

3)✕　同居対応リフォームの控除額の上限は25万円。

4)○　学習のポイント **3** で他の共通要件も確認しておこう。

出題率 **35%** | 難易度 ★★☆☆☆

3 医療費控除

最後の
ひと押し

絶対読め！30秒レクチャー

　医療費控除の計算問題は、1級学科基礎でもときどき出題されているので、その手順やポイントを押さえておこう。ざっくりいうと、治療に関連する費用の実質負担額が年10万円を超えた場合に、その超過額を「みなし経費」として認めてもらえる制度だ！「治療」の費用は認められるが、「健康維持」や「検査」の費用は認められないぞ！

○ 医療費控除

× 次はどの検査をするのかな。

ナナメ読み！ 学習のポイント

1 医療費控除（いりょうひこうじょ）

　本人（または生計同一の親族）の医療費を支払った場合、一定金額が所得から控除される制度。

(1) 控除額の計算方法

　次の式で計算した金額（最高で200万円）。

> 控除額＝（医療関連費－保険金等で補てんされた金額）－10万円※
> ※　総所得金額が200万円未満の人は「総所得金額×5％」

　控除できるものは、お医者さんにかかったときの自己負担分、薬局で薬を買った時の費用などだ。視力回復のためのレーシック治療や、不妊治療にかか

る費用なども医療費控除の対象となる。

　予防的要素の強いもの（滋養強壮剤の購入や健康診断費用など）は控除できない。ただし、健康診断費用は「その診断によって病気が見つかって、その後に治療した」場合に限り控除の対象になる。

(2) 医療費控除のポイント

① 保険金等の補てん金額が申告時までに確定していない場合は、補てん金額を見込み額で控除する。

② 支払った費用に消費税が含まれている場合には「消費税を含めた支出額」が医療費控除の対象となる。

③ 医療機関への交通費は、原則、公共交通機関によるものが医療費控除の対象となる。自家用車のガソリン代などは対象外。

④ 歯科ローンを利用して支払った治療費用は、信販会社がすでに治療費用全額を支払っているため（まだ一部しか払ってなくても）全額が医療費控除の対象となる。

2 セルフメディケーション税制

① 健康増進や病気予防に取り組む個人が「スイッチOTC医薬品」（薬局で買う特定の医薬品）等に支出した場合に適用。

② 年12,000円を超える部分が（年88,000円を上限として）所得控除の扱いとなる。

③ **1**の一般の医療費控除と本特例は、選択適用（どちらか一方のみ適用可）とされている。

④ 健康診断や予防接種などの健康の保持増進および疾病の予防への取組みに要する費用は含まれない。

✎ 本番得点力が高まる！ **問 題 演 習**

問 1
□□□　　　2024年分の居住者に係る所得税における医療費控除に関する次の記述のうち、最も不適切なものはどれか。

　　1) 医療費控除の額は、総所得金額等が200万円以上の者の場合、

「（その年中に支払った医療費の総額−保険金などで補てんされる金額）−10万円」の算式で算出されるが、その控除額の限度は100万円である。

2) 医師等による診療等を受けるために直接必要な費用のうち、自己の日常最低限の用をたすために供される松葉づえ、補聴器等の購入費用は、医療費控除の対象となる。

3) 医師等による診療等を受けるために直接必要な費用のうち、公共交通機関による通院費は医療費控除の対象となるが、自家用車で通院した場合のガソリン代や駐車料金等は対象とならない。

4) 保険金等の補てん金額が申告時までに確定していない場合は、補てん金額を見込み額で控除する。　　　《2014年9月基礎 問27改題》

問2
□□□
　　居住者に係る所得税の医療費控除に関する次の記述のうち、最も適切なものはどれか。なお、「特定一般用医薬品等購入費を支払った場合の医療費控除の特例」は考慮しないものとする。

1) 薬局や薬店などで市販されているかぜ薬の購入費用は、その購入にあたって医師の処方や指示がない場合には、医療費控除の対象とならない。

2) 医師による診療を受けるために自家用車で通院した場合、通院のための走行距離を基に算出したガソリン代や駐車場の料金は、医療費控除の対象となる。

3) 支払った医療費のうち、事業専従者に該当する配偶者または合計所得金額が48万円を超える配偶者に係る医療費は、医療費控除の対象とならない。

4) 支払った医療費を補てんする保険金は、その給付の目的となった医療費の金額を限度として差し引くことになるため、医療費控除額の計算上、引ききれない金額が生じた場合であっても、他の医療費の金額からは差し引かない。　　　《2018年1月基礎 問28》

1)── 1) ✕ 医療費控除の限度額は最高で200万円まで。

2) 〇 <u>日常最低限の用をたすために</u>供される松葉づえ等の購入費用は、医療費控除の対象。

3) 〇 医療機関への交通費は、原則、**公共交通機関**によるものが医療費控除の対象。

4) 〇 申告時までに未確定の補てん金額は、見込み額で控除。

4)── 1) ✕ 市販されている薬の購入費用も、医師の処方や指示の有無にかかわらず、医療費控除の対象となる。

2) ✕ 医師による診療を受けるための交通費は、**公共交通機関**を利用した場合のみ控除対象となるのが原則（例外：緊急を要する場合のタクシー代）。

3) ✕ 医療費控除は本人や配偶者等の所得による制限はない。

4) 〇 本肢のとおり。

第**4**章 タックスプランニング

4 退職所得

最後の
ひと押し

絶対読め！ 30 秒レクチャー

　退職所得は、1級学科基礎では時々でる分野の1つ。個人が会社からの退職に際して受け取る経済的な利益を、本人が一括で受け取れば退職所得になる。まずは「40万円」「70万円」「2分の1」という3つの数字を頭にたたき込もう。

ありがとう。

おつかれさまでした。

ナナメ読み！ **学習のポイント**

1 退職金に対する課税パターン

① 退職金を一時金でもらうと退職所得だが、年金形式でもらうと雑所得。

② 死亡後3年以内に支払いが確定した退職手当金等を遺族が受け取る場合は、（退職所得にはならず）相続財産として相続税の対象となる。

2 退職所得となる場合

① 「労働基準法」に基づく解雇予告手当や「賃金の支払いの確保等に関する法律」に基づき弁済を受ける未払賃金は、退職所得とされる。

② 法人契約の保険を、被保険者である役員の退職時に、「契約者＝役員、受取人＝その家族」に変更した場合、その時点の解約返戻金相当額が（経済的利益として）役員に対する退職金の額とみなされる。

③ 確定拠出年金の老齢給付金を一時金として一括で受け取った場合、その全額が退職所得の収入金額となる。

3 退職所得の計算式

退職所得＝（収入金額−退職所得控除額[※1]）$\times \dfrac{1}{2}$[※2]

  ※1　勤続20年以下の場合：40万円×勤続年数

　　　　勤続20年超の場合：800万円＋70万円×（勤続年数−20年）

　　　　なお、勤続年数のカウントにおいて1年未満は切上げとなる

  ※2　勤続年数5年以下の役員に支給される退職手当（特定役員退職手当等）

　　　　に該当した場合の退職所得

　　　　＝収入金額−退職所得控除額（「$\times \dfrac{1}{2}$」がなくなる）

  ※3　「短期退職手当等」に該当して、かつ「$\times \dfrac{1}{2}$」をする前の金額が

　　　　300万円を超えた場合は以下⑥を参照

① 障害者になったことで退職の場合、退職所得控除額は100万円加算。

② 長期欠勤や休職期間中も（退職金額への反映の有無にかかわらず）退職所得の計算における「勤続年数」に含まれる。出向期間中は（退職金額に反映されている場合には）同様に含まれる。

③ 同じ年に複数の退職金を受け取った場合（企業からの退職手当＋確定拠出年金の一時金の場合を含む）、各勤続期間のうち最も長い期間で退職所得控除額を計算（重複していない期間は加算）する。そして「退職金の合計」から退職所得控除額を差し引いた額の半分が退職所得金額となる。

④ 個人型確定拠出年金から老齢給付金を一時金で受け取った場合、加入者期間を勤続期間とみなして計算する。

⑤ 法人の役員や公務員の場合、勤続5年以下の退職手当は「特定役員退職手当等」に該当し「$\times \dfrac{1}{2}$」がなくなる。

⑥ 勤続年数が5年以下の従業員に対する退職手当は「短期退職手当等」に該当し、〈収入金額−退職所得控除額〉が300万円を超えた部分について「$\times \dfrac{1}{2}$」がなくなる。

⑦　前年以前4年以内に退職金を受け取っていた場合、重複する勤続期間分を除いて「勤続年数」を計算する。

4　退職所得の受給に関する申告書

①　この申告書の提出があった場合は、所定の計算に基づいた所得税の源泉徴収が行われるため、退職所得の確定申告は不要。

②　この申告書の提出がなかった場合は、退職一時金の20％（復興税を含めると20.42％）が所得税として（いったん多めに）源泉徴収される。

5　給与所得者の「特定支出控除」

①　会社員が自腹で負担した経費（≒特定支出）が「給与所得控除額の半分」を超えた場合、超えた部分を所得控除として申告できる制度。

②　職務に関連する図書費・衣服費・交際費等は、合計65万円まで。

 本番得点力が高まる!　**問題演習**

問1　　居住者に係る所得税の退職所得に関する次の記述のうち、最も不適切なものはどれか。

1) 会社員のAさん（55歳）は、勤続25年3カ月で障害者になったことに直接基因して退職することとなり、退職金を受け取った。この場合、退職所得の金額の計算上、退職所得控除額は1,320万円となる。

2) 会社員のBさん（65歳）は、退職金の支払を受ける時までに退職所得の受給に関する申告書を支払者に提出した。この場合、その支払われる退職手当等の金額に20.42％の税率を乗じて計算した金額に相当する税額が源泉徴収されるが、確定申告をすることにより、当該税額を精算することができる。

3) 会社員のCさん（60歳）は、確定拠出年金の個人型年金の老齢給付金を一時金として一括で受け取った。この場合、老齢給付金と

186

して支給される一時金の額が退職所得の収入金額となる。

4）常勤監査役のDさん（64歳）は、上場企業を定年退職した後に入社した関連会社の常勤監査役を勤続4年3カ月で退職し、退職金を受け取った。この場合、特定役員退職手当等として退職所得の金額を計算する。　《2022年1月基礎 問26》

居住者に係る所得税の退職所得に関する次の記述のうち、最も不適切なものはどれか。

1）病気により休職をした期間がある者が退職金を受け取った場合、当該退職金の額が勤続期間から休職をした期間を控除した期間に基づき計算されているときであっても、退職所得控除額の計算上、休職をした期間を控除しない勤続期間により勤続年数を計算する。

2）過去に勤務先の子会社に出向していた者が退職金を受け取った場合、当該退職金の額が子会社での勤務期間を通算した期間に基づき計算されているときは、退職所得控除額の計算上、子会社での勤務期間を加えた勤続期間により勤続年数を計算する。

3）同一年中に2カ所の勤務先から退職金を受け取った場合、退職所得の金額は、それぞれの勤務先の勤続年数に基づき、それぞれの退職金について計算された退職所得の金額を合計した額となる。

4）退職金を受け取った者に前年以前4年内に前の勤務先から退職金が支払われていた場合、本年分の退職金に係る勤続期間と前の退職金に係る勤続期間に重複期間があるときは、本年分の退職金に係る勤続年数に基づき算出した退職所得控除額から、重複期間の年数に基づき算出した退職所得控除額相当額を控除した金額が退職所得控除額となる。　《2023年9月基礎 問25》

Aさんは、2024年中に、勤務先から退職金を受け取り、確定拠出年金から老齢給付金を一時金で受け取った。下記の〈条件〉に基づき、2024年分の退職所得の金額として、次のうち最も適切なものはどれか。なお、障害者になったことが退職の直接の原因ではないものとし、記載のない事項については考慮しないものとする。

〈条件〉

（1）退職金に関する事項

    退職手当等の収入金額：1,800万円

    勤続期間：1995年8月1日〜2024年3月31日（28年8カ月）

（2）確定拠出年金の老齢給付金に関する事項

    老齢給付金の金額：300万円

    個人型年金加入者期間：2010年4月〜2024年10月（14年7カ月）

1）　35万円

2）185万円

3）300万円

4）335万円

《2020年1月基礎 問26改題》

問1 2) ─ 1) ○　1年未満は切り上げて26年。

40万円×20年＋70万円×6年＝1,220万円

障害者になったことで退職する場合、さらに退職所得控除が

100万円加算されるので1,320万円。

2) ×　「退職所得の受給に関する申告書」の提出がない場合、

退職金の20.42%が所得税および復興特別所得税として源泉

徴収される本肢の場合は、確定申告不要。

3) ○　確定拠出年金の老齢給付金を一時金として受け取る場合

は退職所得となる。

4) ○　学習のポイント 3 ⑤を参照。

問2 3) ─ 1) ○　学習のポイント 3 ②を参照。

2) ○　本肢のとおり。学習のポイント 3 ②を参照。

3) ×　学習のポイント 3 ③を参照。それぞれ計算ではなく、合わせ

て計算する。

4) ○　学習のポイント 3 ⑦を参照。

問3 3) ─ 学習のポイント 3 ③④を参照。

退職金にかかる勤続期間：

1995年8月～2024年3月（28年8カ月）

確定拠出年金にかかる勤続期間：

2010年4月～2024年10月（14年7カ月）

重複していない期間：2024年4月～2024年10月（7カ月）

よって、勤続年数：28年8カ月＋7カ月＝29年3カ月

→ 30年（1年未満切り上げ）

したがって、退職所得の金額

$$= \{1,800万円＋300万円－(40万円×20年＋70万円×10年)\} × \frac{1}{2}$$

$$= 300万円$$

第 **4** 章　タックスプランニング

5 個人事業と青色申告

絶対読め!30秒レクチャー

　所得税の申告と納付に関して、1級学科基礎では「青色申告」が集中的にねらわれている。特に、届出書の提出期限（原則2カ月）や、10万円および最大65万円の青色申告特別控除の要件を理解しておくのが重要だ！

10万円 or **65万円** の控除!

ナナメ読み！ 学習のポイント

1 確定申告

① 所得税は原則、1月1日から12月31日の間に生じた所得に対し、税額を計算し、これを翌年2月16日から3月15日までの間に申告・納付する。

② 給与所得者の多くは、年末調整によって源泉徴収された所得税が精算されて納税が完了するので、確定申告書の提出の義務はない。

③ 給与所得者でも「給与等の金額が2,000万円を超える人」「給与・退職所得以外の所得の合計額が20万円を超える人」「2カ所以上から給与を受けている人」などは、確定申告書の提出をしなければならない。

④ 更正の請求（過去の過大な納税を取り戻す申告）は、法定申告期限から5年以内なら可能。

⑤ 期限内に申告した後、税務調査に基づく更正により新たに納付すべき所得税が生じたときは、原則として（新たに納める税金のほかに）過少申告加算税がかかる。

⑥ 年の中途で死亡した人が、その年分の所得税の確定申告をする必要がある人だった場合、相続人は相続の開始があったことを知った日の翌日から4カ

月以内に「準確定申告」をする必要がある。

⑦　所得税の予定納税基準額が**15万**円以上の場合、その3分の1相当を7月中および11月中に納付する（予定納税する）こととされている。

2　青色申告

不動産所得、事業所得、山林所得を生ずる業務を行う人は、原則として業務開始の日から2カ月以内（1月16日以降に新規開業する場合）、または3月15日まで（新規開業に限らず、その年から承認を受けたい場合）に「青色申告の承認申請書」を税務署長に提出すれば、以下の**(1)**～**(6)**などの特典が受けられる。

▼確定申告の際に使用する青色申告決算書（損益計算書）

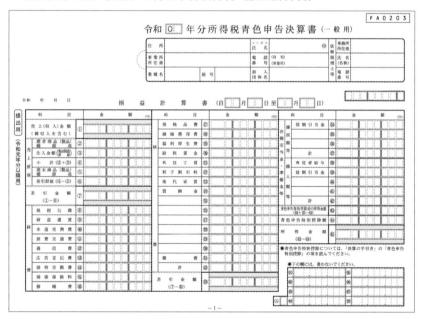

また、青色申告の事業を相続した場合、青色申告承認申請書の提出期限は以下のようになる。

・相続開始を知った日が1月1日～8月31日：死亡日から4カ月以内
・相続開始を知った日が9月1日～10月31日：その年の12月31日まで
・相続開始を知った日が11月1日～12月31日：翌年の2月15日まで

なお、青色申告者として備え付けるべき帳簿書類は、税法上は7年間保存しなければならない。

(1) 青色申告特別控除

① 　不動産所得・事業所得・山林所得の場合、青色申告を申請すれば、青色申告特別控除10万円が控除できる。

② 　不動産所得（**事業的規模に限る**）、事業所得の場合、正規の簿記（複式簿記）の原則に従って日常取引を記帳し、これに基づいて貸借対照表、損益計算書を確定申告書に添付して期限内に提出した場合は、10万円に替わって最大**65万円**（e-Taxによる電子申告または電子帳簿保存を行っている場合。そうでない場合は55万円）が控除できる。不動産所得（事業的規模に満たない）と事業所得の両方がある場合も、最大65万円控除の対象。

　なお、不動産所得・事業所得・山林所得のうち2つ以上の所得がある青色申告者は、損益計算書はそれぞれ別々に作成するが、**貸借対照表は全体を合算**して作成する。

(2) 純損失の繰越し・繰戻し

① 　事業所得などにマイナスがある場合で、純損失（損益通算の適用後も残ったマイナス）が生じた場合は、翌年以降3年間にわたって繰り越して、各年分の所得金額から差し引ける。

② 　前年も青色申告をしている場合は、その純損失の金額を**前年**に繰り戻して、前年分の所得税の還付を受けることもできる。

(3) 青色事業専従者給与

　青色申告者（事業者）と生計を一にする配偶者や親族（15歳以上）への給与は（届出書に記載された金額の範囲内であれば）必要経費に算入できる。なお、生計を一にする親族に支払う地代や家賃は、必要経費にならない。

① 　不動産所得において、配偶者や親族を青色事業専従者にできるのは、**事業的規模**の場合に限られる。

② 　青色事業専従者への退職金の支払いは、必要経費にならない。

③ 　青色申告でない（白色申告の）個人事業主が配偶者に支払う給与は「（専従者控除前の）事業所得÷（専従者数＋1）」または86万円のいずれか低い額を必要経費に計上できる。

(4) 棚卸資産の「低価法」による評価

青色申告者（事業者）は、売上原価に計上する棚卸資産の評価について、「所得税の棚卸資産の評価方法の届出書」を提出すれば低価法（取得原価と時価のいずれか低い方を選べる）を用いることができる。提出しなければ（最終仕入原価法による）原価法が適用される。

(5) 少額減価償却資産

青色申告者は、取得価額30万円未満の減価償却資産は（減価償却せず）全額を必要経費に算入することができる（年間合計300万円まで）。

(6) 現金主義

不動産所得・事業所得の損益を、現金主義（現金が動いた時点で処理する簡易な方法）で計算して申告できるのは、不動産所得及び事業所得の合計の金額が300万円以下の青色申告者で「現金主義による所得計算の特例を受けることの届出書」を提出した場合。

3 接待交際費

個人事業主の場合（業務上必要と認められるものは）接待交際費の必要経費算入に上限額はない。

4 個人事業税

① 前年に不動産所得や事業所得がある個人に都道府県が課税する地方税。

② 個人事業者は「事業主控除」として原則290万円の控除がある。

③ 確定申告すると後に納税通知書が送付されるので、8月と11月に納税する。

④ 業種を第一種から第三種まで分類し、各業種毎に税率が異なる。農業・林業は非課税業種。

本番得点力が高まる！ **問題演習**

問 1
居住者に係る所得税の確定申告および納付に関する次の記述のうち、適切なものはいくつあるか。なお、記載のない事項については考慮しないものとする。

(a) 年末調整の対象となる給与所得者が給与所得以外に一時所得を有する場合、一時所得の金額に2分の1を乗じた後の金額が20万円以下であるときは、原則として、確定申告書を提出する必要はない。

(b) 確定申告書を提出し、納付した税額が過大であったことが法定申告期限経過後に判明した場合、原則として法定申告期限から5年以内に限り、更正の請求書を提出して税金の還付を受けることができる。

(c) 所得税の確定申告書を申告期限内に提出した場合において、税務調査に基づく更正により納付すべき所得税額が生じたときは、原則として、納付すべき税額に応じた過少申告加算税が課される。

1) 1つ
2) 2つ
3) 3つ
4) 0（なし）

《2021年9月基礎 問28》

問 2
居住者に係る所得税の事業所得に関する次の記述のうち、適切なものはいくつあるか。

(a) 青色申告者ではない個人事業主と生計を一にする配偶者が当該事業に従事している場合、「86万円」と「事業所得の金額を当該事業に係る事業専従者の数に1を加えた数で除して計算した金額」のいずれか高い金額を、事業所得の計算上、必要経費とみなすことができる。

(b) 青色申告者である個人事業主が青色事業専従者である長女に支払う退職金は、その額が一般の従業員と同様に退職給与規程に従って算出され、その労務の対価として適正な金額であれば、

194

事業所得の必要経費に算入することができる。

(c) 青色申告者である個人事業主が生計を一にする父親名義の建物を賃借して事業の用に供している場合において、当該事業主が父親に支払った家賃は、その全額を事業所得の必要経費に算入することができる。

1) 1つ
2) 2つ
3) 3つ
4) 0（なし）

《2022年5月基礎 問25》

居住者である個人事業主に係る所得税の収入金額と必要経費に関する次の記述のうち、最も不適切なものはどれか。

1) 業務用減価償却資産を譲渡したことによる所得は、原則として譲渡所得となるが、償却資産で一括償却資産の必要経費算入の規定の適用を受けたものを業務の用に供した年以後3年間のうちに譲渡したことによる所得は、原則として事業所得等となる。

2) 個人事業主が、生計を一にする配偶者が所有する土地を賃借して事業の用に供している場合、その配偶者に支払う地代については、事業所得の金額の計算上、必要経費に算入することはできないが、配偶者が支払った当該土地にかかる固定資産税は必要経費になる。

3) 支出した交際費のうち、飲食のために支出した費用で、かつ、業務の遂行上直接必要と認められるものについては、事業所得の金額の計算上、その支出額の50％相当額を上限として必要経費に算入することができる。

4) 青色事業専従者に対する給与は、青色事業専従者給与に関する届出書に記載された金額の範囲内で必要経費に算入することができるが、青色事業専従者に対する退職金は、一般従業員に対する退職給与規程に従って算定されたものであっても、必要経費に算入することはできない。

《2023年1月基礎 問26》

問 1 3) ── (a) ○　一時所得は、その金額の2分の1が合算対象となる。よって、一時所得の金額に2分の1を乗じた後の金額が20万円以下の場合は申告不要。

(b) ○　更正の請求は、法定申告期限から5年以内。

(c) ○　本肢のとおり。

問 2 4) ── (a) ✕　学習のポイント 2 (3)③を参照。いずれか「高い」額ではなく「低い」額が正しい。

(b) ✕　学習のポイント 2 (3)②を参照。算出方法にかかわらず必要経費にならない。

(c) ✕　学習のポイント 2 (3)を参照。

問 3 3) ── 1) ○　本肢のとおり。

2) ○　本肢のとおり。

3) ✕　学習のポイント 3 を参照。上限額はない。

4) ○　学習のポイント 2 (3)②を参照。

6 会社と役員間の取引

最後の
ひと押し

絶対読め！ **30秒レクチャー**

　１級学科基礎におけるタックスでねらわれ
やすい分野の１つが「会社と役員間の取引」
だ！
　中小企業オーナーのお客様の中には、個人
の資産も法人の資産も同じように考えている
方がいるが、明らかに時価よりも高い（また
は低い）取引をすると、税務署が目を光らせ
て課税が増えるケースがあるので、超重要な
知識として気合を入れて勉強しておこう。

第 **4** 章　タックスプランニング

ナナメ読み！　**学習のポイント**

1 資産の売買

（1）法人が役員の資産を時価よりも高額で買い入れた場合

「時価と売買価額との差額」について、

① 法人側では、その差額相当額が役員給与として損金不算入となる。

② 役員側では、その差額相当分が給与所得として課税される。

（2）法人が役員の資産を時価よりも低額で買い入れた場合

① 法人側では、時価が法人の取得価額となり、時価と売買価額の差額につい
て受贈益（益金）として取り扱われる。

② 役員側では、売買価額が時価の２分の１未満（＝低額譲渡）の場合、時価
での売却があったものとみなされ、（時価と売買価額の差額が）みなし譲渡
所得として課税される。

(3) 役員が法人の資産を時価よりも高額で買い入れた場合

① 法人側では、その差額相当分を受贈益として計上する。

② 役員側では、その差額相当分は法人への寄附金となる。

(4) 役員が法人の資産を時価よりも低額で買い入れた場合

① 法人側では、その差額相当額が役員給与として損金不算入となる。

② 役員側では、その差額相当額が給与所得として課税される。

2　資産の賃貸借

(1) 法人が役員の土地を賃借した場合

　法人が役員保有の土地を建物の所有を目的として賃借する場合、権利金や相当の地代の支払いがなく「土地の無償返還に関する届出書」の提出もないときは、原則、法人には借地権の受贈益が認定課税される。

　役員側には収入があるとはみなされず、課税対象とならない。

(2) 役員が社宅を賃貸した場合

　役員が社宅を適正な賃料よりも安く借りた場合、その差額が給与所得として課税される。

(3) 法人がその役員に対して資金の貸付を行う場合

　法人が金融機関からの借入れで資金を調達したことが明らかなときは、

① その借入金の利率を超える利率でその役員への貸付を行っていれば、法人側では差額について受取利息の認定が行われる。

② その借入金の利率を下回る利率（無利息など）でその役員への貸付を行っていれば、その差額が役員に対しての給与所得として課税される。

③ その借入金の利率によりその役員への貸付を行っていれば、法人側では受取利息の認定は行われず、役員に対しても給与所得として課税されない。

✎ 本番得点力が高まる！ 問題演習

問 1
□□□
　X株式会社（以下、「X社」という）とその役員の間の取引における法人税および所得税の取扱いに関する次の記述のうち、最も適切なものはどれか。

1) X社が所有する社宅をその規模等に応じた所定の方法により計算した通常支払われるべき賃貸料よりも低い家賃で役員に貸し付けた場合、役員側では実際に支払った賃貸料との差額が給与所得の収入金額として課税対象となる。

2) 役員が所有する資産を適正な時価の2分の1未満の価額でX社に譲渡した場合、役員側では時価で譲渡したものとみなされ、時価と譲渡価額との差額が給与所得の収入金額として課税対象となる。

3) X社が役員から無利息で金銭を借り入れた場合、原則として、役員側では通常支払われるべき利息が雑所得の収入金額として課税対象となる。

4) 役員が所有する土地をX社に建物の所有を目的として賃貸する場合に、X社から役員に権利金の支払がないときは、原則として、X社側では借地権相当額が受贈益として益金算入となり、役員側では借地権相当額が譲渡所得の収入金額として課税対象となる。

《2018年1月基礎 問33》

 問2

X社、Y社（X社の関連会社）およびX社の役員Aさんの間の資産の売買に係る法人税等の取扱いに関する次の記述のうち、最も不適切なものはどれか。

1) X社の所有している帳簿価額10,000千円（時価100,000千円）の土地をY社へ50,000千円で譲渡した場合、X社では50,000千円が寄附金とされ、Y社では50,000千円が受贈益とされる。

2) X社の所有している帳簿価額10,000千円（時価100,000千円）の土地をX社の役員Aさんへ50,000千円で譲渡した場合、X社では50,000千円が寄附金とされ、Aさん側では50,000千円の給与収入があったものとされる。

3) Y社の所有している帳簿価額10,000千円（時価50,000千円）の土地をX社へ100,000千円で譲渡した場合、X社の土地の取得価額は時価の50,000千円とされ、支出した100,000千円との差額50,000千円はY社への寄附金とされる。

4) X社の役員Aさんが所有する購入価額10,000千円の高級外車（時

価1,000千円）をＸ社へ8,000千円で譲渡した場合、Ｘ社では7,000千円が役員Ａさんに対する役員給与として損金不算入となる。

《2010年1月基礎 問31》

問1 1)—1) ○　本肢のとおり。

2) ✕　学習のポイント **1** **(2)**②を参照。時価と売買価額の差額が、みなし譲渡所得として課税される（このルールがなかったら、個人が買った不動産の時価が2倍以上になった場合でも、小さな会社を作って時価の半値以下で売れば譲渡所得税を免れうるのだ）。

3) ✕　役員が無利息で貸付を行う場合、役員側では本来受け取れる利息額については課税されない。

4) ✕　法人から役員へ権利金や相当の地代の支払いがないとき、役員側には収入があるとみなされず、課税対象とならない。

問2 2)—1) ○　時価1億円の土地を5,000万円でもらったＹ社は5,000万円の得をした。このケースでは、Ｘ社では5,000万円が寄附金とされ、Ｙ社では5,000万円が受贈益となる。

2) ✕　時価1億円の土地を5,000万円で受け取ったＡさんは5,000万円の得をした。このケースでは、Ｘ社では5,000万円の役員給与の支払い、Ａさんは5,000万円の給与収入があったものとされる。

3) ○　時価5,000万円の土地を1億円で譲渡できたＹ社は5,000万円の得をした。このケースでは、Ｘ社の土地の取得価額は時価の5,000万円とされ、支出した1億円との差額5,000万円はＹ社への寄附金とされる。

4) ○　時価100万円の高級外車を800万円で譲渡したＡさんは700万円の得をした。このケースでは、Ｘ社において700万円がＡさんへの役員給与の支払いとなり、損金不算入となる。

---

7 法人税・法人事業税

絶対マスター

絶対読め！**30**秒レクチャー

　このところ法人税に関する出題は増加している。「法人税の申告」「法人税における貸倒損失および貸倒引当金の扱い」「青色申告法人の欠損金の繰越控除」などについて出題されたらおおむねわかるようにしておこう！

ナナメ読み！　**学習のポイント**

1 法人税の申告

① 法人は、各事業年度終了の日の翌日から原則2カ月以内に（所轄の税務署に）確定申告書を提出しなければならない。

② 事業年度が6カ月を超える普通法人は、当該事業年度開始の日以後6カ月を経過した日から2カ月以内に中間申告書を提出しなければならないが、その申告書を期限までに提出しなかった場合は、（前年度実績による提出があったものとみなされるため）前年度の納付法人税額の半分を納付する必要がある。

③ 過去の確定申告について（計算の誤り等により）納付税額が過大であったことが判明した場合、法定申告期限から5年以内であれば「更正の請求」ができる。

④ 2020年4月1日以後に開始する事業年度から、資本金1億円超の法人は、原則としてe-Taxにより法人税の申告を行わなければならない。

2 損金算入・不算入

① その給与は（法人税を計算する際の）損金になる？　ならない？

- **事前確定届出給与**（いつ、いくら支払うかをあらかじめ定めて支給する給与）において、あらかじめ所轄税務署長に届け出た金額よりも多い金額（または少ない金額）を支給した場合、支給額の**全額**が損金不算入となる。

- 役員給与を変更する場合、決算日から3カ月以内に、株主総会等で役員の定期給与の変更を決議し、変更後の支給額が各支給時期で同額とすることで、**定期同額給与（損金）**となる。

- 同族会社のうち、同族会社以外の法人との間に当該法人による完全支配関係があるものは、その業務執行役員に対して業績連動給与を支給した場合、損金の額に算入できる。

- 使用人（従業員）に対する給与であっても、本人や親族等の特殊関係者の保有分も合わせた合計の株式の保有割合が一定割合を超え、会社経営に従事している場合は、「みなし役員」として支給される給与が役員給与とみなされるため、損金にならない場合がある。

② 交際費の損金算入・不算入額

- 資本金1億円以下の中小法人は、交際費のうち800万円までか、接待飲食費の50%までのどちらか多い金額を損金算入できる。

- 資本金1億円を超える大法人（資本金100億円超の法人を除く）は、交際費のうち接待飲食費の50%までを損金算入できる。

- 参加者1人あたり10,000円以下（2024年3月までは5,000円以下）の接待飲食費で、必要な事項を記した書類も保存されている場合は、交際費には含まれない。

3 法人税における貸倒損失および貸倒引当金の扱い

① 債務超過の状態がおおむね3年以上継続して「回収が困難」なことが明らかな取引先への貸付金は、書面による債務免除の通知をすれば、全額を貸倒損失として処理できる。

② 同一地域の債務者に対する売掛債権の総額が取立てに必要なコストに満た

ず、督促しても弁済がない場合や、継続的な取引を停止した取引先の最後の返済から1年以上返済がない場合、備忘価額（1円）を控除した残額を貸倒損失として計上できる。

③　資産状況・支払能力等から見て「債権の全額が回収できないことが明らか」な場合は、書面による債務免除の通知により債権金額を貸倒損失として計上できる。しかし「担保がある」場合は、その処分後でないと計上できない。

④　会社更生法や民事再生法・破産法・商法等による更正・再生・破産・特別精算等の手続開始の申立てが発生した場合、「対象債権額から担保額等を控除した額の半分」を貸倒引当金繰入額とすることができる。

⑤　資本金1億円以下の中小法人（一定のものを除く）の場合、貸倒引当金の繰入限度額は「一括評価金銭債権の額×実績繰入率」「一括評価金銭債権の額（実質的に債権とみられない部分を除く）×法定繰入率」のいずれか有利な方を選択できる。

4　法人税における減価償却の扱い

①　減価償却費を損金算入するには、確定した決算で償却費として損金経理する必要がある。

②　1998年4月以降に新規取得した建物の減価償却は定額法となる。

③　固定資産の「維持管理や現状回復」のための修繕費用は、支出時に全額損金にできるが、「価値を増加させる」ための改良費用は、その効果の及ぶ期間に応じて減価償却する。

④　取得価額が10万円未満または使用可能期間が1年未満の減価償却資産（貸付け用を除く）については、全額を損金の額に算入することができる。

5　青色申告法人の欠損金の繰越控除・繰戻還付

(1) 繰越控除

①　青色申告をした法人は、欠損金の繰越控除として、各事業年度の所得金額を限度として損金算入できる。

②　適用されるのは、青色申告した事業年度に生じた欠損金で、翌事業年度以

降も確定申告する必要があるが、（翌年以降は）青色申告でなく白色申告で
も適用される。
③　繰越控除できる期間は、2018年度以降は10年間。
④　中小法人等<u>以外</u>（資本金1億円超）の法人の控除限度額は、繰越控除をす
る事業年度の所得金額（繰越控除前）の50％。中小法人（資本金1億円以
下）や新設法人等は、欠損金は100％控除される。
⑤　繰越された欠損金額が2以上の事業年度において生じたものからなる場合、
最も<u>古い</u>事業年度の欠損金から控除して損金算入する。

(2) 繰戻還付

　青色申告をしている資本金1億円以下の中小法人等における欠損金は、前年
の所得に繰戻して税の還付請求を受ける（＝繰戻還付）ことができる。

6 　法人事業税

　法人の行う事業に対して、事務所または事業所が所在する<u>都道府県</u>が、その
事業を行う法人に課する都道府県税。
①　資本金が1億円超の法人に課される法人事業税は、所得割・付加価値割・
資本割の3つから構成される。
②　納付した法人事業税の額は、原則として、法人事業税の申告書を提出した
日の属する事業年度の損金の額に算入される。
③　特別法人事業税は、法人事業税の一部を分離して創設された<u>国税</u>である
（2019年9月までは地方法人特別税だった）。

 本番得点力が高まる！ **問題演習**

問1
□□□
　　　内国法人に係る法人税における役員給与および役員退職金に関する
次の記述のうち、最も不適切なものはどれか。なお、各選択肢におい
て、給与等は隠蔽または仮装経理により支給されたものではないもの
とする。
　　　1) 役員に対して支給する定期給与の各支給時期における支給額から
　　　　　源泉税等の額を控除した金額が同額である場合、その定期給与の

各支給時期における支給額は、定期同額給与として損金の額に算入することができる。

2) 役員に対して継続的に供与される経済的な利益のうち、その供与される利益の額が毎月おおむね一定であるものは、定期同額給与として損金の額に算入することができる。

3) 役員に対し、事前確定届出給与としてあらかじめ税務署長に届け出た金額よりも多い金額を役員賞与として支給した場合、原則として、当該役員賞与は事前確定届出給与に該当せず、その支給額の全額が損金不算入となる。

4) 自己都合により役員を退任した者に支給する役員退職金を損金の額に算入するためには、その支給額が職務の対価として適正な金額であり、かつ、その支給額および支給時期についてあらかじめ税務署長に届け出る必要がある。 《2020年1月基礎 問30》

問2

内国法人に係る法人税における貸倒損失の取扱いに関する次の記述のうち、最も適切なものはどれか。なお、記載のない事項については考慮しないものとする。

1) 遠方にある取引先A社に対して売掛金5万円を有しているが、再三支払の督促をしても弁済がなされず、また取立てに要する旅費等が10万円程度かかると見込まれ、同一地域に他の債務者はいない。この場合、売掛金5万円から備忘価額を控除した残額が貸倒損失として認められる。

2) 取引先B社に対して貸付金200万円を有しているが、B社の債務超過の状態が相当期間継続し、事業好転の見通しもなく、その貸付金の弁済を受けることができないと認められるため、口頭により貸付金の全額を免除する旨をB社に申し出た。この場合、債務免除をした金額の全額が貸倒損失として認められる。

3) 取引先C社に対して貸付金600万円を有しているが、C社の資産状況、支払能力等からみてその全額が回収できないことが明らかとなった。この貸付金に係る担保物がある場合、貸付金600万円から担保物の処分可能見込額を控除した残額が貸倒損失として認められる。

4) 単発の不動産取引のみを行った取引先D社に対して当該取引に係る売掛金800万円を有しているが、D社の資産状況、支払能力等が悪化し、売掛金の回収ができないまま1年以上が経過した。この場合、売掛金800万円から備忘価額を控除した残額が貸倒損失として認められる。 《2021年5月基礎 問32》

青色申告法人の欠損金の繰越控除等に関する次の記述のうち、最も不適切なものはどれか。なお、各選択肢において、法人は資本金の額が5億円以上の法人に完全支配されている法人等ではない中小法人等であるものとし、ほかに必要とされる要件等はすべて満たしているものとする。

1) 欠損金額が生じた事業年度において、法人が青色申告書である確定申告書を提出している場合、その後の各事業年度について白色申告書である確定申告書を提出しても、欠損金の繰越控除の適用を受けることができる。

2) 繰り越された欠損金額が2以上の事業年度において生じたものからなる場合、そのうち最も古い事業年度において生じた欠損金額に相当する金額から順次損金の額に算入する。

3) 2024年4月1日に開始する事業年度において、資本金の額が1億円以下の法人が繰り越された欠損金額を損金の額に算入する場合、損金の額に算入することができる欠損金額は、繰越控除前の所得の金額の50%相当額が限度となる。

4) 災害により棚卸資産、固定資産等に生じた損失に係る欠損金額がある事業年度において、法人が提出した確定申告書が青色申告書でない場合であっても、その災害による欠損金額に相当する金額を、原則として、その事業年度から10年間にわたって繰り越すことができる。 《2023年5月基礎 問32改題》

製造業を営むX株式会社（以下、「X社」という）は、当期（2023年4月1日～2024年3月31日）において損金経理により一括評価金銭債権に係る貸倒引当金を200万円繰り入れた。X社の当期末における一括評価金銭債権の帳簿価額等が下記のとおりである場合、損金の額に算入されない貸倒引当金の繰入限度超過額として、次のうち

最も適切なものはどれか。

　なお、X社は資本金3,000万円の中小法人であり、資本金5億円以上の法人に完全支配されている法人等ではないものとする。また、繰入限度額が最も高くなるように計算することとし、記載のない事項については考慮しないものとする。

期末の一括評価金銭債権の帳簿価額	：2億円
実質的に債権とみられない金銭債権の金額	：1,000万円
製造業に係る法定繰入率	：1,000分の8
貸倒実績率（実績繰入率）	：1,000分の7.1

1）40万円
2）48万円
3）58万円
4）65万1,000円

《2019年9月基礎 問30改題》

問5

□□□

法人税の申告および納付に関する次の記述のうち、最も不適切なものはどれか。なお、各選択肢において、法人はいずれも内国法人（普通法人）であるものとする。

1）2020年4月1日以後に開始する事業年度から事業年度開始の時における資本金の額が1億円以下の法人は、原則として、法人税の申告を電子情報処理組織（e-Tax）により行わなければならない。

2）中間申告書を提出すべき法人がその申告書を期限までに提出しなかった場合には、前年度実績による中間申告（予定申告）があったものとみなされる。

3）法人は、原則として、各事業年度終了の日の翌日から2カ月以内に、納税地の所轄税務署長に対し、当該事業年度の貸借対照表、損益計算書その他の財務省令で定める書類を添付した確定申告書を提出しなければならない。

4）過去に行った確定申告について、計算に誤りがあったことにより、当該申告書の提出により納付すべき税額が過大であることや、当該申告書に記載した還付金の額に相当する税額が過少であること

が判明した場合、原則として、法定申告期限から5年以内に限り、更正の請求をすることができる。　　　　《2022年5月基礎 問30》

問1　4) ── 1)～3) ○　本肢のとおり。

　　　　4) ✕　適正な額の役員退職金の支払いは損金算入可。退職理由にかかわらず届出不要。

問2　1) ── 1) ○　本肢のとおり。[学習のポイント **3**]②を参照。

　　　　2) ✕　書面による通知が必要。[学習のポイント **3**]③を参照。

　　　　3) ✕　担保がある場合はその処分後でないと計上できない。[学習のポイント **3**]③を参照。

　　　　4) ✕　継続的な取引の場合に貸倒損失の計上ができる。[学習のポイント **3**]②を参照。

問3　3) ── 1) ○　[学習のポイント **5**](1)②を参照。

　　　　2) ○　[学習のポイント **5**](1)⑤を参照。

　　　　3) ✕　[学習のポイント **5**](1)④を参照。

　　　　4) ○　青色申告の承認を受けた法人は、災害による損失の場合は（青色申告の提出のない事業年度分であっても）10年間繰越すことができる。

問4　2) ── [学習のポイント **3**]⑤を参照。

　　　　a) 実績繰入率を使う方法：2億円 × $\dfrac{7.1}{1,000}$ = 142万円

　　　　b) 法定繰入率を使う方法：(2億円 − 1,000万円) × $\dfrac{8}{1,000}$ = 152万円

　　　　多く繰入できるb) を選ぶので、

　　　　繰入限度超過額は200万円 − 152万円 = 48万円

問5　1) ── 1) ✕　[学習のポイント **1**]④を参照。1億円以下ではなく1億円超。

　　　　2) ○　[学習のポイント **1**]②を参照。そのため前年度の納付額の半分をおさめる必要がある。

　　　　3) ○　[学習のポイント **1**]①を参照。

　　　　4) ○　[学習のポイント **1**]③を参照。5年以内なら更正の請求が可能。

出題率 **25%** | 難易度 ★★ ☆ ☆ ☆

8 グループ法人税制

最後の
ひと押し

絶対読め！**30**秒レクチャー

グループ法人間での資産（帳簿価額1千万円以上）譲渡の損益、グループ法人間での寄附金（資金・利益提供等）による損益は、税務上なかったものとされる。そして、1級学科基礎でもこのグループ法人税制が集中的にねらわれた時もあり、忘れた頃に出るから、心して学んでおくように！

グループ法人

↘ ナナメ読み！ **学習のポイント**

1 グループ法人税制とは？

グループ法人間での資産（帳簿価額1千万円以上）譲渡による損益、グループ法人間での寄附金（資金・利益提供等）による損益は、税務上なかったものとして扱われるということ。これにより、グループ法人間での資産譲渡や寄附金による利益調整、節税が制限されている。

2 グループ法人税制が適用される関係

完全支配関係がある内国法人（普通法人）については、原則として強制適用される。完全支配関係とは、発行済株式や出資の全部を、直接・間接的に保有している関係で、100%子会社などといわれる。

3 グループ法人間における譲渡損益の繰延べ

　グループ法人間での資産（帳簿価額1千万円以上）譲渡に損益が生じた場合、この損益は一定の事由（グループ外法人へ売却した場合等）が生じるまで繰り延べられる。なお、この税制で譲渡損益の繰延べの対象となる資産は、土地・建物等の不動産や有価証券・金銭債権等である。

4 グループ法人間における寄附金による損益

　グループ法人間では、寄附金を支出した側は損金不算入、受領した側も益金不算入とされて、税務上なかったものとなる。個人が100％支配するグループ法人間では、寄附金を支出した側は損金不算入、受領した側では益金算入となる。

5 グループ法人間における配当の受取り

　グループ法人間での配当の受取りは、負債利子控除をすることなく、全額益金不算入とされる。

6 グループ法人と軽減税率

　資本金1億円以下の法人は、法人税の軽減税率（課税所得800万円以下は15％）が適用されるが「資本金5億円以上の法人の完全子会社」の場合は、軽減税率が適用されない。

✎ 本番得点力が高まる！ 問題演習

問1
□□□
　2010年度税制改正において創設されたいわゆるグループ法人税制（完全支配関係がある法人間の税制等）に関する次の記述のうち、最も適切なものはどれか。なお、各選択肢において、ほかに必要とされる要件等はすべて満たしているものとする。

1) いわゆるグループ法人税制は、完全支配関係がある内国法人（普通法人）については、原則として、強制適用される。

2) 2010年4月1日以後に開始する事業年度において、資本金500百万円以上の法人に株式の99%を保有されており、完全支配関係のない資本金100百万円以下の子法人（内国法人で普通法人）は、欠損金の繰戻しによる還付制度の適用を受けることができない。

3) 2010年10月1日以後に、完全支配関係がある法人グループ内の内国法人（普通法人）間で、譲渡損益調整資産（一定の資産等で帳簿価額が10,000千円以上の資産）の移転を行ったことによる譲渡損益は、一定の事由が生じるまでの期間、繰り延べられるが、この譲渡損益調整資産に減価償却資産は含まれない。

4) 2010年10月1日以後に、完全支配関係がある法人グループ内の内国法人（普通法人）間で行われる現物分配（金銭以外の資産の交付）については、時価で譲渡したものとされ、譲渡益に対して法人税が課される。 《2011年1月基礎 問30改題》

問2
株式を100%保有する関係にある内国法人の親法人と子法人間の取引において適用されるグループ法人税制（完全支配関係にある法人を対象とした税制）に関する次の記述のうち、最も不適切なものはどれか。

1) 親法人による完全支配関係がある子法人が保有する譲渡損益調整資産を親法人に対して時価で移転した場合、その譲渡損益は、親法人がその資産をグループ外の法人等に譲渡したときに、親法人において計上する。

2) 親法人による完全支配関係がある子法人が親法人に対して適格現物分配を行った場合には、その直前の帳簿価額により譲渡したものとされ、譲渡損益の計上が繰り延べられる。

3) 親法人による完全支配関係がある子法人が親法人から寄附金を受け取った場合、親法人では支払った寄附金の額の全額が損金不算入となり、子法人では受け取った寄附金の額の全額が益金不算入となる。

4) 親法人が完全支配関係がある子法人からその子法人の株式に係る

配当等を受け取った場合、負債利子控除はなく、受け取った配当等の額の全額が益金不算入となる。　《2019年9月基礎 問32》

問1 1)── 1) ○　グループ法人税制は、完全支配関係がある内国法人（普通法人）については、原則として強制適用される。

2) ✕　この税制は100％の支配関係にある法人が適用対象なので、支配割合が99％でも適用対象外。資本金100百万円以下の子法人は中小企業扱いとなり、法人税の欠損金の繰戻還付を受けることができる。

3) ✕　グループ法人間における資産（帳簿価額1千万円以上）譲渡の損益は、税務上繰り延べられるが、この資産には減価償却資産も含まれる。

4) ✕　グループ法人間における現物分配（金銭以外の資産の交付）の損益も、税務上繰り延べられる。

問2 1)── 1) ✕　グループ法人間での資産譲渡に損益が生じた場合、この損益は、グループ外法人へ売却した場合等、一定の事由が生じるまで繰り延べられるが、その事由が発生した場合には、当初に資産を譲渡した法人にて、損益を計上する。

2) ○　子法人の親法人への現物分配は、譲渡損益の計上が繰延べとなる。

3) ○　寄附金を支出した法人は損金不算入、受け取った法人は益金不算入。

4) ○　グループ法人間の配当の受取り側は、負債利子控除をせずに全額益金不算入できる。

---

9 消費税

ここで
差がつく

絶対読め！**30**秒レクチャー

消費税も、1級学科基礎のタックスにおける頻出分野の1つだ。消費税を払う個人ではなく、消費税を納める個人事業者や法人に役立つ知識が出題される。「簡易課税制度」も頻出なので、これだけは試験対策と割り切って勉強しておこう！

海山商事

納税
納税。

消費税

第**4**章 タックスプランニング

ナナメ読み！ **学習のポイント**

1 消費税の課税取引と不課税取引・非課税取引

（1）課税取引

①国内において、②事業者が事業として行い、③対価を得て行う取引で、④資産の譲渡・貸付、役務の提供等の取引を行う場合、消費税の課税取引となる。

（2）不課税取引と非課税取引

① 不課税取引：そもそも消費税の課税対象とならない取引

② 非課税取引：取引内容は消費税の課税対象だが、社会政策的配慮等により課税しない取引

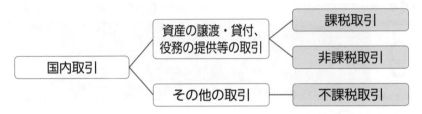

〈消費税の「不」課税取引の具体例〉

・保険契約者が保険事故の発生に伴って生命保険契約に基づき受け取る保険金
・建物の賃借人が、賃貸借の目的とされている建物の契約の解除に伴って賃貸人から収受する立退料
・同業者団体が、会員から徴収する年会費により作成し、通常の業務運営の一環として発行する会報の配布

2 消費税の納税義務者

　国内において課税対象となる商品の販売やサービスの提供などを行った事業者が納税する。国や地方公共団体、公益法人、人格のない社団などでも課税資産の販売を行えば、納税義務者となる。また、外国からの輸入品を引き取った場合は、事業者や国などのほか、個人も納税義務者となる。

3 消費税の納税義務の判定

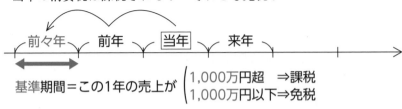

① 基準期間（個人事業者は課税期間の前々年、法人は前々事業年度）の課税売上高が1,000万円超の場合、その年においては課税事業者となる。1,000万円以下の場合、その年においては原則として免税事業者となる。

② 基準期間の課税売上高が1,000万円以下でも、特定期間（前年または前事

業年度の前半6カ月）における課税売上高が1,000万円を超えた場合、課税事業者となる。

※　ただし、この判定には課税売上高の代わりに特定期間中に支払った給与等の金額で判定することもできるため、特定期間の課税売上高が1,000万円を超えていても、給与等支払額が1,000万円を超えていなければ、免税事業者と判定できる。

③　新たに法人を設立したとき（法人成りを含む）は、基準期間の課税売上高がないので、設立事業年度とその翌事業年度（当初2期分）は原則として免税事業者になる。ただし、その事業年度開始日の資本金または出資金の額が1,000万円以上の法人は、当初2期分の納税義務は免除されない。

4 簡易課税制度

仕入れ等で実際に払った消費税を計算しなくても、みなし仕入率（40〜90％）で控除対象の仕入税額を計算できる制度。選択すると2年間は変更できない。この制度を選ぶと消費税額の還付は原則受けられない。

①　基準期間の課税売上高が5,000万円以下で、事前に届出をしていれば適用を受けられる。

②　簡易課税制度の適用を受ける課税期間の開始の日の前日までに、「消費税簡易課税制度選択届出書」を納税地の所轄税務署長に提出する。

③　みなし仕入率は、売上を6つに区分して、卸売業90％・小売業80％・製造業70％・その他の事業60％・サービス業等50％・不動産業40％となっている。

④　2種以上の事業を営み、1つの事業の売上が全体の75％以上を占める場合は、その事業のみなし仕入率を全体に適用できる。

売上を事業ごとに区分していない場合は、一番低いみなし仕入率が全体に適用される。

5 課税事業者と調整対象固定資産

(1) 課税事業者の選択

　免税事業者は消費税の納付義務がないが、（多額の設備投資を行った場合など）「課税売上に係る消費税額＜課税仕入れに係る消費税額」となった場合には還付を受けられない。そのため、届け出をすることで課税事業者となることもできる。なお、この届け出をすると2年間は免税事業者に戻れない。

(2) 調整対象固定資産

① 前記(1)の課税事業者を選択した2年間（または資本金1,000万円以上の法人を設立して課税事業者の選択が強制される2年間）のうちに、調整対象固定資産を取得した場合、その取得があった課税期間を含む3年間は免税事業者になれず、簡易課税制度も選択できない。

② 「調整対象固定資産」とは、棚卸資産以外の資産、つまり建物・構築物・機械および装置・船舶・航空機・車両および運搬具・工具・器具および備品その他の資産で、税抜価格が100万円以上（税込経理をしている事業者も税抜金額で判断する）のもの。

③ 通算課税売上割合が、調整対象固定資産を取得した課税期間の課税売上割合に比べて50％以上増減した場合には、その増減のあった年から3年目に仕入税額控除の調整が必要となる。

(3) 仕入税額控除の適用除外

　2020年10月1日以後、居住用賃貸建物の取得に係る消費税の仕入税額控除の適用が認められなくなった。

6 消費税の申告と納付

(1) 法人

　課税期間はその法人の事業年度。課税期間の末日の翌日から2カ月以内に消費税の確定申告と納付をする。なお、法人税の申告期限の延長の特例を適用した場合には、1カ月間の延長が認められる。

(2) 個人事業者

　課税期間は1月1日～12月31日。課税期間の翌年の3月31日までに消費

税の確定申告と納付をする。

7　インボイス制度

(1)　インボイス（適格請求書）とは、売手が買手に対して、正確な適用税率や消費税額などを伝えるもの。インボイスの条件を満たすために必要な記載事項は、

①　適格請求書発行事業者の氏名（名称）および登録番号

②　取引年月日

③　取引内容（軽減税率の対象品目かどうか）

④　税率ごとに区分して合計した対価の額および適用税率

⑤　税率ごとに区分した消費税額等

⑥　書類の交付を受ける事業者の氏名・名称（不特定多数の者に対して販売等を行う業者の取引では「適格簡易請求書」として省略できる）

(2)　売手であるインボイス発行事業者は、買手である取引相手（課税事業者）から求められた場合はインボイスを交付する義務がある。

(3)　買手は仕入税額控除の適用を受けるために、売手から交付を受けたインボイスの保存等が必要となる。

 本番得点力が高まる！　**問題演習**

問1
□□□　2023年10月1日に施行された改正消費税法における適格請求書等保存方式（インボイス制度）に関して適格請求書に必要とされる記載事項でないものは、次のうちどれか。

1）適格請求書発行事業者の氏名または名称

2）適格請求書の作成日または発行日

3）課税資産の譲渡等の税抜価額または税込価額を税率ごとに区分して合計した金額

4）税率ごとに区分した消費税額等　　　　　《2023年9月基礎 問33改題》

問2
□□□　次のうち、消費税の課税対象となる「対価を得て行われる資産の譲渡等」に該当するものはどれか。

1）事業者が他の者の債務の保証を履行するために行う資産の譲渡や強制換価手続により換価された場合の資産の譲渡

2）同業者団体が、会員から徴収する年会費により作成し、通常の業務運営の一環として発行する会報で、その会員に対する当該会報の配布

3）保険契約者が保険事故の発生に伴って生命保険契約に基づき受け取る保険金

4）建物の賃借人が賃貸借の目的とされている建物の契約の解除に伴って賃貸人から収受する立退料　　　　　　　《2017年9月基礎 問33》

問3　消費税に関する次の記述のうち、最も適切なものはどれか。

1）簡易課税制度を選択し、課税売上に係る消費税額からみなし仕入率による仕入に係る消費税額を控除した金額がマイナスとなる場合は、消費税額の還付を受けることができる。

2）簡易課税制度の適用を受ける事業者が2種類以上の事業を行い、そのうち1種類の事業の課税売上高が全体の課税売上高の75％以上を占める場合、その事業のみなし仕入率を全体の課税売上に対して適用することができる。

3）消費税の課税事業者である個人は、原則として、消費税の確定申告書をその年の翌年3月15日までに納税地の所轄税務署長に提出しなければならない。

4）消費税の課税事業者である法人が、消費税の確定申告書の提出期限を延長する旨を記載した届出書を納税地の所轄税務署長に提出した場合、消費税の確定申告書の提出期限を2カ月を限度に延長することができる。　　　　　　　　　　　《2022年9月基礎 問33》

問4　消費税の簡易課税制度に関する次の記述のうち、最も不適切なものはどれか。なお、納付すべき消費税額（地方消費税額を含む）が最も低くなるようにみなし仕入率を適用するものとし、記載のない事項については考慮しないものとする。

〈簡易課税制度におけるみなし仕入率〉

事業区分	みなし仕入率
第1種事業	90%
第2種事業	80%
第3種事業	70%
第4種事業	60%
第5種事業	50%
第6種事業	40%

1) 全体の課税売上高に占める第1種事業の割合が60%、第3種事業の割合が40%である場合、みなし仕入率は、第1種事業に係る消費税額に90%を適用し、第3種事業に係る消費税額に70%を適用する。

2) 全体の課税売上高に占める第1種事業の割合が95%、第3種事業の割合が5%である場合、みなし仕入率は、第1種事業および第3種事業のいずれの消費税額にも90%を適用する。

3) 全体の課税売上高に占める第1種事業の割合が20%、第3種事業の割合が80%である場合、みなし仕入率は、第1種事業および第3種事業のいずれの消費税額にも70%を適用する。

4) 全体の課税売上高に占める第1種事業の割合が50%、第2種事業の割合が35%、第5種事業の割合が15%である場合、みなし仕入率は、第1種事業に係る消費税額に90%を適用し、第2種事業および第5種事業のいずれの消費税額にも80%を適用する。

《2021年5月基礎 問33》

問1 2) —— 1) ✕ 必要である。 学習のポイント 7 (1)①を参照。

2) ◯ 学習のポイント 7 (1)を参照。作成日や発行日は必要記載事項ではない（取引年月日は必要記載事項）。

3) ✕ 必要である。 学習のポイント 7 (1)④を参照。

4) ✕ 必要である。 学習のポイント 7 (1)⑤を参照。

問2 1) —— 1) ◯ 課税取引。債務の保証を履行するための資産の譲渡や、競売や破産手続き等の強制換価手続における資産の譲渡も課

税取引となる。

2) ✕ **不課税取引**。団体の運営費として使途を明確にしないで徴収する会費等は、対価性がないため不課税取引。

3) ✕ **不課税取引**。保険金の支払いは、資産の譲渡等の対価に該当しない。

4) ✕ **不課税取引**。立退料は、一般的に引っ越し費用の補償等として支払われるもの。資産の譲渡等の対価に該当しない。

問3 2)──1) ✕ 簡易課税制度を選択すると、原則として仕入れに対する消費税額が課税売上に対する消費税額を上回らないので、還付は発生しない。

2) ○ 学習のポイント 4 ④を参照。メイン事業の仕入率を全体に適用できる。

3) ✕ 消費税の申告期限は翌年の3月31日まで。

4) ✕ 学習のポイント 6 (1) を参照。

問4 3)──1) ○ 第一種・第三種いずれも全体の課税売上高に占める割合が75％に達していないため、それぞれのみなし仕入率を適用。

2) ○ 第一種事業の占める割合が75％以上なので90％を適用。

3) ✕ みなし仕入率が低い事業が75％以上を占める場合は有利な方（この場合は、第一種の売上に対して、みなし仕入率90％）を適用できる。

4) ○ 3種以上の事業を営み、特定の2種以上の売上合計が75％以上となる場合、特定の2種のうち高いほうの事業についてはそのみなし仕入率を適用し、それ以外の事業には特定の2種のうち低いほうのみなし仕入率を適用できる。

不動産

1つの取引の単価が高いため、ライフプランの実現に大きな影響がある「不動産」。1級学科基礎においては「不動産登記」「4つの不動産価格」「媒介契約」「手付金」「定借」「開発許可」「建築基準法」「区分所有法」「固定資産の交換」「立体買換え」などに、キミの時間を重点的に投資しよう！

出題率 **85%** ┃ 難易度 ★★★☆☆

1 不動産の登記

絶対
マスター

絶対読め！30秒レクチャー

　１級学科基礎では不動産の登記が出ないことの方がめずらしい。取引が安全かつスムーズに行われることを目的とした不動産登記の制度について、直近の過去問を中心に徹底的に理解しよう。特に頻出の「仮登記」は、重箱の隅の隅までマスターしておけ！

登記には
対抗力 がある
権利を主張できるけど
絶対に正しいとは限らない！
公信力 はない

ナナメ読み！　学習のポイント

1 不動産登記

(1) 不動産登記簿

表示の登記	表題部		土地・建物の物理的現況 （所在地、地番、家屋番号、面積など）
権利の登記	権利部	甲区	所有権に関する事項 （買取り特約、差押え、所有権登記・移転など）
		乙区	所有権以外の権利に関する事項 （抵当権、根抵当権、賃借権、地上権など）

※　「抵当権の実行による競売手続開始を原因とする差押えの登記」は、権利部の甲区に記載される。抵当権の登記は乙区だが、差押えの登記は甲区。

　表示の登記の代理申請を行う専門家は<u>土地家屋調査士</u>。権利の登記の代理申請を行う専門家は<u>司法書士</u>。

　なお不動産登記事項証明書は４種類あり、内容は登記記録のうち以下のもの。

① 全部事項証明書：全部の事項

② 現在事項証明書：現に効力を有するもの

③ 何区何番事項証明書（一部事項証明書）：甲区または乙区の、順位番号で
　　　　　　　　　　　　　　　　　　　　　　特定して請求した部分

④ 閉鎖事項証明書：閉鎖された登記記録

(2) 不動産登記における床面積

・区分建物以外：壁その他の区画の**中心線**で囲まれた部分の水平投影面積
　　　　　　　　（壁芯面積）

・区分建物　　：壁その他の区画の**内側線**で囲まれた部分の水平投影面積
　　　　　　　　（内法面積）

(3) 登記の効力

登記には**対抗力**がある。しかし**公信力**はない。

【対抗力】自分の権利を第三者に対して**主張**できる法的効力

【公信力】登記された内容を信じて取引したものが**保護**される効力

登記を行った場合、所有権などを第三者に主張できる。しかし、「登記された内容を信じて取引したのに権利を取得できない」となる可能性はある。

第5章 不動産

> **チェック！条文参照**
>
> **┃民法第177条（不動産に関する物権の変動の対抗要件）**
>
> 不動産に関する物権の得喪及び変更は、不動産登記法その他の登記に関する法律の定めるところに従いその登記をしなければ、第三者に対抗することができない。

(4) 登記された情報を取得する方法

不動産登記簿の閲覧は、法務局に申請すれば誰でも可能。またコンピュータ化された登記所では、閲覧の代わりに登記事項要約書が交付され、登記簿謄本・登記簿抄本の代わりに登記事項証明書が交付される。

【登記事項要約書】登記事項の概要を記載した書面

【登記事項証明書】登記事項の全部または一部を証明した書面

(5) 仮登記

登記すべき「物権の変動」が発生しているが、提供すべき必要書類等が提供できない場合などに、将来の**登記上の順位**を保全することを目的として、あら

かじめ（仮予約のように）行う登記のこと。仮登記の登記義務者の承諾があるときは、その登記権利者が単独で申請できる。

なお、所有権の仮登記に基づく本登記は、登記上の利害関係を有する第三者がいる場合はその承諾が必要（所有権以外の場合は第三者承諾不要）。

●仮登記の種類

1号仮登記	実体上の所有権の移転は生じているが、本登記に必要な添付情報の提示などの手続き上の要件がそろわなかったときに申請するもの。
2号仮登記	実体上の所有権の移転は生じていない（例：売買予約）が、所有権移転請求権を保全するときに申請するもの。なお、売買予約を原因とした所有権移転登記の仮登記は、本登記せず10年経過すると時効により消滅する。

(6) 合筆（がっぴつ）の登記ができる条件

① 所有権以外の権利（抵当権など）の登記がないこと

② 隣接している土地同士であること　等

(7) 筆界（ひっかい）

土地が登記された際にその土地の範囲を区画するものとして定められた線。隣接する土地の所有者の一方または共同で筆界の特定を申請できる。所有者同士の同意などによって変更することはできない。

筆界特定がなされた場合、筆界特定書の写しは（利害関係のない者でも）その土地を管轄する登記所において交付を受けられる。

(8) 登記簿以外の調査

① 公図（こうず）

土地の位置・形状・地番を公証する、法務局に備え付けられている地図に準ずる図面のこと。ただし、精度はあまり高くない。

② 地番（ちばん）

登記簿上、一筆の土地ごとにつけられる番号のこと。地番は（市町村が定める）住居表示と一致しているとは限らない。

③ 地積測量図（ちせきそくりょうず）

土地の登記簿に付随して法務局に備えられている図面で（すべての土地について備え付けられているわけではない）、その土地の形状、地積（面積）と求積方法などが記されたもの。

問1 　不動産登記の効力に関する次の記述のうち、最も適切なものはどれか。

1) 不動産の売買契約の締結後、買主への所有権移転登記をする前に、売主が当該不動産を買主以外の第三者に譲渡し、第三者が所有権移転登記をした場合、当初の買主はその第三者に対して所有権の取得を対抗することができる。

2) 不動産登記記録を信頼して売買契約を締結した善意かつ無過失の買主は、所有権移転登記により不動産を自己の名義にすれば、たとえ真実の権利者から所有権移転登記の抹消や不動産の返還を求められたとしても、登記の公信力によりこれを拒むことができる。

3) 仮登記は、順位保全の効力および対抗力があるため、これをもって第三者に対抗することができる。

4) 借地権は、その登記がなくても、当該土地の上に借地権者が登記されている建物を所有するときは、これをもって第三者に対抗することができる。 《2022年9月基礎 問34》

問2 　不動産登記に関する次の記述のうち、最も不適切なものはどれか。

1) 抵当権の実行による競売手続開始を原因とする差押の登記は、権利部の甲区に記載される。

2) 合筆しようとしている2筆の土地のうち、1筆のみに抵当権の登記がある場合、抵当権者の承諾書を添付すれば、合筆の登記をすることができる。

3) 仮登記の抹消の申請は、仮登記の登記名義人の承諾がある場合、仮登記の登記上の利害関係人が単独で行うことができる。

4) 登記事項証明書は、登記記録に記録されている事項の全部または一部が記載され、登記官による認証文や職印が付された書面であり、誰でもその交付を請求することができる。

《2021年9月基礎 問34》

問3 　不動産登記法に基づく地図等の一般的な特徴に関する次の記述のうち、最も不適切なものはどれか。

第**5**章 不動産

225

1) 不動産登記法第14条に基づく地図は、一筆または二筆以上の土地ごとに作成され、一定の現地復元能力を有した図面である。

2) 登記所に備え付けられている公図（旧土地台帳附属地図）は、土地の位置関係を把握する資料として有用であるが、不動産登記法第14条に基づく地図に比べて、土地の面積や形状などの精度は低い。

3) 分筆の登記を申請する場合において提供する分筆後の土地の地積測量図は、分筆前の土地ごとに作成され、分筆線を明らかにして分筆後の各土地が表示された図面である。

4) 都市計画図（地域地区図）は、地方公共団体の都市計画に関する地図であり、土地が所在する地域に指定された用途地域の種別、防火規制の有無、指定建蔽率・指定容積率、土地に接する道路の幅員や路線価などを把握することができる。《2020年9月基礎 問35》

問4
□□□
不動産の仮登記に関する次の記述のうち、最も適切なものはどれか。

1) 所有権移転の仮登記は、実体上の所有権移転が既に生じている場合には、申請することができない。

2) 仮登記は、仮登記の登記義務者の承諾があるときは、当該仮登記の登記権利者が単独で申請することができる。

3) 抵当権設定の仮登記に基づく本登記は、その本登記について登記上の利害関係を有する第三者がある場合、当該第三者の承諾があるときに限り、申請することができる。

4) 2024年1月の売買予約契約を原因とした所有権移転請求権の仮登記は、本登記をしないまま10年が経過すると、時効により消滅する。《2019年1月基礎 問34改題》

問1 4) ── 1) ✕　二重売買の場合は先に登記した方が所有権を取得したこ
とになる。

2) ✕　学習のポイント 1 (3)を参照。登記に公信力はない。

3) ✕　仮登記は順位を保全するものであり、対抗力はない。

4) ◯　本肢のとおり。

問2 2) ── 1) ◯　差押えの登記は権利部の甲区に記載される。

2) ✕　合筆できる条件として、抵当権などの所有権以外の権利
の登記がないことが必要。

3) ◯　仮登記の登記名義人の承諾があれば、利害関係人単独で
仮登記の抹消ができる。

4) ◯　本肢のとおり。

問3 4) ── 1) 2) 3) ◯　本肢のとおり。

4) ✕　都市計画図には、道路の幅員や路線価は記載されていな
い。

問4 2) ── 1) ✕　学習のポイント 1 (5)の「1号仮登記」を参照。

2) ◯　本肢のとおり。

3) ✕　所有権以外（抵当権など）の仮登記に基づく本登記は、
登記上の利害関係を有する第三者の承諾不要。なお、所有権
の場合は必要。

4) ✕　民法改正のあった2020年4月1日（債権の消滅時効が
10年→5年に）以降の売買予約契約に基づく請求権は時効5
年。なお、それより前の契約に基づく請求権は時効10年で
ある。

第**5**章

不動産

2　不動産価格の調査

最後の
ひと押し

絶対読め！**30秒レクチャー**

　不動産の値段って、どうやって決まると思う？　最終的には需要と供給のバランスだけど、お上が決める目安となる価格だけでも4種類あるんだ！　試験対策上は「土地価格の調査」が本命◎、「鑑定評価」が穴△だ。4つの価格の表は試験直前に必ず覚え直して、1問ゲットだぜ！

ナナメ読み！　**学習のポイント**

1　土地価格の調査

　土地の価格には、一般的な取引価格のほかに、公的機関が目的に応じて設ける「標準地の公示価格」「基準地の標準価格」「相続税路線価」「固定資産税評価額」の4つがある。

	公示価格	基準地標準価格	相続税路線価	固定資産税評価額
実施目的	一般の売買の目安	公示価格の補完的役割	相続税・贈与税を算出するための資料	固定資産税、都市計画税、不動産取得税、登録免許税を算出する際の基礎
決定機関	国土交通省	都道府県	国税局	市町村（23区は都知事）
評価基準日	毎年1月1日	毎年7月1日	毎年1月1日	前年1月1日（3年に1度）
公　表	3月下旬	9月下旬	7月上旬	3月1日（基準年度は4月1日）
対公示価格の価格水準	100%	100%	約80%	約70%

① 公示価格を定める標準地は、都市計画区域だけでなく区域外にも設定されている。また、標準価格を定める基準地と同じポイントに設定されることもある。

② 市税の納税証明・課税証明および固定資産に係る証明等の交付や、固定資産税の課税台帳を閲覧する場合は、税務課の窓口等に行く必要がある。ただし、閲覧できるのは次の人に限られる。

・所有者本人（相続人、納税管理人なども含まれる）

・同居の家族で本人からの依頼があったと認められる人

・借地人や借家人（土地や家屋の賃借人）

・本人の委任状または代理人選任届等を持参した人（法人の場合は、代表者印等または法人からの委任状または代理人選任届等を持参した人）

2 不動産価格の鑑定評価

不動産の鑑定評価は「対象不動産の効用が最高度に発揮されうる使用」を前提としている。

(1) 原価法

不動産の再調達に要する原価をもとに、価格を求める方式。

(2) 取引事例比較法

類似する不動産の取引事例を参考にして、価格を求める方式。

(3) 収益還元法

不動産から生み出される収益に着目して、価格を求める方式。代表的な手法として、将来のキャッシュフロー（家賃等の収入と予想売却価格）を現在価値に割引いて評価するDCF法（Discounted Cash Flow法）と、「1年間の純収益÷還元利回り」でシンプルに試算する直接還元法がある。いずれも現金ベースで考えるため、収益から減価償却費は控除しない。

(4) 積算法（積算賃料）

不動産の新規賃料を試算するときに使われる手法。

「基礎価格×期待利回り＋必要諸経費等」（覚えなくてよいが、雰囲気をつかもう）という流れで計算する。

 本番得点力が高まる! **問題演習**

問 1 地価公示法に関する次の記述のうち、最も不適切なものはどれか。

1) 土地収用法等によって土地を収用することができる事業を行う者が、公示区域内の土地を当該事業の用に供するために取得する場合、当該土地の取得価格は公示価格を規準とする。

2) 不動産鑑定士が公示区域内の土地について鑑定評価を行う場合において、当該土地の正常な価格を求めるときは、公示価格を規準とする。

3) 標準地は、都市計画区域内から選定するものとされ、都市計画区域外や国土利用計画法の規定により指定された規制区域内からは選定されない。

4) 市町村長は、土地鑑定委員会が公示した標準地の価格等について、当該市町村が属する都道府県に存する標準地に係る部分を記載した書面および当該標準地の所在を表示する図面を当該市町村の事務所において一般の閲覧に供しなければならない。

《2023年9月基礎 問34》

問2 不動産価格の調査に関する次の記述のうち、最も適切なものはどれか。

1) 基準地の標準価格は、毎年7月1日を基準日として発表されるもので、当該基準地は、公示価格の標準地と同じポイントに設定されることはない。

2) 標準地の公示価格は、毎年1月1日を基準日として発表されるもので、当該標準地は都市計画区域外にも設定されている。

3) 相続税路線価の設定されていない地域では、近隣地域等にある公示価格に0.8を乗じることにより相続税評価額を算定している。

4) 固定資産税評価額は、原則として4年に1度評価替えが行われ、当該評価額は前年の公示価格に0.7を乗じた水準としている。

《2013年1月基礎 問35》

 問3 不動産の鑑定評価に関する次の記述のうち、最も不適切なものはどれか。

1) 不動産の鑑定評価にあたっては、対象不動産の効用が最高度に発揮される可能性に最も富む使用を前提とした不動産の価格を把握することとされている。

2) 原価法は、価格時点において対象不動産の再調達を想定した場合において必要とされる適正な原価の総額について減価修正を行って対象不動産の積算価格を求める手法である。

3) 取引事例比較法の適用にあたっては、多数の取引事例を収集する必要があるが、取引事例は、原則として近隣地域または同一需給圏内の類似地域に存する不動産に係るもののうちから選択するものとされている。

4) 建物の収益価格を直接還元法で求める場合、原則として、還元対象となる一期間における減価償却費を控除しない償却前の純収益を、償却後の純収益に対応する還元利回りで除して算出する。

《2019年9月基礎 問35》

問1 3) ── 1) ○ 本肢のとおり。

2) ○ 本肢のとおり。

3) ✕ 学習のポイント 1 ①を参照。原則、標準地は都市計画区域内から選定されるが、土地取引が相当程度見込まれる場合には区域外からも選定される。

4) ○ 本肢のとおり。

問2 2) ── 1) ✕ 学習のポイント 1 ①を参照。両者は同じポイントに設定されることもある。

2) ○ 本肢のとおり。

3) ✕ 相続税路線価の設定されていない地域では固定資産税評価額に一定の倍率をかけて評価する。

4) ✕ 固定資産税評価額は、原則として3年に1度評価替えが行われる。

問3 4) ── 1) ○ 本肢のとおり。

2) ○ 学習のポイント 2 (1)を参照。

3) ○ 学習のポイント 2 (2)を参照。

4) ✕ 学習のポイント 2 (3)を参照。

3 宅建業と媒介契約

ここで差がつく

絶対読め！**30**秒レクチャー

媒介や代理とは、売主や買主から依頼を受けて、宅建業者が物件の売買や交換、貸借の手助けをすること（＝宅建業者自身が取引の当事者となるわけではない）。媒介と代理の違いは、宅建業者に契約締結権限があるかないか、という点にある。媒介の場合、宅建業者が土地を売りたい人から依頼を受け、その土地を買いたい人を見つけ

たとしても、その人と直接契約を結ぶことはできず、依頼人（売主）と買主との間に入って両者が契約を結ぶ機会を作るにすぎない。ここは1級学科基礎でくり返し出ているが、出題ポイントは決まっているので、試験前には完璧にしておくこと！

ナナメ読み！ **学習のポイント**

1 宅地建物取引業法とは

宅建業者（プロ）と一般消費者（素人）の取引を自由に行わせると、一般消費者に不利な契約が成立する危険がある。そこで、宅地建物取引業を営む者について免許制度を実施し、必要な規制を行うこの業法が作られた。

宅建業法は、宅地建物取引業を行う事務所ごとに、従業員の5人に1人以上の割合で専任の宅地建物取引士を置かなければならない旨などを定めている。

宅地・建物に関する以下の取引を（不特定多数の者に対して）反復継続して行う場合が対象となる。

①　自ら当事者として売買・交換を行う（自ら賃貸を除く）。

②　他人間の契約を媒介（間に立つ）して売買・交換・賃貸を行う。

③　他人間の契約を代理して売買・交換・賃貸を行う。

3 3つの媒介契約

宅地建物の売買等の媒介契約には、一般媒介契約、専任媒介契約、専属専任媒介契約の3つがある。特徴は以下のとおり。

	一般媒介契約	専任媒介契約	専属専任媒介契約
依頼者が他の業者に重ねて依頼	○	×	×
自己発見取引 （依頼者が自分で取引相手を見つける）	○	○	×
依頼者への報告義務	×	○ 2週間に1回以上必要	○ 1週間に1回以上必要
指定流通機構への登録義務	×	○ 7日以内に登録	○ 5日以内に登録
契約の有効期間	規制なし	3カ月以内 （これより長い期間を定めたときは、その期間は3カ月となる）	

宅地建物取引業者が媒介契約を締結したときは、遅滞なく、物件の表示、媒介契約の有効期間等の所定の事項を記載した<u>書面</u>を作成して、記名押印（宅建士の記名押印ではなく、宅建業者の記名押印なので注意！）のうえ、依頼者に<u>交付</u>しなければならない。また、いずれの媒介契約においても、売買等の申込

みがあったときは（内容が依頼者の希望に合わないものでも）遅滞なく依頼者
に報告しなければならない。

4 重要事項の説明（通称：ジュウセツ）

　宅地建物取引業者は、売買契約の締結前までに、買主に対して不動産取引に
関する重要な事項を記載して宅地建物取引士が記名した書面を交付しなければ
ならない。この書類のことを「重要事項の説明書」という。また、この書類は
買主が宅建業者である場合を除き、宅地建物取引士（専任である必要はない）
が説明をしなければならない。

5 宅地建物取引業者の報酬

　宅地建物取引業者が受けることのできる報酬額の上限は、取引額に応じて国
土交通大臣が定めている。媒介を行った場合の報酬額（税別）は、次のとお
り。

	取引額の区分	報酬額の上限
売買交換	400万円を超える	代金額×3％＋6万円
	200万円を超え400万円以下	代金額×4％＋2万円
	200万円以下	代金額×5％
賃　貸	額に関係なく	賃料の1カ月分

6 「宅建業者が自ら売主」かつ「買主は宅建業者でない」場合の制限

① 　宅建業者は、売買代金の2割を超える手付金を受け取ってはならない。
② 　宅建業者が契約不適合責任を負う期間を、目的物の引渡しの日から2年以
　　上とする特約は有効（2年未満は無効）。
③ 　あらかじめ「損害賠償額の予定」または「違約金の定め」をするときは、
　　売買代金額の2割まで（超える部分は無効）。

問1
□□□
　宅地建物取引業法および民法に関する次の記述のうち、最も適切なものはどれか。なお、本問においては、買主は宅地建物取引業者ではないものとする。

1) 宅地または建物の売買契約において、目的物が種類・品質に関して契約の内容に適合しない場合、買主が売主に対し契約不適合に基づく担保責任を追及するためには、当該不適合が売主の責めに帰すべき事由により生じたものであることを買主が証明しなければならない。

2) 宅地建物取引業者が、自ら売主となる宅地または建物の売買契約において、目的物が種類・品質に関して契約の内容に適合しない場合、その不適合について買主が売主に通知すべき期間を引渡しの日から2年間とする特約を定めたときは、その特約は無効となる。

3) 宅地建物取引業者は、宅地または建物の売買の媒介をするに際して、買主および売主の双方に対して、その売買契約が成立するまでの間に、売買の目的物に係る重要事項説明書を交付し、宅地建物取引士にその内容を説明させなければならない。

4) 宅地建物取引業者が、自ら売主となる宅地または建物の売買契約において、手付金を受領した場合、その手付がいかなる性質のものであっても、宅地建物取引業者が契約の履行に着手するまでは、買主はその手付金を放棄して契約の解除をすることができる。

《2023年5月基礎 問35》

問2
□□□
　宅地建物取引業法に関する次の記述のうち、最も適切なものはどれか。

1) 宅地建物取引業者が宅地の売買の媒介に関して依頼者から受けることのできる報酬の額は、当該売買の対象となる宅地の面積に応じて、その上限が定められている。

2) 宅地または建物の売買または交換の媒介の契約を締結した宅地建物取引業者は、当該媒介契約の目的物である宅地または建物の売

236

買または交換の申込みがあったときは、遅滞なく、その旨を依頼者に報告しなければならない。

3) 宅地建物取引業者は、自ら売主となる宅地の売買契約において、買主が宅地建物取引業者である場合であっても、当該売買契約が成立するまでの間に、重要事項説明書を交付し、宅地建物取引士にその内容を説明させなければならない。

4) 宅地建物取引業者は、2017年4月1日以降に既存の建物の売買または交換の媒介の契約を締結したときは、建物状況調査（インスペクション）を実施する者のあっせんに関する事項を記載した書面を依頼者に交付しなければならない。 《2017年9月基礎 問35改題》

問1 4) ── 1) ✕ 買主が売主に契約不適合責任を追及する場合、不適合が生じていることを立証すれば足りる。売主の責めに帰すべき事由までは不要。

2) ✕ 学習のポイント 6 ②を参照。2年以上とする特約は有効である。

3) ✕ 学習のポイント 4 を参照。買主に対して行う。

4) ○ 次項 4 手付金の 学習のポイント 1 (3)②を参照。

問2 2) ── 1) ✕ 宅地建物取引業者が宅地の売買の媒介に関して依頼者から受けることのできる報酬の額は、当該売買の取引額に応じて、その上限が定められている。

2) ○ 本肢のとおり。

3) ✕ 買主が宅地建物取引業者である場合は、宅地建物取引士による説明は不要で、重要事項説明書の交付のみ必要。

4) ✕ 宅地建物取引業者は、2018年4月1日以降に既存の建物の売買または交換の媒介の契約を締結したときは、建物状況調査（インスペクション）を実施する者のあっせんに関する事項を記載した書面を依頼者に交付しなければならない。

第**5**章

不動産

4 手付金

最後の
ひと押し

絶対読め！**30**秒レクチャー

手付金とは、不動産の売買契約時に買主が
売主に渡す金銭のこと。相手方が契約履行に
着手するまでであれば、買主は手付金を放棄
することにより、売主は手付金の倍額を提供
することにより、契約を解除することができ
るのだ。手付金は、1級学科基礎において2
回に1回は出題されると思って、十分に理解
しながらポイントを覚えていこう！

ナナメ読み！ 学習のポイント

1 手付金（てつけきん）

不動産の取引は「①契約、②決済・引渡し」の2ステップで行うが、手付金
は①の売買契約のときに支払われるお金。代金の1割前後が一般的。

(1) 解約手付（かいやく）

当事者の一方が契約の履行（りこう）に着手するまでは、契約の相手方は手付金の倍返（ばいがえ）
し（売主）（現実に提供することが必要）や手付金の放棄（ほうき）（買主）によって契
約を解除できる。解約手付による契約の解除を一般的に「手付解除」という。

手付の目的を定めなかった場合は、解約手付と推定される。

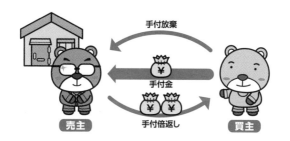

(2) 手付解除はいつまでOK？

① この解除ができるのは「相手方が履行に着手するまで」とされており、すでに相手方が契約に定められた約束事を実行している場合は、手付解除はできない（手付解除にあたっては「相手方が履行に着手しているかどうか」をめぐってトラブルになることも多い）。

② 手付解除が可能な期間は、売主と買主の双方が解除権を持っているので、契約が実行されるかどうかが不安定な状態となる。したがって、手付解除ができる期間を「契約日から○日以内」と限定することもある。

> **チェック！**
> **条文参照**
>
> ▌**民法第557条1項（手付）**
> ─────────────
>
> 　買主が売主に手付を交付したときは、買主はその手付を放棄し、売主はその倍額を現実に提供して、契約の解除をすることができる。ただし、その相手方が契約の履行に着手した後は、この限りではない。

(3) 宅建業者に対する手付金の制限

① 宅建業者は、売買代金の2割を超える手付金を受け取ってはならない。また、手付金額が2割以下でも一定の前金保全措置が義務づけられている。

② 売主が宅建業者で買主が一般消費者の場合、たとえ、「手付金は違約手付」と契約書で規定されていても、「解約手付」としての性格は失われない。そのため、売主が契約の履行に着手する前であれば、買主は手付金の放棄による契約解除ができる。

③ 手付解除による契約解除がなされた場合、相手方から「手付金を上回る損害が発生した」として差額分について損害賠償の請求があったとしても、応じる義務はない。

内金 <small>うちきん</small>

購入代金を何度かに分けて支払うときに、売買代金や請負報酬などの一部を前払いする金銭で、一般に「内金」という。具体的には、取引する不動産に付いている抵当権を売主に抹消してもらうためなど、売主に契約履行の準備を促すために買主が協力するという意味で支払う場合が多い。

内金が支払われたら、買主による**履行の着手**とみなされるのが原則。引き渡しまでに支払う中間金などもこれにあたり、手付金とは必ずしも一致しない。金額的に代金の4分の1から2分の1程度と大きくなるケースもある。

本番得点力が高まる！ 問題演習

問1 　不動産の売買取引における手付金に関する次の記述のうち、適切なものはいくつあるか。

(a) 宅地建物取引業者が自ら売主となる不動産の売買契約において、買主が宅地建物取引業者でない法人の場合、売主の宅地建物取引業者は、売買代金の額の2割を超える手付金を受領することができる。

(b) 不動産の売買契約において買主が売主に手付金を交付した場合、買主が契約の履行に着手する前であれば、売主はその倍額を買主に対して現実に提供することで、契約を解除することができる。

(c) いわゆるローン特約（融資特約）が付された不動産売買契約において、買主が同特約によって契約を解除する場合、通常、売主に交付した手付金は放棄しなければならず、手付金の返還を受けることはできない。

1) 1つ
2) 2つ
3) 3つ
4) 0（なし）

《2022年9月基礎 問35》

問2 不動産の売買取引における手付金に関する次の記述のうち、最も適切なものはどれか。なお、本問においては、買主は宅地建物取引業者ではないものとする。

1) 宅地建物取引業者が自ら売主となる宅地または建物の売買契約の締結に際して、買主の承諾を得られれば、宅地建物取引業者は、売買代金の額の2割を超える手付金を受領することができる。

2) 宅地建物取引業者が自ら売主となる宅地または建物の売買契約において、「宅地または建物の引渡しがあるまでは、いつでも、買主は手付金を放棄して、売主は手付金を返還して契約を解除することができる」旨の特約は有効である。

3) 宅地建物取引業者が自ら売主となる宅地または建物の売買契約の締結に際して手付金を受領し、当該契約に交付された手付金を違約手付金とする旨の特約が定められている場合、買主は手付金を放棄することにより契約を解除することはできない。

4) 宅地建物取引業者が自ら売主となる宅地または建物の売買契約の締結に際して解約手付金を受領したときは、買主が契約の履行に着手するまでは、宅地建物取引業者はその倍額を現実に提供して契約を解除することができる。　　　　　　　《2021年1月基礎 問35》

問1 1)── (a) ✕ 学習のポイント **1** **(3)**①を参照。

(b) ◯ 本肢のとおり。学習のポイント **1** **(1)** を参照。

(c) ✕ ローン特約がついた不動産売買契約の場合、（ローン審査に落ちた等）同特約により契約解除した際は、自動解除となり手付金も返還される。

問2 4)── 1) ✕ 本肢のケース（プロ売主 vs 素人買主）では、売主は売買代金の2割を超える手付金を受け取ってはならない。

2) ✕ 売主が契約を解除する場合は手付金の倍返しだ。

3) ✕ 学習のポイント **1** **(3)** ②を参照。

4) ◯ 本肢のとおり。

5 契約不適合責任

最後の
ひと押し

絶対読め！ **30** 秒レクチャー

　もし、欠点のある不動産を買ったら「家を買ったのに、まともに住めない！」「土地を買ったのに、希望の家が建たない！」「新築住宅を買ったのに、隠れた欠陥があった！」なんてヒサンな状態に陥りかねない。そこで、契約不適合責任という、売主が一定期間は「契約不適合」に責任を負う概念があるのだ。集中的に理解しておけ！

ちぇっ！ まだ1年経ってないや。

あの家には隠れた欠陥があったぞ！契約を解除する！

第 **5** 章 不動産

ナナメ読み！ **学習のポイント**

1 契約不適合責任

　2020年4月に施行された民法改正により（改正前民法570条にあった）「瑕疵」という表現は「契約の内容に適合しないもの」（契約不適合）に変わった。

① 　民法で定める契約不適合責任は任意規定なので、売主と買主の合意により、「売主が契約不適合責任を負わない」とする特約は有効。ただし、売主が宅建業者である場合を除く（③を参照）。

② 　引き渡された不動産に契約不適合があった場合、買主は売主に（その不適合を知った時から**1年以内**に通知すれば）履行の追完や代金減額や損害賠償や契約の解除を請求できる。ただし、不適合が買主のせいであるときは、請求できない。

③ 　宅地建物取引業者が自ら売主となる場合、契約不適合責任については契約

解除等の期間を引渡日より2年以上となる特約以外に、民法の規定よりも<u>買主に不利となる特約</u>を締結することはできない。
④ 「住宅の品質確保の促進等に関する法律」（通称：ヒンカクホウ）では、新築住宅の売主は、住宅の構造耐力上の主要な部分等の隠れた瑕疵（契約不適合）について、当該物件を引き渡した時から10年間にわたり瑕疵担保（契約不適合）責任を負う。

 本番得点力が高まる！ **問題演習**

□□□　　不動産の売買取引における売主の契約不適合責任に関する次の記述のうち、適切なものはいくつあるか。

(a) 民法で定める契約不適合責任は強行規定であるため、売主および買主の合意があっても、売主は契約不適合責任を負わないとする特約は無効である。

(b) 宅地建物取引業者が自ら売主となり、宅地建物取引業者ではない買主と締結する売買契約においては、宅地建物取引業法により、宅地建物取引業者が目的物の契約不適合責任を負うべき期間が売買契約の締結日から2年以上となる特約をする場合を除き、民法の規定よりも買主に不利となる特約を締結することはできない。

(c) 住宅の品質確保の促進等に関する法律により、新築住宅の売買契約においては、売主は、住宅の構造耐力上主要な部分等の隠れた瑕疵（契約不適合）について、原則として、当該物件を買主に引き渡した時から10年間の瑕疵担保（契約不適合）責任を負うことになる。

1) 1つ

2) 2つ

3) 3つ

4) 0（なし）　　　　　　　　　　　　　　　　《2017年9月基礎 問36改題》

□□□　　民法における不動産の売買に関する次の記述のうち、最も不適切なものはどれか。

1) 売主から引き渡された目的物が種類、品質または数量に関して売買契約の内容に適合しないものであるときは、その不適合が買主の責めに帰すべき事由によるものである場合等を除き、買主は、売主に対し、目的物の修補等による履行の追完を請求することができる。

2) 売買契約の締結後、売主が買主に目的物を引き渡すまでの間に、その目的物が当事者双方の責めに帰することができない事由によって滅失した場合、買主は、その滅失を理由として、代金の支払を拒むことはできない。

3) 売買契約を締結し、売主が買主に目的物を引き渡した後、その目的物が当事者双方の責めに帰することができない事由によって滅失した場合、買主は、その滅失を理由として、代金の支払を拒むことはできない。

4) 売主が債務を履行しない場合において、買主が相当の期間を定めてその履行の催告をし、その期間内に履行がないときは、その期間を経過した時における債務の不履行がその売買契約および取引上の社会通念に照らして軽微である場合等を除き、買主は、その売買契約を解除することができる。　　　　《2021年5月基礎 問35》

問3

□□□

不動産の取引で引き渡された目的物が品質に関して契約の内容に適合しないものである場合における民法上の契約不適合責任に関する次の記述のうち、適切なものはいくつあるか。なお、目的物の不適合が買主の責めに帰すべき事由によるものではないものとする。

(a) 買主は、売主に帰責事由がなくとも、売主に対して、目的物の修補を請求（追完請求）することができる。

(b) 買主が相当の期間を定めて履行の追完の催告をし、その期間内に履行の追完がないときは、買主は、その不適合の程度に応じて、代金の減額を請求することができる。

(c) 売主が目的物の引渡時にその不適合を知り、または重大な過失により知らなかった場合を除き、買主はその不適合を知った時から1年以内にその旨を売主に通知しないときは、その不適合を理由として、契約の解除をすることができない。

1) 1つ

2) 2つ

3) 3つ

4) 0（なし）

《2022年5月基礎 問35》

問1 1)── a) ✕　民法で定める契約不適合責任は任意規定であり、売主および買主の合意があれば、売主は契約不適合責任を負わないとする特約は有効である。

　　　　　 b) ✕　 学習のポイント1 ③を参照。「締結日から2年以上」ではなく「引渡日から2年以上」が正しい。

　　　　　 c) ◯　本肢のとおり。

問2 2)── 1) ◯　売主から引渡された土地・建物等の種類・品質・数量に関して契約内容に適合しない場合は（買主に責任がない限り）履行の追完を請求できる。

　　　　　 2) ✕　引渡し前であれば、双方の責めに帰することができない事由（天災など）で滅失した場合、買主は売買代金の支払を拒むことができる。

　　　　　 3) ◯　引渡し後は、双方の責めに帰することができない事由で滅失した場合でも、買主は売買代金の支払を拒むことができない。

　　　　　 4) ◯　本肢のとおり。

問3 3)── (a) ◯　 学習のポイント1 ②を参照。「履行の追完」を請求できる。

　　　　　 (b) ◯　 学習のポイント1 ②を参照。「代金の減額」を請求できる。

　　　　　 (c) ◯　 学習のポイント1 ②を参照。不適合を知った時から1年以内に売主に通知することが必要。

---

6 定期借地権・定期借家権

ここで差がつく

絶対読め！ **30** 秒レクチャー

　1級学科基礎では出題率が急上昇した、必須学習ポイントだ。定期借地権は、契約期限がきたときに契約の更新がなく、原則として更地にして返還する必要がある借地権。契約期間の延長がなく、立退料の請求もできない。定期借家権は、契約で定められた期限がくると、契約が必ず終了する借家契約。これくらいの概要を理解したら、後は過去問の理解を深めることでマスターしよう！

契約期間が終わったから更地にして返さなきゃ…。

定期借地権

ナナメ読み！ 学習のポイント

1 借地借家法（しゃくちしゃっかほう）とは

　「建物の賃貸借」と、「建物の所有を目的とする土地の賃貸借」について定めた法律。賃貸人に比べ、立場も弱く、経済的にも不利な借家人や借地人を保護するために、民法の規定を修正、または補っている。

> チェック！条文参照
>
> **■借地借家法第1条（趣旨）**
>
> 　この法律は、建物の所有を目的とする地上権及び土地の賃借権の存続期間、効力等並びに建物の賃貸借の契約の更新、効力等に関し特別の定めをするとともに、借地条件の変更等の裁判手続に関し必要な事項を定めるものとする。

2 借地権（しゃくちけん）

建物の所有を目的とする土地を借りる権利のことで、地上権（土地についた物権。土地の使用権）と土地の賃借権（人に対する債権。「カネ払うから使わせろ」という権利）を総称するもの。

(1) 普通借地権

① 特徴：賃貸人からの更新拒絶や解約申入れには正当な理由が必要。建物がある場合は従前の契約と同一条件で更新したものとみなされる。

② 契約期間：30年以上（期間を定めない場合や30年未満で契約した場合は30年とみなされる）。

③ 契約更新：1回目の更新は20年以上、2回目以降は10年以上。

④ 契約の更新がない場合、借地人は地主に建物等の時価での買取りを請求できる。

⑤ 期間中に建物が滅失後（地主の承諾を得て）、借地人が残りの期間を超えて存続すべき建物を建てた場合（承諾日と建築日のいずれか早い日から）、普通借地権が20年存続する。地主の承諾を得ずに再築した場合、地主側から解約の申入れをすることができる。

(2) 定期借地権

契約期間が終了すると（契約は更新されず）地主に土地が返還されるもの。一般定期、事業用、建物譲渡特約付の3つがある。

	一般定期借地権	事業用定期借地権	建物譲渡特約付借地権
期　間	50年以上	10年以上50年未満	30年以上
契約方法	書面または電磁的記録	公正証書	規定なし
更　新	更新しない（契約終了時には、必ず土地が返還される）		
利用目的	制限なし	事業用の建物に限る	制限なし
終了時の措置	原則更地で返還	原則更地で返還	建物付で返還（地主が建物を買い取る）

① 居住用の賃貸マンションは（事業用の建物ではないので）事業用定期借地権を設定することができない。

② 建物譲渡特約付借地権において、借家人が入居している場合、借地権の消滅後でも、借家人が新たな建物所有者となる地主に請求すれば、その建物を継続利用することができる。（賃借人の保護）

③ 事業用定期借地権には短期タイプ（10年以上30年未満）と長期タイプ（30年以上50年未満）がある。短期タイプでは特約を付さなくても「更新」「存続期間の延長」「建物買取請求」という3つの通常ルールが適用されない。長期タイプでは、特約を付すことによって3つの通常ルールが非適用となる。

3 借家権

建物を賃借する権利のこと。

（1）普通借家権

① 特徴：賃貸人からの更新拒絶や解約申入れには正当な理由と6カ月前の解約申入れが必要。

② 契約期間：1年以上（1年未満の契約は期間の定めがない契約とみなす）。

（2）定期借家権

① 特徴：契約で定めた期限がくると契約が必ず終了する。合意があれば再契約可。

② 契約期間：制限はない。1年未満の契約でも、契約どおりの期間となる。

③ 契約方法：書面（公正証書等）。契約の更新がなく、期間満了により賃貸借が終了することを、書面を交付して説明する必要がある。ただし、賃借人の承諾がある場合、電磁的方法により提供することができる。

④ 中途解約：定期借家契約は、床面積200㎡未満の居住用建物の場合、転勤や親族の介護等のやむを得ない事情があれば、中途解約が可能（事業用建物は不可）。

4 昔から続いている借地借家契約の扱い

2000年3月1日に現行の借地借家法が施行された以前の借地借家契約につ

いては、旧借地法・借家法が適用される。そして、この適用は契約更新後も変わらない。

 本番得点力が高まる! **問題演習**

問1 借地借家法に関する次の記述のうち、最も不適切なものはどれか。
なお、本問においては、借地借家法における定期建物賃貸借契約を定期借家契約といい、それ以外の建物賃貸借契約を普通借家契約という。

1) 期間の定めのない普通借家契約において、正当な事由に基づき、建物の賃貸人による賃貸借の解約の申入れが認められた場合、建物の賃貸借は、解約の申入れの日から6カ月を経過することによって終了する。

2) 定期借家契約を締結する場合、建物の賃貸人は、あらかじめ、建物の賃借人に対し、建物の賃貸借は契約の更新がなく、期間の満了により当該建物の賃貸借は終了することについて、その旨を記載した書面を交付して説明しなければならない。

3) 定期借家契約は、契約の更新がなく、期間の満了により建物の賃貸借は終了するが、賃貸借について当事者間で合意すれば、定期借家契約を再契約することができる。

4) 2000年3月1日より前に締結した居住用建物の普通借家契約は、当事者間で当該契約を合意解約すれば、引き続き、新たに同一の建物を目的とする定期借家契約を締結することができる。

《2021年9月基礎 問35》

問2 借地借家法に関する次の記述のうち、最も不適切なものはどれか。
なお、本問においては、借地借家法における定期建物賃貸借契約を定期借家契約といい、それ以外の建物賃貸借契約を普通借家契約という。

1) 契約の更新がなく、期間満了により賃貸借が終了する旨を定めた建物賃貸借契約を締結した賃貸人が、あらかじめ賃借人に対してその旨を書面を交付して説明していなかった場合、賃貸借期間の

満了時に賃借人から契約の更新の請求があったときは、賃貸人は、正当の事由がない限り、その請求を拒絶することはできない。

2) 定期借家契約は、公正証書で締結しなければならないため、公正証書以外の書面や口頭によって契約の更新がない旨を定めた建物賃貸借契約を締結しても、その契約は普通借家契約とみなされる。

3) 定期借家契約において、自己の居住の用に供する床面積200㎡未満の建物を賃借している賃借人が、転勤や親族の介護等のやむを得ない事情により当該建物を自己の生活の本拠として使用することが困難となった場合、賃借人は、当該賃貸借契約を中途解約することができる。

4) 借地借家法上の造作買取請求権は任意規定であるため、普通借家契約、定期借家契約のいずれも、契約においてあらかじめ賃借人は造作買取請求権を放棄する旨の特約を設けることが可能である。

《2018年1月基礎 問36》

問3 ☐☐☐ 　民法における不動産の賃貸借に関する次の記述のうち、最も適切なものはどれか。

1) 建物の賃貸借期間中に、賃借人から敷金を受け取っている賃貸人が建物を譲渡し、賃貸人たる地位が建物の譲受人に移転した場合、その敷金の返還に係る債務は建物の譲受人に承継される。

2) 建物の賃貸人に敷金を支払っている賃借人は、賃貸借期間中に未払賃料がある場合、賃貸人に対し、その敷金を未払賃料の弁済に充てるよう請求することができる。

3) 建物の賃借人から敷金を受け取っている賃貸人は、賃貸借が終了し、建物の返還を受ける前に、賃借人に対し、その敷金の額から未払賃料等の賃借人の賃貸人に対する債務額を控除した残額を返還しなければならない。

4) 建物の賃借人が、当該建物に通常の使用および収益によって損耗を生じさせた場合、賃貸借の終了時、賃借人は当該損耗を原状に復する義務を負う。

《2023年9月基礎 問35》

問1 4)── 1) ○ 期間の定めのない普通借家契約では、賃貸人は6カ月前に解約申入れをすることで契約を終了できる。

2) ○ 学習のポイント 3 **(2)** を参照。

3) ○ 双方が合意すれば定期借家契約の再契約は可能。

4) ✕ 2000年3月1日より前に締結された借地借家契約については、旧契約が継続しているとされる。

問2 2)── 1) ○ 契約の更新がないことを書面で説明していない場合で、賃借人から契約の更新の請求があった場合は、正当事由がない限り拒絶できない。

2) ✕ 定期借家契約は書面によって行うことが必要だが、必ずしも公正証書でなくてもよい。

3) ○ 定期借家契約は、床面積200㎡未満の場合、転勤や親族の介護等、やむを得ない事情による中途解約が可能。

4) ○ 本肢のとおり。

問3 1)── 1) ○ 本肢のとおり。

2) ✕ 未払賃料について、賃貸人側から敷金を未払金の返済に充てることはできるが、賃借人側からこれを請求することはできない。

3) ✕ 賃貸人は、建物の返還を受けた後に、敷金残額を返還する。

4) ✕ 通常の使用による損耗等については、借主に原状回復義務はない。

出題率 **40%** | 難易度 ★★★ ☆ ☆

7 都市計画法の開発許可

最後の
ひと押し

絶対読め! **30**秒レクチャー

1級学科基礎では「開発許可」が定期的に
出ている！ 都市計画区域内で土地の造成を
行うには、原則として開発許可（都道府県知
事の許可）が必要だ！ そして、開発許可が
不要なパターン（例外）が決まっているの
で、これだけは完全に覚えておこう！

非線引き区域

第**5**章 不動産

――ナナメ読み！ **学習のポイント**

1 都市計画区域の３つの分類

都市計画法では、国土を「都市計画区域」と「都市計画区域外」に定めてい
る。さらに、都市計画区域は以下の３つに分類される。

① 市街化区域：すでに市街地を形成している区域および、おおむね<u>10年以
内</u>に優先的、かつ計画的に市街化を図るべき区域

② 市街化調整区域：市街化を<u>抑制すべきもの</u>として指定されている区域。用
途地域は原則として定められない。

③ 非線引き区域：市街化区域と市街化調整区域の区別がされていない地域

※ 都市計画区域外には、準都市計画区域（放置すると将来都市として整備す
る際に支障が生じうる区域。市街地から離れた高速道路のインターチェンジ
の周辺などが多い）が定められることがある。

2 都市計画法の開発許可

開発行為とは、建築物や特定工作物を建てるために行う土地の造成等のこと。都市計画区域内でこれを行うには、原則として開発許可（都道府県知事の許可）を必要とする。なお、開発許可を受けた者が、開発行為に関する工事を廃止するときは、都道府県知事への届出が必要。

3 開発許可が不要なケース

ただし、以下のケースでは開発許可が不要とされている。

① 市街化区域内で行う、1,000㎡未満の開発行為。
（三大都市圏の一定区域ではこの数字が「500㎡未満」と狭くなる）

② 非線引き区域・準都市計画区域で行う、3,000㎡未満の開発行為。

③ 市街化調整区域内で行う、農林漁業用建築物（サイロ、温室など）または農林漁業者の住宅を建築するためのもの。

④ 公共的施設。例：鉄道施設・公民館など。

⑤ 公共事業。例：国・都道府県等が行う開発行為、非常災害の応急措置や都市計画事業等のための開発行為。

⑥ 建築物の建築を伴わない「青空駐車場」の用に供する目的で行う土地の区画形質の変更。

⑦ 開発許可を受けた個人が死亡し、その相続人その他の一般承継人（権利義務を一括して承継する人）が開発許可に基づく地位を承継する場合、都道府県知事等の承認は不要。

4 開発許可を受けた開発区域内の建設

開発許可を受けた開発区域内の土地においては、工事完了の公告があるまでの間は、建築物や特定工作物を建ててはならない（工事用の仮設建築物を建築する場合等を除く）。

問1
□□□
都市計画法に関する次の記述のうち、最も不適切なものはどれか。

1) 都市計画区域のうち、市街化区域は既に市街地を形成している区域およびおおむね10年以内に優先的かつ計画的に市街化を図るべき区域とされ、市街化調整区域は市街化を抑制すべき区域とされる。

2) 都市計画区域のうち、市街化区域については用途地域を定めるものとし、市街化調整区域については、原則として、用途地域を定めないものとされ、区域区分が定められていない都市計画区域では必要に応じて用途地域を定めることができる。

3) 準都市計画区域とは、都市計画区域外の区域のうち、そのまま土地利用を整序し、または環境を保全するための措置を講ずることなく放置すれば、将来における一体の都市としての整備、開発および保全に支障が生じるおそれがあると認められる一定の区域を、都道府県が指定するものである。

4) 準都市計画区域として指定された区域では、原則として、用途地域や高度地区を定めることができない。　　　　《2022年9月基礎 問36》

問2
□□□
都市計画法に基づく開発許可に関する次の記述のうち、最も適切なものはどれか。

1) 建築物の建築を伴わない青空駐車場の用に供する目的で行う土地の区画形質の変更については、その規模にかかわらず、都道府県知事等による開発許可を受ける必要はない。

2) 市街化区域内において行う開発行為で、原則としてその規模が2,000㎡未満であるものは、都道府県知事等による開発許可を受ける必要はない。

3) 準都市計画区域内において行う開発行為で、原則としてその規模が2,000㎡以上であるものは、都道府県知事等による開発許可を受ける必要がある。

4) 開発許可を受けた個人が死亡し、その相続人その他の一般承継人が、死亡した個人が有していた当該許可に基づく地位を承継するためには、都道府県知事等の承認を要する。　《2017年9月基礎 問37》

□□□ 都市計画法に関する次の記述のうち、最も適切なものはどれか。

1) 都市計画区域として指定された区域では、計画的な市街化を図るため、都市計画に市街化区域と市街化調整区域との区分を定めなければならない。

2) 都市計画区域として指定された区域では用途地域を定めなければならず、準都市計画区域として指定された区域では原則として用途地域を定めないものとされている。

3) 開発許可を受けた者が、開発行為に関する工事を廃止するときは、あらかじめ、都道府県知事等の許可を受けなければならない。

4) 開発許可を受けた者の相続人その他の一般承継人は、都道府県知事等の承認を受けることなく、被承継人が有していた当該許可に基づく地位を承継する。 《2020年1月基礎 問36》

問1 4) ── 1) ○　学習のポイント **1** ①②を参照。

　　　　　 2) ○　学習のポイント **1** ②を参照。

　　　　　 3) ○　本肢のとおり。

　　　　　 4) ✕　準都市計画区域は（乱開発を防ぐため）必要に応じて用途地域や高度地区を定めることができる。

問2 1) ── 1) ○　本肢のとおり。

　　　　　 2) ✕　学習のポイント **3** ①を参照。市街化区域内では原則（2000㎡未満ではなく）1,000㎡未満なら開発許可不要。

　　　　　 3) ✕　学習のポイント **3** ②を参照。準都市計画区域内では3,000㎡以上なら開発許可を受ける必要がある。

　　　　　 4) ✕　開発許可を受けた個人が死亡し、その相続人その他の一般承継人が、死亡した個人が有していた当該許可に基づく地位を承継する場合、都道府県知事等の承認は不要。

問3 4) ── 1) ✕　学習のポイント **1** を参照。非線引き区域を残すことも認められている。

　　　　　 2) ✕　市街化調整区域では原則として用途地域を定めない。準都市計画区域では、必要に応じて用途地域が定められる。

　　　　　 3) ✕　開発行為に関する工事を廃止するときは、都道府県知事への（許可ではなく）届出で足りる。

　　　　　 4) ○　本肢のとおり。学習のポイント **3** ⑦を参照。

第 **5** 章

不動産

出題率 **75%** ｜ 難易度 ★★ ★ ★ ★

8 建築基準法

絶対読め！30秒レクチャー

　ここは不動産に関連する法令上の規制の中で最も1級学科基礎で出題されているので、毎回出題されると思って勉強しよう。特に「道路に関する規制」と「建蔽率と容積率」を中心に押さえておけ！

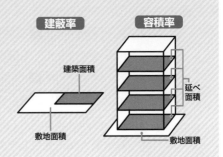

建蔽率

建築面積

敷地面積

容積率

延べ面積

敷地面積

ナナメ読み！　学習のポイント

1　建築基準法とは

　「建築物に関する最低の基準を定めて、公共の福祉の増進に資すること」を目的として作られた法律。

（1）単体規定

　個々の建築物の安全性や居住性を確保するための技術的基準・規定。

（2）集団規定

　ここでの「集団」とは、建築物の相互間の取り決めた部分を指す。無秩序な建築は災害等の発生の際に大きな被害をもたらしうるので、建築基準法では「集団規定」という規制を行っている。都市計画法によって規制対象となった地域は、建築基準法によって建築物の仕様・建築可能地域の具体的な制限を受ける。

2 道路に関する規制

(1) 建築基準法上の道路

　原則：幅員4m以上（特定区域では6m）以上の道路

　例外：幅員4m未満だが、建築基準法の施行前から道路として機能している指定された道路（2項道路）。この場合は道路の中心線から2m後退した（セットバック）線が道路境界線とみなされる。なお、道の向かい側ががけ地・川・線路敷などのときには、向かい側の道路境界線から4mの線まで、敷地を後退させなければならない。また、セットバック部分は建蔽率や容積率を算定する際の敷地面積に含まれない。

(2) 接道義務

　都市計画区域内、準都市計画区域内の建物の敷地は、建築基準法上の道路（道幅4m以上）に2m以上接していなければならない。

3 建蔽率と容積率

(1) 建蔽率

敷地面積に対する建築面積の割合のこと。

$$建蔽率＝\frac{建物の建築面積}{敷地面積}$$

また、建蔽率は以下の条件を満たすことで緩和できる。

条　件	緩和率
① 特定行政庁が指定する角地	10％緩和
② 防火地域内にある「耐火建築物」	
③ 準防火地域内にある「耐火建築物」または「準耐火建築物」	
④ ①および②（または③）の両方に該当する場合	20％緩和
⑤ 建蔽率が80％の地域内でかつ防火地域内にある耐火建築物	建蔽率の制限なし

※1　建蔽率の異なる地域にわたり建物が建っているときは、それぞれの地域の面積により、建蔽率を加重平均した数値が採用される。

※2　耐火建築物・準耐火建築物には、それぞれと同等以上の延焼防止性能を有する建築物も含まれる。

(2) 容積率

敷地面積に対する建物の延べ床面積の割合のこと。

$$容積率 = \frac{建物の延べ床面積}{敷地面積}$$

① 容積率の異なる地域にまたがって建物が建っている場合

それぞれの地域の面積により、容積率を加重平均した割合が採用される。

② 前面道路幅員による制限

敷地の前面道路の幅員が12m以上の場合は、用途地域に定められている指定容積率が適用される。12m未満の場合は、その前面道路の幅員の数値に乗数（住居系は40％、その他は60％）を乗じたものと、指定容積率を比較して、厳しい（容積率が低い）ほうが適用される。

③ 建物の地階で住宅の用途に供する部分については、床面積の3分の1を限度として（上記の）延べ床面積に算入しない。

④ 自動車や自転車の車庫部分は、床面積の5分の1を限度として（上記の）延べ床面積に算入しない。

⑤ 共同住宅または老人ホーム等の場合、階段部分や共用廊下の床面積は（上記の）延べ床面積に算入されない。

4 用途に関する制限

用途地域内の建築物は、一定の用途制限を受ける。また、敷地が2以上の用途地域にまたがる場合は、過半の属する地域の制限を受ける。

防火地域の場合、原則3階建て以上の建物や、延べ面積100㎡を超える建物は、耐火建築物にすることが必要。その他の建物も、耐火建築物または準耐火建築物（または同等以上の延焼防止性能を有する建築物）にする必要がある。

5 隣地斜線制限

隣地境界線までの水平距離に応じた建築物の高さ制限。第一種・第二種低層住居専用地域および田園住居地域にはこの制限が適用されない。

6 日影規制（日影による中高層の建築物の高さ制限）

第一種・第二種低層住居専用地域および田園住居地域において、この規制の制限を受けるのは「軒の高さが7mを超える」または「地階を除く階数が3以上」の建築物。また、商業地域・工業地域・工業専用地域はこの規制の対象外。なお、同一の敷地内に2以上の建築物がある場合、これらの建物全体を1つの建物とみなして、日影規制が適用される。また、日影規制を（様々な斜線制限を緩和できるとされている）天空率で緩和することはできない。

7 防火地域・準防火地域

市街地における火災の危険を防除するため定める地域。
① 防火地域または準防火地域は、都市計画区域内において用途地域の内外を問わず必要に応じて定められる。
② 防火地域または準防火地域内にある建築物で、外壁が耐火構造のものについては「外壁を隣地境界線に接して設ける」ことができる。
③ 防火地域内で、「地階を含む階数が2以下」かつ「延べ面積が100㎡以下」の建築物は、準耐火建築物とすることができる。
④ 建築物が複数の異なる防火規制地域にまたがる場合、最も厳しい地域の防火規制が適用される。
⑤ 建築物が防火地域および準防火地域にわたる場合、（建築物が防火地域外において防火壁で区画されているとき）防火壁外の部分については、準防火地域内の建築物に関する規定が適用される。

8 条例による制限

地方公共団体は、特殊建築物、階数が3以上である建築物などについて、その建築物の用途または規模の特殊性により避難または通行の安全の目的を十分に達し難いと認める場合においては、条例で必要な制限を付加できる。

9 空家等対策の推進に関する特別措置法

空家に関する施策を総合的かつ計画的に推進するための法律。

① 空家等の所有者または管理者に対し、周辺の生活環境に悪影響を及ぼさないよう管理することを義務付けている。

② 市町村長が、特定空家等の所有者または管理者に対し、必要な措置をとるよう助言または指導をした場合、その敷地は、固定資産税の小規模住宅用地の特例の対象外となる。

③ 市町村長は、当該特定空家等の状態が改善されないと認めるときは、その者に対して相当の猶予期限を付けて勧告することができる。

④ 市町村長は、必要な措置をとるよう命じた場合において、命ぜられた者がそれを履行しないときは、強制執行が可能とされている。

 本番得点力が高まる! **問題演習**

問1 都市計画法および建築基準法の防火規制に関する次の記述のうち、 最も不適切なものはどれか。

1) 都市計画区域内において、用途地域が定められている区域については、防火地域または準防火地域のいずれかを定めるものとされている。

2) 建築物が防火地域および準防火地域にわたる場合において、当該建築物が防火地域外において防火壁で区画されているときは、その防火壁外の部分については、準防火地域内の建築物に関する規定が適用される。

3) 防火地域または準防火地域内にある建築物で、外壁が耐火構造のものについては、その外壁を隣地境界線に接して設けることができるとされている。

4) 防火地域内において、地階を含む階数が2以下で、かつ、延べ面積が100㎡以下の建築物は、準耐火建築物とすることができる。

《2017年9月基礎 問38》

問2
☐☐☐
建築基準法で定める道路に関する次の記述のうち、最も不適切なものはどれか。なお、本問においては、特定行政庁が指定する幅員6mの区域ではないものとする。

1) 建築基準法42条2項に規定する道路で、道の中心線から水平距離2m未満で、一方が川である場合においては、当該川の道の側の境界線から水平距離で4m後退した線が、その道路の境界線とみなされる。

2) 位置指定道路は、土地を建築物の敷地として利用するため、道路法、都市計画法等によらないで築造する一定の基準に適合する道で、これを築造しようとする者が特定行政庁からその位置の指定を受けた私道である。

3) 建築基準法施行後に都市計画区域に編入された時点で、現に建築物が立ち並んでいる幅員4m未満の道で、特定行政庁が指定したものは建築基準法上の道路となり、原則として、当該建築物の敷地との境界部分が、その道路の境界線とみなされる。

4) 土地区画整理法による拡幅の事業計画がある道路で、2年以内にその事業が執行される予定のものとして特定行政庁が指定したものは、建築基準法上の道路となる。　　　　　　《2022年1月基礎 問37》

問3
☐☐☐
建築基準法における容積率に関する次の記述のうち、最も適切なものはどれか。

1) 前面道路の幅員が12m未満である敷地に建築物を建築する場合、当該建築物の容積率は、都市計画において定められた数値と前面道路の幅員に一定の数値を乗じて得た数値のうち、いずれか高いほうの数値が上限となる。

2) 建築物の敷地が容積率の数値の異なる2つの地域にわたる場合、当該建築物の容積率は、各地域の容積率の限度に各部分の面積の敷地面積に対する割合を乗じて得たものを合計した数値が上限となる。

3) 建築基準法第42条2項の規定により道路の境界線とみなされる線と道路との間のいわゆるセットバック部分については、建物を建築することができないが、容積率の算定の基礎となる敷地面積に

含めて計算することができる。

4) 共同住宅の共用の廊下または階段の用に供する部分の床面積は、当該共同住宅の住宅の用途に供する部分の床面積の合計の3分の1を限度として、容積率の算定の基礎となる延べ面積に算入されない。

《2016年9月基礎 問36》

問1 1) ── 1) ✗ 都市計画区域内において、防火地域または準防火地域は、用途地域の内外を問わず、<u>必要に応じて定められる</u>。

2) ○ 防火壁で区画されているときは、その防火壁外の部分については、規制が緩和される。

3) ○ 外壁が耐火構造のものについては、規制が緩和される。

4) ○ 学習のポイント 7 ③を参照。

問2 3) ── 1) ○ 学習のポイント 2 (1)を参照。

2) ○ 私道を建築基準法上の道路とするには幅員4m以上とし特定行政庁の指定を受けることが必要。

3) ✗ 道路の中心線から2m後退した線がその道路の境界線とみなされる。

4) ○ 新設・変更計画のある幅員4m以上の道路で、2年以内に事業執行されるものは、建築基準法上の道路となる。

問3 2) ── 1) ✗ 容積率は、都市計画において定められた数値と前面道路の幅員に一定の数値を乗じて得た数値のうち、いずれか小さいほうの数値が上限となる。

2) ○ 本肢のとおり。

3) ✗ セットバック部分は、容積率や建蔽率の計算の際、<u>敷地面積に算入されない</u>。

4) ✗ 共同住宅等の場合、共用廊下や階段部分の床面積は、容積率の計算の際、延べ床面積に算入されない。

---

9 区分所有法

絶対読め！ 30 秒レクチャー

　1級学科基礎では、出題されやすい重要ポイントの「区分所有法」。ご存知、マンション管理の法律だ。専有部分と共用部分の違いや、「建替えには5分の4の賛成が必要」といった集会の決議とその周辺（規約で減ずることができる場合、できない場合）を中心に、しっかり理解しておくこと！

建替えには5分の4の賛成が必要だ。

ナナメ読み！　学習のポイント

1 区分所有法（くぶんしょゆうほう）

　1棟の建物を区分して所有する形態の建物（マンション）について、その所有関係および建物や敷地等の共同管理について定めた法律。

> **チェック！条文参照**
>
> ▌**区分所有法第1条（建物の区分所有）**
>
> 　一棟の建物に構造上区分された数個の部分で独立して住居、店舗、事務所又は倉庫その他建物としての用途に供することができるものがあるときは、その各部分は、この法律の定めるところにより、それぞれ所有権の目的とすることができる。

2 専有部分（せんゆう）と共用部分（きょうよう）

　区分建物は専有部分と共用部分に分けることができる。区分所有者は、共用

部分の持分と分離して、専有部分だけを処分することはできない。

(1) 専有部分

　個々の住戸所有者（区分所有者）の所有権の目的となる部分。分譲マンションの居室などがこれにあたる。専有部分の賃借人は、建物または敷地等の使用方法につき、区分所有者が規約または集会の決議に基づいて負う義務と同一の義務を負う。

(2) 共用部分

　専有部分以外の建物の部分。法定共用部分と規約共用部分に分けられる。

① 法定共用部分：法律上、当然に共有となる部分（階段、廊下、エレベーター、バルコニーなど）

② 規約共用部分：規約によって共有となる部分（管理人室、集会所など）

3 集会の決議

　区分所有者の意思決定は、集会（管理組合総会）の決議によって行われる。

普通決議	過半数の賛成	軽微変更、管理者の選任および解任などの一般的事項
特別決議	$\frac{3}{4}$ 以上の賛成	規約の設定・変更・廃止、共用部分の重大な変更、大規模滅失（建物価格の $\frac{1}{2}$ 超 の滅失）時の建物の復旧、管理組合の法人化
	$\frac{4}{5}$ 以上の賛成	建替え

① 集会の招集の通知は、開催日の少なくとも1週間前に、会議の目的たる事項を示して各区分所有者に発しなければならないが、この期間は規約で伸縮することができる。

② 「集会の招集は5分の1以上」「共用部分の重大な変更は4分の3以上」等の議決権に関する定数は、規約で減ずることができる（共用部分の重大な変更の決議に関する「区分所有者の定数（頭数）」は、規約で過半数まで減らすことができる）。一方、「大規模滅失時の建物の復旧は4分の3以上」「建替えは5分の4以上」等の重大な議決権に関する定数は、規約で減ずることができない。

③　集会の議事録を書面で作成するときは、議長および集会に出席した<u>区分所有者の2人</u>が当該議事録に署名押印しなければならない。

④　区分所有法に規定する<u>建替え決議</u>がなされた場合、決議に賛成した区分所有者は、<u>決議に反対した区分所有者に対して</u>建物およびその敷地に関する権利を「時価で<u>売却する</u>」ことを請求できる。

⑤　管理組合が管理組合<u>法人</u>となるには、区分所有者および議決権の4分の3以上の賛成による決議と事務所所在地での登記が必要。

⑥　共用部分の持分割合は、各共有者が有する専有部分の床面積（<ruby>内法<rt>うちのり</rt></ruby>面積）の割合で決まる。

⑦　専有部分が数人で共有されている場合、共有者は議決権を行使すべき者を1人だけ定めなければならない。

⑧　管理者の選任・解任は集会の決議によるが、規約で別段の方法を定めることができる。

⑨　管理費や修繕積立金が未払いのままマンションの1室（区分所有権）が売却された場合、管理組合は売主・買主の<u>いずれにも</u>未払分を請求することができる。

⑩　区分所有者の承諾を得て専有部分を占有する者（賃借人等）は、集会に出席して意見を言うことはできるが、議決権は（ないので）行使できない。

⑪　規約の変更は4分の3以上の賛成による決議が必要だが、その変更が一部の区分所有者の権利に特別な影響を及ぼす場合、当該区分所有者の承諾も合わせて必要となる。

4 　マンション建替え法

区分所有法で建替え決議が成立した後の、スムーズな建替え事業の進行を目的とした法律。

①　耐震性不足の認定を受けたマンションは、$\frac{4}{5}$以上の賛成でマンションとその敷地の売却を決議できる。

②　上記①で定める買受人は、決議前に買受計画を作成して都道府県知事の認定を受ける必要がある。

③　上記①の売却決議に反対した区分所有者に対して、マンションと敷地を売

却する組合は、区分所有権および敷地利用権を期日までに時価で売り渡すように請求できる。

本番得点力が高まる！ 問題演習

問1 建物の区分所有等に関する法律に関する次の記述のうち、最も不適切なものはどれか。

1) 管理費が未払いのまま区分所有権の譲渡が行われた場合、管理組合は、買主に対して当該管理費を請求することができる。

2) 専有部分が数人の共有に属するときは、共有者は、議決権を行使すべき者1人を定めなければならない。

3) 敷地利用権が数人で有する所有権である場合、区分所有者は、規約に別段の定めがない限り、その有する専有部分とその専有部分に係る敷地利用権とを分離して処分することができない。

4) 区分所有者の承諾を得て専有部分を占有する者は、会議の目的たる事項につき利害関係を有する場合には、集会に出席して議決権を行使することができる。 《2023年9月基礎 問37》

問2 建物の区分所有等に関する法律に関する次の記述のうち、最も適切なものはどれか。

1) 建物価格の2分の1以下に相当する共用部分の滅失があった場合、滅失した共用部分を復旧する旨の集会の決議や建替え決議がないときは、各区分所有者は共用部分を復旧することができない。

2) 規約を変更するためには、区分所有者および議決権の各3分の2以上の多数による集会の決議が必要であり、この変更が一部の区分所有者の権利に特別の影響を及ぼすときは、当該区分所有者の承諾を得なければならない。

3) 形状または効用の著しい変更を伴う共用部分の変更を行うためには、原則として、区分所有者および議決権の各4分の3以上の多数による集会の決議が必要であるが、この区分所有者の定数については規約で過半数まで減ずることができる。

4) 集会において区分所有者および議決権の各5分の4以上の多数に

よる建替え決議がなされた場合、決議に賛成した区分所有者は、建替えに参加しない旨を回答した区分所有者から、区分所有権および敷地利用権を時価で買い取らなければならない。

《2022年9月基礎 問38》

 問3
　建物の区分所有等に関する法律に関する次の記述のうち、最も不適切なものはどれか。

1) 各区分所有者の議決権の割合は、規約に別段の定めがない限り、その有する専有部分の床面積の割合による。

2) 管理組合の法人化にあたっては、区分所有者および議決権の各4分の3以上の多数による集会の決議と、その主たる事務所の所在地において登記をする必要がある。

3) 形状または効用の著しい変更を伴う共用部分の変更を行うためには、区分所有者および議決権の各4分の3以上の多数による集会の決議が必要であるが、この議決権については規約で過半数まで減ずることができる。

4) 集会において区分所有者および議決権の各5分の4以上の多数による建替え決議がなされた場合、決議に賛成した区分所有者等は、建替えに参加しない旨を回答した区分所有者に対し、一定期間内に、区分所有権および敷地利用権を時価で売り渡すべきことを請求することができる。　　　　《2021年9月基礎 問38》

問4
　建物の区分所有等に関する法律に関する次の記述のうち、最も適切なものはどれか。

1) 区分所有者の承諾を得て専有部分を占有する者は、会議の目的たる事項につき利害関係を有する場合、集会に出席して議決権を行使することができる。

2) 管理組合の法人化にあたっては、区分所有者および議決権の各3分の2以上の多数による集会の決議と、その主たる事務所の所在地において登記をする必要がある。

3) 規約の変更が一部の区分所有者の権利に特別の影響を及ぼす場合において、その者の承諾を得られないときは、区分所有者および議決権の各4分の3以上の多数による集会の決議によって当該変

更を行うことができる。

4) 区分所有建物の建替え決議は、集会において区分所有者および議決権の各5分の4以上の多数による必要があり、この区分所有者および議決権の定数については規約で減ずることはできない。

《2020年9月基礎 問37》

問1 4) ── 1) 2) 3) ○ 本肢のとおり。

4) ✕ 区分所有者の承認を得て専有部分を占有する者（分譲マンションの賃借人など）は、管理組合の総会に出ることはできるが議決権はない。

問2 3) ── 1) ✕ 共用部分が滅失した場合（大規模滅失でなければ）各区分所有者による復旧も可能。

2) ✕ 学習のポイント 3 の表を参照。3分の2ではなく4分の3以上。

3) ○ 学習のポイント 3 ②を参照。

4) ✕ マンションとその敷地を売却する組合は、売却決議に反対した区分所有者に対し、マンション建替え円滑化法により、区分所有権と敷地利用権を時価で期日までに売り渡すことを請求できる。

問3 3) ── 1) ○ 本肢のとおり。

2) ○ 管理組合の法人化は、4分の3以上の賛成と、事務所所在地での登記が必要。

3) ✕ 規約で過半数まで減ずることができるのは「議決権」ではなく区分所有者の「定数」。

4) ○ 本肢のとおり。

問4 4) ── 1) ✕ マンションの賃借人等は、集会に出席して意見を述べることはできるが、議決権はない。

2) ✕ 学習のポイント 3 ⑤を参照。

3) ✕ 一部の区分所有者の権利に特別な影響を及ぼす規約の変更は、4分の3以上の決議のほか、その区分所有者の承諾が必要。

4) ○ 本肢のとおり。 学習のポイント 3 ②を参照。

10 固定資産の交換の特例

ここで
差がつく

絶対読め！**30**秒レクチャー

ここも1級学科基礎では定期的に出ているので完璧にマークしておこう！　個人が、土地や建物などの固定資産を「同じ種類の固定資産」と交換したときは、税務上は譲渡がなかったものとみてもらえる特例があり、これを固定資産の交換の特例というのだ。

ナナメ読み！　学習のポイント

1 なぜ「固定資産の交換」が特例とされるのか？

税金がかからないのは、基本的には「売却した不動産」の原価を「交換取得した不動産」が引き継ぐことになるから。つまり「売却した不動産」は高くなった時価ではなく、低い原価で売却したと考えるため、売却に際して「利益」が発生しないことになる。

2 固定資産の交換時の諸費用

交換が成立した場合、交換差金や贈与などが発生しない場合でも、次のような税金や諸費用はかかるので注意！

- ・不動産取得税や登録免許税
- ・印紙税
- ・司法書士や税理士への支払い報酬など

3 交換特例の適用条件

① 交換により譲渡する資産および取得する資産は、いずれも固定資産であること。不動産業者などが販売のために所有している土地などの資産（棚卸資産）は、特例の対象にならない。

② 交換により譲渡する資産および取得する資産は、土地と土地、建物と建物のように互いに同じ種類の資産であること。この場合、借地権は土地に含まれ、建物に附属する設備および構築物は建物に含まれる。

③ 交換により譲渡する資産は、1年以上所有していたものであること。

④ 交換により取得する資産は、交換の相手が1年以上所有していたものであり、かつ交換のために取得したものでないこと。

⑤ 交換により取得する資産を、譲渡する資産の交換直前の用途と同じ用途に使用すること。

⑥ 交換により譲渡する資産の時価と取得する資産の時価との差額が、これらの時価のうちいずれか高いほうの価額の20%以内であること。

⑦ 土地の通常の取引価格と、当事者間の合意した価格が異なっていたとしても、交換をするに至った事情等に照らし合理的に算定されたものであれば、当事者間の合意価格が認められる。

【注意点】

① この特例が受けられる場合でも、交換に伴って相手方から金銭などの交換差金を受け取ったときは、その交換差金が所得税の課税対象になる。

② この特例を受けるためには、確定申告書に所定の事項を記載のうえ、譲渡所得の内訳書（確定申告書付表兼計算明細書）［土地・建物用］を添付して提出する必要がある。

③ 交換取得した土地を取得後すぐに売却してしまうと、交換取得した資産を同一の用途に供したことにはならず、本特例の適用を受けることができない。

④ 土地を分筆して交換しても本特例は適用されるが、分筆した後の未交換の土地を同じ相手に売った場合は（分筆前の）土地全体を交換したものとみなして適用の可否を判断する。

⑤ この特例を受けられなかった場合、交換に伴って相手方から譲渡された固定資産の時価相当額の譲渡収入が発生したものとみなされる。

問1
□□□

Aさんは、その所有する甲土地または乙土地とBさん(Aさんの親族など特殊関係者ではない)の所有する丙土地とを交換したいと考えている。「固定資産の交換の特例」(以下、「本特例」という)に関する次の記述のうち、最も不適切なものはどれか。なお、各土地の面積、時価(通常の取引価額)は以下のとおりである。また、各選択肢において、ほかに必要とされる要件等はすべて満たしているものとする。

〈Aさんの所有地〉   〈Bさんの所有地〉

甲土地(300㎡、6,000万円)

乙土地(400㎡、8,000万円)

⟷ 交換 ⟷

丙土地(350㎡、6,000万円)

1) 甲土地と丙土地とを交換差金なしで交換した場合において、交換直後にBさんが取得した甲土地を第三者に売却したとしても、Aさんは本特例の適用を受けることができる。

2) 甲土地と丙土地とを交換差金なしで交換した場合において、Bさんが丙土地を所有していた期間が1年未満であったときは、Aさんは本特例の適用を受けることができない。

3) 乙土地と丙土地とを交換差金なしで交換した場合において、丙土地の価額を8,000万円とすることにAさんとBさんが合意し、その価額が合理的に算定されていると認められるときは、Aさんは本特例の適用を受けることができる。

4) Aさんが、乙土地のうち100㎡を分筆してBさんに2,000万円で売却するとともに、残りの300㎡(6,000万円)を丙土地と交換した場合には、等価による交換であるため、Aさんは本特例の適用を受けることができる。　　　　　《2015年9月基礎 問41》

問2
□□□

「固定資産の交換の場合の譲渡所得の特例」(以下、「本特例」という)の適用に関する次の記述のうち、適切なものはいくつあるか。なお、各ケースにおいて、ほかに必要とされる要件等はすべて満たして

いるものとする。また、AさんとBさんとは親族等の特殊な関係にないものとする。

(a) Aさんが、所有する建物（時価200万円）とその敷地たるX土地（時価1,800万円）を、Bさん所有のY土地（時価2,000万円）と交換した場合、AさんとBさんはいずれも土地の部分については本特例の適用が受けられ、建物の部分（時価200万円）については交換差金となり、Aさんは建物を200万円で譲渡し、BさんはY土地のうち200万円相当額を譲渡したとして、それぞれ譲渡所得の課税対象となる。

(b) Aさんが、X土地（Aさんの持分3分の1、Bさんの持分3分の2）のうちのAさんの持分3分の1（時価1,000万円）を、Bさん所有のY土地（時価1,000万円）と交換して、X土地をBさんの単独所有、Y土地をAさんの単独所有とした場合、AさんとBさんはいずれも本特例の適用が受けられる。

(c) Aさん所有の土地（時価2,000万円）とBさん所有の土地（時価2,000万円）を交換した場合において、Aさんが、交換により取得した土地を取得後、同一の用途に供することなく、直ちに売却したときは、AさんとBさんの双方が本特例の適用を受けることができなくなる。

1) 1つ
2) 2つ
3) 3つ
4) 0（なし）

《2021年9月基礎 問39》

4)── 1) ○　交換取得した土地をすぐに売却すると、本特例の適用を
受けることができない。しかし、交換相手も同時に適用され
なくなるわけではない。Aさんは交換取得した土地を所有し
続ければ、本特例の適用を受けることができる。

2) ○　本特例は、交換で譲渡する資産と取得する資産は、<u>どち
らも1年以上保有</u>していたものであることが必要。

3) ○　当事者間の合意した価格が、<u>交換をするに至った事情等</u>
に照らし合理的に算定されたものであれば、当事者間の合意
価格が認められるため、(通常の取引価格の差に関わらず)
本特例は適用となる。

4) ✕　本特例は、分筆後の交換しなかった土地を同じ相手に売
却した場合には、分筆前の土地全体が交換対象であるとされ
る。

　Aさんは8,000万円の土地を、分筆した2,000万円部分を
売却、6,000万円部分を交換しているが、実態としては分筆
前の土地全体を交換していることになるため、土地の売却代
金を交換差金として、本特例の適否を判定することなる。乙
土地と丙土地の差額2,000万円は、高い方の土地8,000万円
の20%を超えるため、本特例の適用対象外。

2)── (a) ○　本特例の適用を受けるためには、交換する固定資産の
差額が、時価の高いほうの20%以内である必要がある。本
肢では、差額が200万円で高いほうの20%が2,000万円×
20%＝400万円なので、本特例を受けられる。

(b) ○　交換する固定資産の時価評価が同額であるため「差額
が時価の高いほうの固定資産の20%以内」という条件に該
当し、本特例の適用を受けられる。

(c) ✕　交換により取得した土地を直ちに売却したAさんは同
一の用途に供したことにならないため本特例の適用を受け
られないが、Bさんは本特例の適用を受けられる。

相続・事業承継

換金しにくい不動産や自社株（未公開株）が遺産に入っていると、分割や納税に関する問題が発生しやすいのが「相続・事業承継」だ！1級学科基礎においては、「贈与契約」「贈与税」「遺言と遺留分」「相続の承認と放棄」「相続税の申告・延納・物納」「宅地の相続」「非上場株式の相続」「成年後見制度」だけを繰り返し勉強して理解するのが、合格への最短コースだ！

1 贈与と法律

最後の ひと押し

絶対読め！30秒レクチャー

　「これあげるよ！」「もらいます！」で贈与契約は成立。これを書面でやっちゃうと取り消せない。だけど口頭だけなら、実際にあげる前に「やっぱりやめた！」「やっぱりいらない！」と言えば水に流せるのだ！　後は、定期・負担付・死因など、いろんなバリエーションの贈与を覚えておけばバッチリだ！1級学科基礎でも時々でるぞ！

ありがとう！

これ、おまえに譲ろう。

ローンと一緒に

ナナメ読み！ 学習のポイント

1 贈与契約

（1）贈与契約とは

① 贈与者（あげる人）が自分の財産を受贈者（もらう人）に無償で与えるという意思表示をする。

② その意思表示を受贈者が受け入れる。

　以上の2点がそろった状態。この場合の意思表示に書面と口頭の違いはない。

（2）諾成と要物

　贈与は、当事者の意思表示が合致するだけで成立する「諾成契約」。一方、意思表示の合致に加えて目的物の引渡しがなければ成立しない契約を「要物契約」という。

(3) 双務と片務

負担付贈与契約（**3**(2)）は、当事者の双方が債務を負っている「双務契約」。一方、通常の贈与は（受贈者には何の義務もないので）「片務契約」である。

2 贈与契約の取消し

① 書面による贈与契約は（双方の合意がなければ）取り消すことができない。

② 口頭による贈与契約は（贈与者または受贈者が）取り消すことができる。

なぜなら、口頭での贈与契約は履行された時点で効力が発生するからである（停止条件付贈与※の場合は、条件が成就した時点）。ただし、すでに実行された贈与契約（履行された部分）は取り消すことができない。

※ 停止条件付贈与とは、条件がそろうまで贈与契約の効力を停止しておく贈与（例：「東大に合格したら100万円あげる」…合格まで贈与契約の効力は停止）

3 さまざまな贈与のパターン

(1) 定期贈与

贈与者から受贈者へ、定期的に給付を行う贈与（例：毎月10万円あげよう！）。一方が死亡した場合は（特約がない限り）効力を失う。

(2) 負担付贈与

贈与する条件として、一定の義務を負わせる贈与（例：1,000万円分の土地をお前にあげるから、500万円のローンもお前が負担してくれ…）。通常の贈与と異なり、受贈者が負担を履行しない場合には、贈与者は贈与契約を解除することができる（双務契約における民法の規定が準用される）。

なお、負担付贈与において「受贈者の負担」から利益を受ける者は贈与者に限られない。（例：ローンの金利を受け取る銀行）

> **チェック！条文参照**
>
> ■**民法第553条（負担付贈与）**
> 負担付贈与については、この節に定めるもののほか、その性質に反しない限り、双務契約に関する規定を準用する。

(3) 死因贈与と遺贈

① 死因贈与：財産を贈与する人が死亡することにより、その効力が発生する贈与契約であり、贈与者・受贈者の合意により契約が成立する（遺贈に関する民法の規定が準用される）。死因贈与契約はあくまで贈与だが、贈与の時期が贈与者の死亡時なので贈与税は課せられず、相続税が課せられる。

② 遺贈：一方的な意思表示（遺言）により財産を無償で譲ること。

■民法第554条（死因贈与）

贈与者の死亡によって効力を生ずる贈与については、その性質に反しない限り、遺贈に関する規定を準用する。

本番得点力が高まる！ 問題演習

問1
☐☐☐
贈与に関する次の記述のうち、最も不適切なものはどれか。

1) 贈与は、贈与者が自己の財産を受贈者に無償で与える意思を表示し、受贈者がそれを受諾することによって効力が生ずる諾成契約である。

2) 死因贈与は、贈与契約であるものの、遺贈に関する規定が準用されるため、贈与者と受贈者の合意がなくとも成立する。

3) 負担付贈与は、受贈者に一定の負担を課す贈与であるため、双務契約に関する規定が準用され、受贈者が負担を履行しない場合には、贈与者は負担付贈与契約を解除することができる。

4) 書面により贈与契約が締結された場合には、各当事者は、原則として、その贈与を撤回することができない。《2011年1月基礎 問42》

問2
☐☐☐
贈与に関する次の記述のうち、最も不適切なものはどれか。

1) 定期贈与とは、定期の給付を目的とする贈与であり、贈与税額の計算上、定期金に関する権利の価額が贈与税の課税価格となる。

2) 負担付贈与とは、受贈者に一定の給付をなすべき義務を負わせる贈与であり、その受贈者の負担から利益を受ける者は贈与者に限られる。

3）負担付贈与における贈与者は、その負担の限度において売主と同じく担保の責任を負い、その性質に反しない限り双務契約に関する民法の規定が準用される。

4）死因贈与とは、贈与者の死亡によってその効力を生じる贈与であり、その性質に反しない限り遺贈に関する民法の規定が準用される。

問3 贈与契約に関する次の記述のうち、最も不適切なものはどれか。

1）定期贈与契約は、贈与者または受贈者の死亡により、その効力を失う。

2）負担付贈与契約により土地の贈与を受けた者は、贈与税額の計算上、原則として、当該土地の通常の取引価額に相当する金額から負担額を控除した金額を贈与により取得したものとされる。

3）負担付贈与がされた場合、遺留分を算定するための財産の価額に算入する贈与した財産の価額は、その目的の価額から負担の価額を控除した額とする。

4）死因贈与契約は、民法における遺贈に関する規定が準用され、贈与者の一方的な意思表示により成立し、贈与者の死亡によってその効力を生じる。

《2021年9月基礎 問42》

第**6**章

相続・事業承継

問1 2)── 1) ○ お互いの合意により成立する、**諾成契約**である。

2) ✕ 死因贈与はあくまでも贈与。「死んだらあげる！」「もらう！」の合意が必要。

3) ○ 負担付贈与には、双務契約に関する民法の規定が準用される。

4) ○ 書面による贈与は、原則として（相手の了承がなければ）取り消せない。

問2 2)── 1) ○ 定期贈与の課税対象は贈与金額の総額（定期金に関する権利の価額）

2) ✕ 　学習のポイント **3** **(2)** を参照。受贈者の負担から利益を受ける者は贈与者に限られない。

3) ○ 民法第553条「負担付贈与については、この節に定めるもののほか、その性質に反しない限り、双務契約に関する規定を準用する。」

4) ○ 民法第554条「贈与者の死亡によって効力を生じる贈与については、その性質に反しない限り、遺贈に関する規定を準用する。」

問3 4)── 1) ○ <u>定期贈与契約</u>は、特約がない限り、贈与者・受贈者のいずれか一方が<u>死亡</u>した場合に、<u>効力を失う</u>。

2) ○ 不動産の負担付贈与契約の場合、贈与時の不動産の時価から負担額を控除した金額に課税される。

3) ○ 負担付贈与契約の場合、遺留分の算定に用いる価額は負担額を控除した額。

4) ✕ 死因贈与契約は、遺贈に関する規定が準用となるが、贈与者・受贈者の合意により契約が成立する。

2 贈与と税金

絶対
マスター

絶対読め! 30秒レクチャー

　1月から12月までに合計110万円を超える贈与を受けた人は、翌年の2月1日から1カ月半の間に贈与税を申告して納めるのだ。1級学科基礎では、「贈与税の配偶者控除」「相続時精算課税制度」が頻出。ここは毎回1～2問出ているので、集中的に勉強しておくこと!

「2/1～3/15」

手続きに
行かないと～

贈与税

ナナメ読み!　**学習のポイント**

1 贈与税の計算

(1) 贈与税の基礎控除

　贈与を受けた年の1年間に、贈与によって取得した財産の合計が110万円以下の場合、贈与税は課されない。この場合は申告書の提出も不要。

(2) 贈与税額の計算（暦年課税）

　課税価格＝本来の贈与財産＋みなし財産－非課税財産

　贈与税額＝ {課税価格－（基礎控除110万円＋配偶者控除）} ×税率

(3) 贈与税の配偶者控除

①　結婚して20年以上の配偶者は、居住用不動産またはその購入資金を贈与された場合、基礎控除110万円のほかに2,000万円控除できる。翌年3月15日までに住み、その後も住み続ける見込みが必要。

②　店舗併用住宅の贈与の場合は、2,000万円控除の対象は住宅部分のみ。また、持分の一部（$\frac{1}{2}$、$\frac{1}{3}$など）を贈与したときは居住用部分から優先して贈与したとみなされる。

2 贈与税の納付方法と納付期限

(1) 納付方法

申告書の提出期限までに「金銭一括納付」が原則。不動産などによる物納は認められていない。ただし、一定の条件下での延納は認められている。

(2) 申告書の提出期限

贈与を受けた人は翌年の2月1日から3月15日までに、住所地の税務署に申告しなければならない。また、受贈者が贈与税の申告書の提出前に死亡した場合、その相続人は、相続の開始があったことを知った日の翌日から10カ月以内に贈与税の申告が必要。

(3) 更正の請求

申告した税額が過大のときは、法定申告期限から6年以内に限り更正の請求ができる。

(4) 延納

次の条件のすべてを満たす場合、延納が認められている。

・贈与税額が10万円超

・現金で納付できない金銭的理由がある

・贈与税の納付期限までに延納申請書を提出し、税務署長の許可を得る

・担保を提供する（延納税額が100万円以下でかつ延納期間が3年以下である場合に担保提供は不要）

(5) 受贈者が贈与税を納付していない場合

その贈与者は、連帯して対応する贈与税を納付しなければならないものとされている。

3 相続時精算課税制度

① 贈与時

　1人の贈与者（あげる人）から贈与された財産について、年110万円（基礎控除）を超えた金額ベースで累積**2,500万円**までが非課税となる。累積2,500万円を超えた部分については一律**20%**の贈与税がかかる。

② 相続時

　贈与者が亡くなったら、相続時精算課税制度による贈与財産の価額（贈与時の価額、基礎控除を考慮）と相続財産の価額を合計して相続税を計算し、すでに支払った贈与税額を差し引いた金額を相続税として支払う。

(1) 適用者

- ・贈与者は60歳以上の親または祖父母、受贈者は18歳以上の子または孫。
  （住宅資金贈与の場合は贈与者が60歳未満であっても適用可）
- ・本制度における贈与者（父母・祖父母）を「**特定贈与者**」という。
- ・この生前贈与は、父母それぞれから受けて、上限2,500万円の特別控除をダブルで受けることも可能。
- ・年の途中で推定相続人となった場合（例：養子になった）でも、贈与時に推定相続人であれば本制度の対象。

(2) 手続き

　この制度を利用する受贈者（子）は、生前贈与を受けた翌年の2月1日から3月15日までの間に、贈与税の申告書にその旨の届出書を添付して提出。

4 相続開始前3年以内の贈与

　原則として贈与ではなく相続とみなされる（相続税の課税価格に加算される）が、以下は贈与のままで控除や特例が受けられる。

- ・**1**(3)の贈与税の配偶者控除の特例を受けた金額
- ・**6**(1)〜(3)の住宅・教育・結婚子育て資金贈与の非課税を受けた金額
- ※　2024年1月以後の贈与については、相続財産に加算される期間を相続開始前（最大）3年以内から7年以内に延長。なお、延長された4年間（相続開始前3年超7年以内）に受けた贈与については、合計100万円ま

で相続財産に加算しなくてよい。

5 特例贈与財産

① 18歳以上の子・孫が直系尊属（親や祖父母）から受けた贈与は「特例贈与」として扱われ、一般贈与より優遇された税率が適用される。

② 同じ人が「一般贈与」「特例贈与」の両方を受けた場合、「その合計から110万円を引いた金額」に一般・特例2つの速算表による税率と控除を適用してから、（一般・特例の比率で）加重平均して贈与税を計算する。

6 贈与税の非課税制度

(1) 直系尊属からの住宅資金贈与・非課税特例

① 適用ケース

「父母または祖父母」から「18歳以上の子または孫」への住宅を取得するための資金の贈与。

② 非課税限度額

受贈者ごとの非課税限度額は、「良質な住宅（省エネ等住宅）」の場合は1,000万円、それ以外の住宅の場合には500万円。

※ 良質な住宅（省エネ等住宅）とは「省エネルギー性」「耐震性」「バリアフリー性」いずれかの性能が所定の基準に適合した住宅をいう

(2) 直系尊属からの教育資金贈与・非課税特例

① 適用ケース

「父母または祖父母」から「前年の合計所得金額が1,000万円以下で30歳未満の子または孫」への教育資金の一括贈与。

② 非課税となる教育資金

受贈者1人につき1,500万円（学校等以外は500万円が限度）の非課税枠がある。学校等以外に直接支払われる教育資金の適用対象となるものには、学習塾・水泳教室などに支払われる金銭や、通学定期券代なども含まれる。ただし、23歳以上の人については、学校等以外の費用は原則として対象外。

③ 30歳以後の扱い

30歳到達時に残高があっても「学校等に在学」または「教育訓練給付金の対象訓練を受講」している場合は贈与税が課税されないが、これらの状況が解消された後の年末（または40歳に達した場合）に残高があれば贈与税が課税される。

(3) 直系尊属からの結婚子育て資金贈与・非課税特例

① 適用ケース

「父母または祖父母」から「前年の合計所得金額が1,000万円以下で、（資金管理契約を結ぶ日に）18歳以上50歳未満の子または孫」への結婚・子育て資金の一括贈与。

② 非課税限度額

受贈者1人あたり1,000万円（うち結婚資金は300万円）の非課税枠がある。

③ 50歳以後の扱い

50歳に達して契約終了時に結婚子育て資金に充当していない残額がある場合、残額はその年の贈与とみなされて贈与税の課税対象となる。

✏ 本番得点力が高まる！ 問題演習

問 1
□□□

贈与税の配偶者控除に関する次の記述のうち、最も適切なものはどれか。なお、各選択肢において、贈与の年においてほかに贈与された財産はないものとし、納税者にとって最も有利な方法を選択するものとする。

1) 妻が夫から、相続税評価額が4,500万円である店舗併用住宅（店舗部分30％、居住用部分70％）のすべての贈与を受け、贈与税の配偶者控除の適用を受けた場合、贈与税の税率を乗じる金額は、2,500万円となる。

2) 妻が夫から、相続税評価額が4,500万円である店舗併用住宅（店舗部分30％、居住用部分70％）の3分の1の持分と現金110万円の贈与を受け、贈与税の配偶者控除の適用を受けた場合、贈与税の税率を乗じる金額は、450万円となる。

3) 妻が夫から、相続税評価額が3,600万円である店舗併用住宅（店舗部分50％、居住用部分50％）のすべての贈与を受け、贈与税の配偶者控除の適用を受けた場合、贈与税の税率を乗じる金額は、1,690万円となる。

4) 妻が夫から、相続税評価額が6,600万円である店舗併用住宅（店舗部分50％、居住用部分50％）の3分の1の持分と現金110万円の贈与を受け、贈与税の配偶者控除の適用を受けた場合、贈与税の税率を乗じる金額は、1,100万円となる。

《2017年9月基礎 問42》

 問2 相続時精算課税制度に関する次の記述のうち、最も適切なものはどれか。なお、記載のない事項については考慮しないものとする。

1) 養親から相続時精算課税を適用して贈与を受けた養子が、養子縁組の解消により、その特定贈与者の養子でなくなった場合、養子縁組解消後にその特定贈与者であった者からの贈与により取得した財産については、相続時精算課税は適用されない。

2) 相続時精算課税の特定贈与者の死亡前に相続時精算課税適用者が死亡し、特定贈与者がその相続時精算課税適用者の相続人である場合、当該特定贈与者は相続時精算課税適用者が有していた相続時精算課税の適用を受けていたことに伴う納税に係る権利または義務を承継しない。

3) 受贈者が贈与者から贈与を受けた後、同一年中において受贈者が贈与者の養子となり相続時精算課税の適用を受ける場合、養子となる前の贈与者からの贈与財産は相続時精算課税の適用を受けることができる。

4) 相続時精算課税の特定贈与者が死亡し、相続時精算課税適用者がその相続または遺贈により財産を取得しなかった場合、相続税額の計算上、その被相続人から相続時精算課税を適用して贈与を受けた財産の価額を相続税の課税価格に含める必要はない。

《2023年5月基礎 問44》

 問3 相続時精算課税制度に関する次の記述のうち、最も不適切なものはどれか。なお、各選択肢において、ほかに必要とされる要件等はすべ

て満たしているものとする。

1) 2024年12月31日までに贈与により住宅取得等資金を取得した場合、贈与者の年齢がその年の1月1日において60歳未満であっても、受贈者は相続時精算課税制度の適用を受けることができる。

2) 相続時精算課税適用者が、その特定贈与者から2024年1月1日以後に新たに贈与を受けた場合、贈与を受けた財産の金額が基礎控除110万円を超えた場合には、贈与税の申告書を提出しなければならない。

3) 相続時精算課税の特定贈与者の相続において、相続時精算課税を適用して贈与を受けた財産を相続財産に加算した金額が遺産に係る基礎控除額以下であれば、相続税の申告は不要である。

4) 養親から相続時精算課税を適用して贈与を受けた養子が、養子縁組の解消により、その特定贈与者の養子でなくなった場合、養子縁組解消後にその者からの贈与により取得した財産については、暦年課税が適用される。 《2021年9月基礎 問43改題》

問4 □□□ Aさん（50歳）は、事業資金として、2023年5月に母親（80歳）から現金300万円の贈与を受け、同年10月に弟（45歳）から現金300万円の贈与を受けた。Aさんの2023年分の贈与税額として、次のうち最も適切なものはどれか。なお、いずれも贈与税の課税対象となり、暦年課税を選択するものとする。また、Aさんは2023年中にほかに贈与は受けていないものとする。

〈贈与税の速算表（一部抜粋）〉

基礎控除後の課税価格			特例贈与財産		一般贈与財産	
			税率	控除額	税率	控除額
万円超		万円以下				
	～	200	10%	—	10%	—
200	～	300	15%	10万円	15%	10万円
300	～	400	15%	10万円	20%	25万円
400	～	600	20%	30万円	30%	65万円

1) 38万円

2) 53万5,000円

3) 54万円

4）75万円 《2022年5月基礎 問42改題》

問5
□□□
　Aさんは、その所有する土地（更地）を、長男に対し、時価（通常の取引額）に比べて著しく低い価額で譲渡する予定である。この場合のAさんに対する譲渡所得および長男に対する贈与税の課税に関する次の記述のうち、最も適切なものはどれか。なお、Aさんは、長男が資力を喪失したために譲渡するのではないものとし、記載のない事項については考慮しないものとする。

〈譲渡予定の土地の概要〉

時価（通常の取引額）	：2,000万円
相続税評価額（路線価方式）	：1,600万円
取得価額（1994年にAさんが相続により取得）	：不明
譲渡価額（2024年中に譲渡予定）	：800万円

1）Aさんには、時価2,000万円で譲渡したものとして譲渡所得の金額が計算され、所得税等が課される。一方、長男には、時価2,000万円と譲渡価額800万円との差額1,200万円の贈与を受けたものとして贈与税が課される。

2）Aさんには、譲渡価額800万円をもとに譲渡所得の金額が計算され、所得税等が課される。一方、長男には、時価2,000万円と譲渡価額800万円との差額1,200万円の贈与を受けたものとして贈与税が課される。

3）Aさんには、時価2,000万円で譲渡したものとして譲渡所得の金額が計算され、所得税等が課される。一方、長男には、相続税評価額1,600万円と譲渡価額800万円との差額800万円の贈与を受けたものとして贈与税が課される。

4）Aさんには、譲渡価額800万円をもとに譲渡所得の金額が計算され、所得税等が課される。一方、長男には、相続税評価額1,600万円と譲渡価額800万円との差額800万円の贈与を受けたものとして贈与税が課される。
《2016年9月基礎 問41改題》

贈与税の申告および納付に関する次の記述のうち、最も適切なもの
はどれか。

1) 贈与税の申告書を提出すべき者が提出期限前に申告書を提出しな
   いで死亡した場合、その者の相続人は、原則として、その相続の
   開始があったことを知った日の翌日から4カ月以内に、当該申告
   書を死亡した者の納税地の所轄税務署長に提出しなければならな
   い。

2) 贈与税の申告書の提出後、申告した税額が過大であることが判明
   した場合、原則として、法定申告期限から5年以内に限り、更正
   の請求をすることができる。

3) 贈与税の延納申請が却下された場合、納付すべき贈与税には、原
   則として、法定納期限の翌日から贈与税の完納の日までの期間に
   応じた延滞税が課される。

4) 受贈者が贈与税を納付していない場合、贈与者は、贈与した財産
   の価額に対応する贈与税部分について、当該贈与財産の価額に相
   当する金額を限度として連帯して納付しなければならない。

《2016年9月基礎 問42》

問1 3) ── 1) ✕ 店舗併用住宅の贈与の場合、居住用部分に贈与税の配偶
者控除の適用を受けられる。計算式は次のとおり。

> 相続税評価額×居住用部分の割合
> ×贈与を受けた持分の割合

居住用部分の金額：

4,500万円×70%×100%（持分）＝3,150万円

控除額：3,150万円＞2,000万円 ∴ 2,000万円

贈与税の税率を乗じる金額：

4,500万円－2,000万円－110万円（基礎控除額）

＝2,390万円

2) ✕ 店舗併用住宅の持分贈与の場合には、居住用部分から贈
与があったものとする。

居住用部分70%＞贈与を受けた持分$\frac{1}{3}$

∴　贈与を受けた部分はすべて居住用と考える

居住用部分の金額：4,500万円×$\frac{1}{3}$＝1,500万円

控除額：1,500万円≦2,000万円　∴　1,500万円

贈与税の税率を乗じる金額：

4,500万円×$\frac{1}{3}$＋110万円（現金贈与額）－1,500万円

（配偶者控除額）－110万円（基礎控除額）＝<u>0円</u>

3)　○

居住用部分の金額：

3,600万円×50％×100％（持分）＝1,800万円

控除額：1,800万円≦2,000万円　∴　1,800万円

贈与税の税率を乗じる金額：

3,600万円－1,800万円－110万円（基礎控除額）

＝<u>1,690万円</u>

4)　✕　居住用部分50％＞贈与を受けた持分$\frac{1}{3}$

∴　贈与を受けた部分はすべて居住用と考える

居住用部分の金額：6,600万円×$\frac{1}{3}$＝2,200万円

控除額：2,200万円＞2,000万円　∴　2,000万円

贈与税の税率を乗じる金額：

6,600万円×$\frac{1}{3}$＋110万円（現金贈与額）

－2,000万円（配偶者控除額）－110万円（基礎控除額）

＝<u>200万円</u>

問2　2）── 1)　✕　養子縁組の解消後であっても、解消後に特定贈与者で
あった者から贈与された財産には相続時精算課税が適用され
る。

2)　○　本肢のとおり。

3)　✕　養子（推定相続人）となる前の贈与財産は対象外。

4)　✕　精算課税を適用して贈与を受けた財産は（相続の前倒し

的な意味合いなので）必ず相続税の課税価格に含める扱いになる。

問3 4) ― 1) ○　住宅資金贈与の場合は贈与者が60歳未満であっても選択できる。

2) ○　本肢のとおり。

3) ○　贈与された財産を相続財産に加算するが、相続税の基礎控除額以下であれば申告不要。

4) ✕　養親から相続時精算課税を適用して贈与を受けた養子が、養子縁組の解消により、その特定贈与者の養子でなくなった場合においても、養子縁組解消後にその特定贈与者であった者からの贈与により取得した財産については、相続時精算課税が適用される。

問4 4) ― 一般（贈与財産）と特例（贈与財産）の両方で贈与を受けた場合は、

①一般と特例の合計から110万円を控除した額にそれぞれの速算表による税率と控除を適用

②贈与の合計額に対する特例・一般の割合に応じてそれぞれの税額を算出

課税価格：一般300万円＋特例300万円－110万円
$$= 490万円$$

一般贈与部分：$(490万円 \times 30\% - 65万円) \times \dfrac{300万円}{600万円}$
$$= 41万円$$

特例贈与部分：$(490万円 \times 20\% - 30万円) \times \dfrac{300万円}{600万円}$
$$= 34万円$$

贈与税額＝41万円＋34万円＝75万円

問5 2) ― 1) 3) 4) ✕　　2) の解説を参照。

2) ○　親が所有する資産を時価よりも著しく低い価格で子へ譲渡すると、親から子への贈与として、譲渡価額と時価との差額が贈与税の課税対象となる。

Aさんに対しては、譲渡価額800万円をもとに譲渡所得の金額が計算され、所得税等が課税される。

長男には、時価2,000万円と譲渡価額800万円との差額1,200万円が贈与を受けたものとして贈与税が課税される。

問6 4) ── 1) ✕ 受贈者が、贈与税の申告書の提出前に死亡した場合、その相続人は、相続の開始があったことを知った日の翌日から10カ月以内に、贈与税の申告が必要。

2) ✕ 申告した税額が過大のときは更正の請求ができる。所得税の場合は法定申告期限から5年以内だが、贈与税は6年以内。

3) ✕ 贈与税の延納申請却下の場合、原則、法定納期限の翌日から却下日まで利子税が、却下日から贈与税の完納した日までは延滞税が課税される。

4) ◯ 学習のポイント **2** **(5)** を参照。

3 相続の開始と相続分

ここで 差がつく

絶対読め！ **30**秒レクチャー

相続では、まず「被相続人＝死んだ人」が誰で、どんな財産を持っていたかを確認しよう！ 亡くなった「被相続人」の財産を、みんなが幸せに暮らすためのルール（民法）にしたがって相続人に受け継ぐのが相続だ。もし遺言がなければ話し合い（遺産分割協議）で決めるのだが、民法では「法定相続分」という、より身近な人に相続財産を多く受け渡すガイドラインがあるので、これにしたがって分ける場合も多いのだ！

遺言書があれば…

第 **6** 章

相続・事業承継

＼ナナメ読み！ 学習のポイント

1 相続の開始

相続は死亡によってスタートする。開始すると、被相続人の財産に帰する一切の権利義務が継承されるが、被相続人の一身に専属するもの（年金を受給する権利など）は継承されない。また、個人の死亡後の財産の処分方法には、相続のほかに遺贈と死因贈与がある。

【遺贈】遺言により財産の一部または全部を他人に無償で供与すること

【死因贈与】贈与者の死亡によって贈与が開始される贈与契約

2 相続人の範囲と順位

(1) 法定相続人

相続財産を引き継ぐことができる人。配偶者、子、直系尊属（親など）、兄弟姉妹に限定されている。

(2) 相続人の順位

配偶者は（いる場合は常に相続人とされ）順位には入らず、第1位が子、第2位が直系尊属（親など）、第3位が兄弟姉妹と続く。上の順位の人がいない場合に、下の順位の人が相続人となる。

例：被相続人に子がいない場合は、親が相続人になる。

(3) 欠格と廃除

下記①②のいずれの場合もその相続人の相続権は失われる。

① 相続人が被相続人を殺そうとしたり、強迫や詐欺を行った場合→欠格

② 被相続人が相続人から虐待を受けたり、重大な侮辱を与えられたりして、被相続人が家庭裁判所に申し立てた場合→廃除

(4) 相続権に関するその他のポイント

① 被相続人と事実婚の関係にあっても、婚姻の届出をしていない者は、相続権が認められない。

② 相続開始時に胎児であった者は、すでに生まれたものとみなされ、相続権が認められる。

③ 被相続人が亡くなった後の配偶者の住居の保護に資する「配偶者居住権」という概念ができた。

3 相続分

(1) 指定相続分

遺言により相続分や相続人を指定することができる。遺言による相続分を指定相続分という。指定相続分は法定相続分に優先して適用される。

(2) 法定相続分

民法で定める標準的な遺産の分け方のガイドラインといえる。

相 続 順 位	法 定 相 続 人 と 法 定 相 続 分			
子ども（第1順位）がいる場合	配偶者	$\frac{1}{2}$	子ども $\frac{1}{4}$ $\frac{1}{4}$	$\frac{1}{2}$ を人数で均等に分ける※
子どもがおらず父母（第2順位）がいる場合	配偶者	$\frac{2}{3}$	父母等 $\frac{1}{6}$ $\frac{1}{6}$	$\frac{1}{3}$ を人数で均等に分ける
子どもと父母がともにおらず、兄弟（第3順位）がいる場合	配偶者	$\frac{3}{4}$	兄弟姉妹 $\frac{1}{8}$ $\frac{1}{8}$	$\frac{1}{4}$ を人数で均等に分ける

※ 実子と養子、嫡出子と非嫡出子の区別によって、相続人の順位に違いが出ることはない。

　配偶者以外の相続人は、守られるべき度合いが高い（身近な）人ほど、相続分が多くなる。なお、それぞれの順位者が複数いる場合（子2人など）は、さらにワリカン（人数で均等に分割）する。

　なお、養子の法定相続分は実子と同じ。養子縁組には、普通養子縁組と特別養子縁組の2種類がある。普通養子縁組は、実親との親族関係は終了しないが、特別養子縁組の場合は実親との親族関係が終了する。

4　その他の重要事項

(1) 非嫡出子

　非嫡出子（結婚していない男女の子＝愛人の子など）の相続分は、嫡出子（結婚している男女の子）の相続分と同じ。

(2) 代襲相続

　相続発生時に子がすでに死亡している場合や、欠格や廃除によって相続人の権利を失っている場合に、孫が相続を受けるケースを代襲相続とよぶ。なお、相続人が相続を放棄した場合、代襲相続は認められない。

(3) 民法における親族の規定

① 親族とは「6親等内の血族」「配偶者」「3親等内の姻族」をいう。

② （自然）血族とは、親子や兄弟姉妹のように出生により血のつながりがある者をいう。

③ 姻族とは、結婚により配偶者の一方と他方の血族の間に生じる関係。

④ 直系血族および兄弟姉妹は、互いに扶養する義務がある。家庭裁判所は、特別の事情がある場合には、3親等内の親族間においても扶養の義務を負わせることができる。

⑤ 未成年の子がいる夫婦が協議離婚するときは、夫婦のどちらかを親権者に決めなければならない。

⑥ 未成年者が結婚をするには、原則（建前）として父母の同意が必要だが、一方が同意しないときは他の一方の同意だけでOK。

⑦ 夫婦の一方が死亡しても、「残された配偶者」と「死亡した者の血族」との姻族関係は原則として継続する。

⑧ 協議上の離婚をした者の一方は、相手方に対して財産の分与を請求できる。

(4) 遺産分割（協議）

① 共同相続人全員が合意すれば、必ずしも法定相続分にしたがって分割する必要はない。

② 原則、遺産分割は相続開始後いつでも行える（遺言・調停・審判などで禁止されている期間を除く）。

③ 遺言により、「相続開始から5年以内の一定期間」を定めて期日までの遺産分割を禁止できる。

④ 成立した遺産分割協議でも（共同相続人全員の合意があれば）再分割協議が可能。

⑤ 協議がまとまらない場合、各共同相続人は家庭裁判所に調停を申し立てることができる。調停でも決まらない場合は審判により決定する。

⑥ 寄与分とは、被相続人の財産の維持や増加に特別な寄与をした相続人に認められる金額のこと。原則として協議によって定めるが、協議が調わないときは、寄与をした者の請求により家庭裁判所が寄与分を定める。

⑦ 相続人でない親族が（無償の療養介護など）被相続人の財産の維持増加に特別の寄与をした場合、相続人に特別寄与料を請求できる。

⑧ 代償分割とは、特定の相続人が相続財産（不動産など）を取得し、その人

が他の相続人に代償として現金などを交付すること。

⑨ 換価分割とは、共同相続人が取得した財産を売却して、その換価代金を分割すること。

⑩ 遺産分割時において未婚の未成年者の相続人は、その親も相続人である場合、特別代理人の選任が必要。

⑪ 遺産分割協議の完了前でも預貯金を引き出せる2つの仮払い制度がある。

1つは「預金額（口座ごと）× $\frac{1}{3}$ ×法定相続分」（ただし同一金融機関の上限150万円）を各相続人が単独で出金できる制度。もう1つは家庭裁判所の仮処分を利用する制度。

✏️ 本番得点力が高まる！ 問題演習

問1 □□□ 　2024年8月に死亡したAの相続に関する次の記述のうち、最も適切なものはどれか。なお、Aの親族関係は下記のとおりである。Aには、婚姻外で生まれ、認知したFがおり、GおよびMはいずれもAの普通養子（特別養子縁組以外の縁組による養子）である。Eは、Aの相続開始前にすでに死亡している。また、Gは、Aから相続により財産を取得し、相続税額が算出されるものとする。

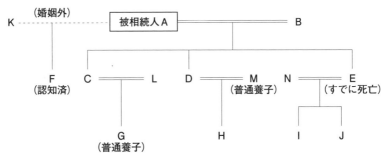

1) Iの法定相続分は、24分の1である。

2) 仮に、Dが相続の放棄をした場合、HがDに代わって相続人となる。

3) Aの相続における相続税額の計算上の遺産に係る基礎控除額は、6,600万円である。

4）Gは、相続税額の計算上、相続税額の２割加算の対象にならない。

《2016年9月基礎 問45改題》

問2
□□□

下記の〈条件〉に基づき、子Bさんが、家庭裁判所の判断を経ることなく、遺産分割前に単独で払戻しを請求することができる預貯金債権の上限額として、次のうち最も適切なものはどれか。なお、記載のない事項については考慮しないものとする。

〈条件〉

（1）被相続人の親族関係図

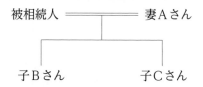

（2）被相続人の相続開始時の預貯金債権の額

　　X銀行：普通預金600万円、定期預金1,500万円

　　Y銀行：定期預金720万円

　　※定期預金はいずれも満期が到来しているものとする。

1）150万円

2）210万円

3）235万円

4）300万円

《2020年1月基礎 問45》

問1 1）──1）〇　非嫡出子Fは認知されていれば、法定相続人となる。養子は民法上、人数に制限はなく、全員法定相続人となるためG・Mは法定相続人（相続税法上は実子がいる場合は1人まで、実子がいない場合は2人まで法定相続人とすることができる）。

死亡しているEの子I・Jは代襲相続人となる。

よって法定相続人は8人（B・C・D・F・G・M・I・J）。

法定相続分は、以下のとおり。

配偶者B　　　：$\dfrac{1}{2}$

子C・D・F　：$\dfrac{1}{2} \times \dfrac{1}{6} = \dfrac{1}{12}$（各人）

養子G・M　：$\dfrac{1}{2} \times \dfrac{1}{6} = \dfrac{1}{12}$（各人）

孫I・J　　 ：$\dfrac{1}{2} \times \dfrac{1}{6} \times \dfrac{1}{2} = \dfrac{1}{24}$（各人）

2) ✕　相続を放棄すると、相続開始のときから相続人ではなかったこととされるため、Hは代襲相続人にならない。

3) ✕　相続税法上、養子は実子がいる場合は1人まで、実子がいない場合は2人まで法定相続人とすることができる。

本問では相続税法上の法定相続人は7人（B・C・D・F・養子1人・I・J）。

よって、相続税の基礎控除＝3,000万円＋7人×600万円＝7,200万円

4) ✕　子が生存していて孫を養子にすると相続税の2割加算の対象。

子が相続開始前に死亡し、孫養子が代襲相続している場合には、相続税額の2割加算の対象とならない。

問2 2)──家庭裁判所の判断を経ずに、他の共同相続人の同意なしに、単独で払戻しを受けられる額は、相続開始時において預金額（口座ごと）×$\dfrac{1}{3}$×法定相続分。ただし同一金融機関の上限150万円。

したがって、X銀行：$(600万円 + 1,500万円) \times \dfrac{1}{3} \times \dfrac{1}{4}$

$= 175万円 \rightarrow 上限150万円$

Y銀行：$720万円 \times \dfrac{1}{3} \times \dfrac{1}{4} = 60万円$

よって、150万円＋60万円＝210万円

4　遺言と遺留分

絶対読め！30秒レクチャー

　相続は、まずは何よりも故人の遺志が優先！　でも、奥さん・子供・親など、近い家族は法定相続分の半分（または3分の1）はもらう権利（遺留分）があるので、ヘタな遺言を書くと通らない部分も出てくるぞ。1級学科基礎においては、「遺留分」は高確率で出題されると思って準備しておき、余裕があれば「遺言の撤回」もカバーしておくのが賢明だ！

遺産はすべて愛人の…

鼻の下のばしてユイゴン書くな！

イリューブン主張しよっと

ナナメ読み！　学習のポイント

1　遺言

（1）遺言の方式

自筆証書遺言、公正証書遺言、秘密証書遺言の3種類がある。

> **チェック！条文参照**
>
> ■**民法第967条（普通の方式による遺言の種類）**
>
> 　遺言は、自筆証書、公正証書又は秘密証書によってしなければならない。ただし、特別の方式によることを許す場合は、この限りではない。

	自筆証書遺言	公正証書遺言	秘密証書遺言
作成方法	本人が**本文の全文**・日付（**年月日**）・氏名を書き、**押印**（ただし財産目録等はパソコンで作成OK）	本人が口述し、公証人が筆記	本人が遺言書に署名押印の後、公証人役場で手続き
場所	自由（2020年7月10日以後は法務局による保管も可能となった）	公証人役場	公証人役場
証人	不要	証人2人以上	公証人1人、証人2人以上
署名押印	本人	本人、公証人、証人（遺言者本人は実印）	本人、公証人、証人
家庭裁判所の検認	必要（法務局保管の場合は不要）	不要	必要

① 公正証書遺言と秘密証書遺言の作成において、次の人は証人になれない。

・未成年者

・推定相続人・受遺者ならびにこれらの配偶者および直系血族

・公証人の配偶者および4親等内の親族・書記および使用人

(2) 遺言の撤回

遺言は、いつでも自由に（全部または一部を）撤回・変更できる。遺言の内容の変更をする場合、その新しい遺言の方式（公正・自筆の別など）は問われない。

なお、遺言者が遺言の内容に抵触する財産の処分をした場合も（その部分については）撤回や変更とみなされる。また、自筆証書遺言を破棄することは撤回とみなされる。一度撤回された遺言は復活しないことが原則だが、詐欺や強迫による撤回の場合には復活できる。

(3) 遺言にしたがわない分割はOK？

被相続人が遺言で禁じた場合を除き、遺言があったとしても、共同相続人全員の協議により行う協議分割は可能である。なお、一度成立した遺産分割協議

は全員がその合意に拘束されるため、不服は認められない。

(4) 遺産分割協議書

　遺産分割協議書は、不動産を取得した相続人が相続登記する場合に添付する必要がある。また、相続人が相続預金を引出す際にも求められる場合がある。

2 遺留分

　兄弟姉妹以外の相続人が、自ら権利を行使すれば必ず取得できる財産の範囲のこと。

(1) 遺留分の割合

① 　原則：法定相続分の$\frac{1}{2}$

② 　例外：相続人が直系尊属（親など）だけの場合→法定相続分の$\frac{1}{3}$

(2) 遺留分の侵害額請求権

　遺留分を主張して侵害された額に相当する金銭の支払いを請求する権利のこと。相続開始および遺留分を侵害する贈与または遺贈があったことを知った時から1年間で消滅する。やや短いが、これは権利関係を早く安定させようとする趣旨。また、遺留分侵害額請求権は、相続開始の時から10年の経過によっても消滅する。

(3) 遺留分算定の基礎となる財産

> 遺留分算定の基礎となる財産
> ＝被相続人が相続開始時に有していた財産＋贈与財産※－債務

※　贈与財産は、次のものをいう

・相続人以外の者に対する相続開始前1年以内の贈与財産

・1年以上前の贈与でも、贈与者と受贈者が他の遺留分権利者に損害を与えることを知って贈与した財産

・相続人に対する贈与で特別受益にあたるもの（婚姻・養子縁組をするための贈与、生計の資本）で、相続開始前10年以内の贈与財産

(4) 遺留分の放棄

　家庭裁判所の許可を得ることで、相続の開始前（被相続人の生存中）に遺留分を放棄することができる。ただし、その場合でも、財産を相続する権利自体

はなくならない。

(5) 事業承継を円滑に行うための「遺留分に関する民法の特例」

① 現経営者から後継者に贈与等された自社株式について、除外合意や固定合意ができる特例。

・除外合意：遺留分算定基礎財産から除外

・固定合意：遺留分算定基礎財産に算入する価額を固定

② 3年以上事業を継続している非上場の中小企業に適用。後継者は旧代表者の推定相続人以外でもOK。

③ 推定相続人全員および後継者が合意したうえで、経済産業大臣の確認（合意日から1カ月以内）と、家庭裁判所に申立て（確認日から1カ月以内）を行い許可を受けると効力が発生する。

 本番得点力が高まる！ **問 題 演 習**

問1 　民法における遺言に関する次の記述のうち、最も不適切なものはどれか。

1) 遺言執行者は、自己の責任で第三者に遺言執行の任務を行わせることができるが、遺言者がその遺言に別段の意思を表示したときは、その意思に従う。

2) 遺言者の相続開始前に受遺者が死亡していた場合、原則として、受遺者に対する遺贈や停止条件付きの遺贈は効力を生じないが、当該受遺者に子があるときは、その子が代襲して受遺者となる。

3) 公正証書遺言を作成していた遺言者が、公正証書遺言の内容に抵触する自筆証書遺言を作成した場合、その抵触する部分については、自筆証書遺言で公正証書遺言を撤回したものとみなされる。

4) 遺言者は、遺言により1人または複数人の遺言執行者を指定することができ、その指定を第三者に委託することもできるが、未成年者および破産者は遺言執行者となることができない。

《2023年1月基礎 問44》

問2 　遺留分に関する次の記述のうち、最も適切なものはどれか。

1) 遺留分は、配偶者、直系尊属および直系卑属（代襲相続人を含む）

305

には認められるが、普通養子や兄弟姉妹には認められない。

2）相続開始前における遺留分の放棄は、家庭裁判所の許可を受けた
ときに限り、その効力を生ずる。

3）被相続人が相続開始前3年以内に相続人以外に贈与した財産は、
原則として遺留分の算定の基礎となる財産の価額に加算する。

4）遺留分の侵害額請求権は、遺留分権利者が相続の開始があったこ
とを知った日の翌日から10カ月以内に行使しないときは、時効
によって消滅する。　　　　　　　　　《2015年1月基礎 問44改題》

問3 法務局における遺言書の保管等に関する法律に関する次の記述のう
□□□ ち、最も適切なものはどれか。

1）遺言書を保管することができる法務局は、遺言者の住所地または
本籍地を管轄する法務局に限られる。

2）遺言書の保管の申請は、遺言書を保管する法務局に遺言者本人が
出頭して行わなければならず、遺言者本人以外の者が申請するこ
とはできない。

3）保管の申請をする遺言書は、遺言者が遺言の趣旨を口授して公証
人が作成した無封のものでなければならない。

4）遺言者の相続開始後、法務局から保管された遺言書の返却を受け
た相続人は、遅滞なく、その遺言書を家庭裁判所に提出して検認
を請求しなければならない。　　　　　　　《2021年1月基礎 問44》

問4 中小企業における経営の承継の円滑化に関する法律による「遺留分
□□□ に関する民法の特例」（以下、「本特例」という）に関する次の記述の
うち、最も不適切なものはどれか。

1）本特例の対象となる特例中小会社は、資本金の額が3,000万円以
下、かつ、3年以上継続して事業を行っている非上場会社に限ら
れる。

2）後継者が旧代表者から贈与を受けた非上場株式について固定合意
をする場合、当該合意の時における当該株式の価額は、合意時点
の相続税評価額ではなく、弁護士、公認会計士、税理士等が相当
な価額として証明をしたものになる。

3）後継者が旧代表者から贈与を受けた非上場株式について本特例の

適用を受けるためには、旧代表者の遺留分を有する推定相続人全員および後継者で合意をし、所定の事項を記載した合意書面を作成しなければならない。

4) 本特例の合意は、後継者が合意をした日から1カ月以内に経済産業大臣の確認を申請し、当該確認を受けた日から1カ月以内にした申立てにより、家庭裁判所の許可を受けることによって、その効力を生ずる。　　　　　　　　　　　　　《2022年5月基礎 問49》

問1 2)── 1) ○　本肢のとおり。
　　　　　 2) ×　相続人ではない受遺者（遺贈を受ける人）が先に死亡していた場合、代襲相続は生じない。
　　　　　 3) 4) ○　本肢のとおり。

問2 2)── 1) ×　遺留分は、養子にも、実子と同じ割合で認められる。
　　　　　 2) ○　本肢のとおり。
　　　　　 3) ×　遺留分の算定の基礎となる財産の価額に加算する贈与は、相続人以外の者については相続開始前1年以内の贈与。
　　　　　 4) ×　この権利は、相続の開始および遺留分の侵害があったことを知ったときから1年間で消滅する。

問3 2)── 1) ×　遺言書を保管できる法務局は、遺言者の「住所地」「本籍地」または「所有する不動産の所在地」いずれかを管轄する法務局。
　　　　　 2) ○　遺言書の保管の申請は、遺言者本人が法務局に出頭して行う。
　　　　　 3) ×　保管の申請をする遺言書は封のされていない自筆証書遺言である。
　　　　　 4) ×　法務局保管の自筆証書遺言は家庭裁判所の検認不要。

問4 1)── 1) ×　本特例の対象となる中小企業は、業種により企業規模の条件（資本金額や従業員数）が異なる。
　　　　　 2) 3) 4) ○　いずれも正しい。 学習のポイント 2 **(5)** を 参照。

5 相続の承認と放棄

ここで差がつく

絶対読め! 30秒レクチャー

「資産は相続したいけど、借金は相続した
くない!」と思うのは当然のこと。圧倒的に
負債が大きそうな場合は「私は相続しない!」
という書類を家庭裁判所に提出すべきだし、
場合によっては「私たちは、相続財産の範囲
内で借金も相続する」と相続人全員で申し出
る方法もある。相続の3つのパターンを理解
しよう。

ここは1級学科基礎では出続けた時期も
あった。完璧に理解しろ!

> 親父、借金があったのかぁ!?

借金を相続する?
しない?

借金　借金

資産

ナナメ読み! 学習のポイント

1 承認と放棄

相続人は、相続の開始があったことを知った日から3カ月間以内に、以下の
3つのいずれかを選択することになる。

(1) 単純承認

被相続人からの相続を、無条件、無制限に継承すること。この場合の相続
は、預金や不動産等の財産だけでなく、借入金などの債務も含まれる。

なお、以下のケースも単純承認したものとみなされる。

・相続人が相続財産を一部でも処分したとき（例：故人の預金を使う）

・相続開始を知った日から3カ月以内に相続放棄も限定承認もしない場合

・「相続放棄」「限定承認」の後でも、相続財産の全部または一部を隠すなど

して、意図的に財産目録に記載しなかったとき

(2) 限定承認

「相続財産の範囲内で被相続人の債務を引き継ぐ」こと。相続の開始を知った日から3カ月以内に家庭裁判所に「限定承認申述書」を、<u>共同相続人全員で</u>提出しなければならない。

(3) 相続の放棄

被相続人からの相続を拒絶すること。相続の開始を知った日から3カ月以内に家庭裁判所に「相続放棄申述書」を提出しなければならない。この放棄は、<u>各相続人が単独で</u>行える。

① 相続人は、被相続人の生前に相続の放棄をすることはできない。

② 相続人が相続を放棄すると「相続開始のときから」相続人ではなかったこととされるため、その子供が代襲相続人になることはない。

③ 死亡保険金は（契約者＝被保険者の場合）受取人の固有の財産とされるので、相続を放棄しても受け取れる。ただし、相続を放棄した人が受け取った死亡保険金に非課税金額の適用はない。なお、正式な相続放棄の手続きをせず、単に遺産分割協議において財産を取得しなかった場合は（相続放棄に該当しないので）死亡保険金の非課税金額が適用される。

チェック！条文参照

▌民法第915条（相続の承認又は放棄をすべき期間）

1. 相続人は、自己のために相続の開始があったことを知った時から3カ月以内に、相続について、単純もしくは限定の承認又は放棄をしなければならない。ただし、この期間は、利害関係人又は検察官の請求によって、家庭裁判所において伸長することができる。
2. 相続人は、相続の承認又は放棄をする前に、相続財産の調査をすることができる。

2 相続税の納税義務者と課税財産

・「相続開始時に日本国内に住所がある人」から相続した場合は（相続人の国籍・住所、相続した財産の国内外を問わず）取得した財産すべてが相続税の課税対象となり、納税義務がある。

・日本国籍を有する被相続人が「相続開始時の10年超前から日本国外に住

所を有し、日本国籍を有する相続人が相続による財産取得時の10年超前から日本国外に住所を有する」場合は、相続人が取得した国内財産のみ相続税の課税対象となる。

 本番得点力が高まる！ **問題演習**

 問1　相続の単純承認と限定承認に関する次の記述のうち、最も適切なものはどれか。

1）相続人が、自己のために相続の開始があったことを知った時から3カ月以内に、相続の承認または放棄の意思表示をしないまま、相続財産である建物を契約期間1年で第三者に賃貸した場合、その相続人は単純承認したものとみなされる。

2）限定承認をした場合、相続財産に譲渡所得の基因となる資産があるときは、被相続人がその財産を相続人に時価で譲渡したものとみなされるため、相続人が準確定申告をしなければならないことがある。

3）限定承認は、共同相続人のうちに相続の放棄をした者がいる場合、その放棄者を含めた共同相続人の全員が共同して家庭裁判所にその旨の申述をしなければならない。

4）限定承認の申述が受理された場合、限定承認者または相続財産管理人は、受理された日から所定の期間内に、すべての相続債権者および受遺者に対し、その債権の請求の申出をすべき旨を各別に催告しなければならない。　　　　　　　　　《2023年5月基礎 問45》

 問2　相続の放棄に関する次の記述のうち、最も適切なものはどれか。

1）推定相続人が相続の放棄を相続開始前に行うためには、その旨を申し立て、家庭裁判所の許可を受ける必要がある。

2）相続の放棄の効力がいったん生じた場合であっても、自己のために相続の開始があったことを知った時から3カ月以内であれば、その放棄を撤回することができる。

3）相続人が相続の放棄をした場合、その者に子があるときは、その子が相続の放棄をした者に代わって相続人となり、その者に子が

ないときは、相続の放棄をした者が受けるべきであった法定相続
　　分はその者以外の相続人に均等に分配される。
4）契約者（＝保険料負担者）および被保険者を被相続人とする生命
　　保険契約の死亡保険金受取人となっている者が相続の放棄をした
　　場合、その者が受け取る当該保険金については、相続税額の計算
　　上、死亡保険金の非課税金額の規定は適用されない。

《2015年9月基礎 問46》

 問3

　　相続の承認と放棄に関する次の記述のうち、最も適切なものはどれ
か。

1）相続人が、契約者（＝保険料負担者）および被保険者を被相続人、
　　保険金受取人を当該相続人とする生命保険契約の死亡保険金を受
　　け取った場合、その金額の多寡や使途にかかわらず、当該相続人
　　は相続について単純承認したものとみなされる。
2）相続人が、相続について単純承認したものとみなされた場合で
　　あっても、原則として自己のために相続の開始があったことを
　　知った時から3カ月以内であれば、相続の放棄をすることができ
　　る。
3）共同相続人のうちの1人が相続の放棄をした場合であっても、他
　　の相続人は、原則として自己のために相続の開始があったことを
　　知った時から3カ月以内であれば、全員が共同して申述すること
　　により、相続について限定承認をすることができる。
4）被相続人の負債額が不明であったために限定承認をした後、被相
　　続人に2,000万円の資産と1,500万円の負債があることが判明し
　　た場合には、1,500万円の資産と1,500万円の負債が相続人に承
　　継されることになる。

《2020年9月基礎 問44》

問1 2)—1) ✕　相続財産を短期賃貸借（建物は3年以下の契約）した場合は財産の処分にはあたらず、単純承認したものとはみなされない。

2) ◯　本肢のとおり。被相続人にみなし譲渡所得が生じて課税されることがある。

3) ✕　相続放棄者は（はじめから相続人でなかったものとみなされ）除かれる。

4) ✕　官報で公告すればよく、個別の催告は不要。

問2 4)—1) ✕　相続人は、被相続人の生前に相続の放棄をすることはできない。

2) ✕　相続の放棄は、原則として撤回できない。

3) ✕　相続を放棄すると、相続開始のときから、相続人ではなかったこととされるため、その子供が代襲相続人になることはない。

4) ◯　契約者と被保険者が同一の場合、死亡保険金の受取人の固有の財産とされるので、相続放棄しても受取れる。ただし、非課税金額の適用はない。

問3 3)—1) ✕　相続人が受取人となる死亡保険金は、保険金受取人の固有の財産とされるため、受取っても単純承認とはみなされない。

2) ✕　相続の承認をした場合、3カ月以内であっても撤回はできない。

3) ◯　本肢のとおり。相続放棄をした人は最初から相続人ではなかったこととされる。

4) ✕　2,000万円の資産と1,500万円の負債が相続人に承継される。

6 相続税の計算

絶対
マスター

絶対読め！30秒レクチャー

　相続税の計算は、「まずケーキの全体を決めてから、みんなでケーキを分ける」と覚えよう。ここでいうケーキは「相続税の総額」というまずそうなものだが、ケーキの大きさは「各人が法定相続分というガイドラインどおりに相続した」ものとして自動的に決まってしまう。そして、実際にたくさん相続する人ほどたくさんケーキを食べなければならない（税金を払う必要がある）のだ。

こんなに俺が
負担するの？

相続税

ナナメ読み！ 　**学習のポイント**

1 相続税計算の3ステップ

　各人の納付税額は、次のステップに沿って算出される。

① まず、相続税の**課税遺産総額**の計算

② 次に「相続税の総額」の計算

③ 最後に、各人の納付税額の計算

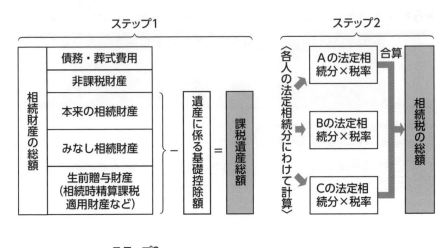

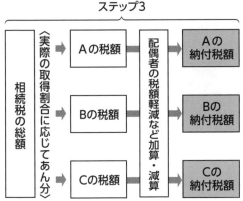

2 課税遺産総額の計算
<small>か ぜい い さんそうがく</small>

① 相続税の基礎控除額

遺産に係る基礎控除額＝3,000万円+600万円×法定相続人の数

　様々な相続財産の課税価格の合計額から、前記の基礎控除額を差し引き、課税遺産総額を算出する。

② 基礎控除額の計算における法定相続人の数は、(a) 相続に放棄があった場合でも、その放棄はなかったもの（普通に相続した）とみなして計算する。(b) 廃除や欠格となった相続人に代襲者がいる場合は、その人数をカ

ウントして計算する。（c）代襲相続人が複数いる場合は、その全員を法定相続人としてカウントする。

③　被相続人に養子がいる場合、法定相続人に含められる普通養子の数には限度がある。実子がいる場合、養子は1人まで。実子がいない場合、養子は2人までとなる。なお、特別養子には数の制限がない。

④　相続人としての資格が重複する場合（代襲相続人と養子など）でも、法定相続人の数は重複カウントせずに1人として計算する。

3 「相続税の総額」の計算

「相続税の総額」（実際の総額とは異なる。相続税の計算プロセスに出てくる便宜上の金額）の計算においては、各相続人の実際の相続分にかかわらず、各人が法定相続分を取得したと仮定して計算し、その金額を合算する。税率は10〜55％の8段階。

4 各人の納付税額の計算

3の「相続税の総額」を、各相続人の実際の遺産の取得割合に応じて按分し、各人の算出税額を算出する。そして、各個別事情に応じて加算・減算し、各人の納付税額を算出する。

【加算の例】

①　相続税の2割加算

相続や、遺贈によって財産を取得した人が、被相続人の配偶者や一親等の血族（親・子・養子）でない場合、算出税額の20％が加算される。なお、被相続人の孫は2割加算の対象だが、代襲相続した場合は一親等の血族にあたるため、2割加算の対象とならない。

【減算の例】

①　配偶者の税額軽減

・配偶者は、大幅に税額が軽減される規定がある。配偶者の法定相続分（2分の1など）までは相続税がかからず、法定相続分を超える相続をしても1億6,000万円までは相続税がかからない。

・相続した配偶者が「制限納税義務者（相続発生前５年以内に国内に住所がない人）に該当する場合」でも、「被相続人の血族との親戚関係を終了させる『姻族関係終了届』を相続税の申告期限までに提出した場合」でも、本制度の適用を受けることができる。

・相続の放棄をした配偶者が、契約者（＝保険料負担者）および被保険者を被相続人とする生命保険契約の死亡保険金を受取るなど、遺贈により取得した財産があるときは、本制度の適用を受けることができる。

② 贈与税額控除

相続の開始３年以内（2024年１月以降は原則最大７年以内）に被相続人による贈与を受け、すでに贈与税を払っている場合、（ダブルで課税はされず）その贈与税額を相続税額より控除することができる。

本番得点力が高まる！ 問題演習

問1
□□□
2023年10月に死亡したＡさんの下記の親族関係図に基づき、Ａさんの相続に関する次の記述のうち、適切なものはいくつあるか。なお、Ａさんの父母および長女はＡさんの相続開始前に既に死亡している。

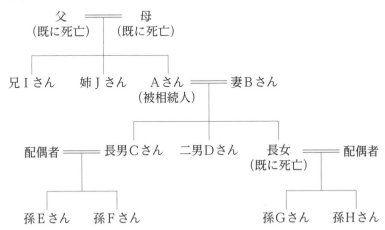

(a) 仮に、長男Ｃさんおよび二男Ｄさんが相続の放棄をした場合、相続税額の計算上、遺産に係る基礎控除額は4,800万円となる。

(b) 仮に、長男CさんがAさんの意向により廃除されて相続権を失っていた場合、相続税額の計算上、遺産に係る基礎控除額は5,400万円となる。

(c) 仮に、孫Eさんおよび孫GさんがAさんの普通養子（特別養子縁組以外の縁組による養子）であった場合、相続税額の計算上、遺産に係る基礎控除額は6,000万円となる。

1) 1つ
2) 2つ
3) 3つ
4) 0（なし）

問1 4) …… (a) ✕ 学習のポイント **2** ②(a)(c)より、法定相続人はB・C・D・G・Hの5人。
3,000万円＋600万円×5人＝6,000万円

(b) ✕ 学習のポイント **2** ②(b)より、法定相続人はB・E・F・D・G・Hの6人。
3,000万円＋600万円×6人＝6,600万円

(c) ✕ 学習のポイント **2** ③より、法定相続人はB・C・D・G・H・E（実子がいる場合養子は1人まで）の6人。
3,000万円＋600万円×6人＝6,600万円

7 相続税の申告、延納・物納

絶対マスター

絶対読め！30秒レクチャー

1級学科基礎では「相続税の申告が不要か、必要か」を判断する実践的な問題が2回に1回程度は出題されているので、過去問を通じて理解を深めよう。また、延納と物納についても、定期的にねらわれる傾向があるので、マスターしておこう！

これは申告不要だな…。

ナナメ読み！ 学習のポイント

1 相続税の申告が不要な場合・必要な場合

（1）申告が不要な場合

相続税の課税価格の合計が、<u>遺産に係る基礎控除額</u>以下である場合は申告の必要はない。相続時精算課税制度の適用を受けた場合でも、「贈与財産を加算した相続財産」が基礎控除額以下なら申告不要。また、基礎控除額を超えていても、「死亡保険金の非課税枠」や「未成年者控除などの税額控除」を適用し、税額ゼロの場合は申告不要。

（2）申告が必要な場合

相続税の課税価格の合計が、遺産に係る基礎控除額以上の場合は申告が必要。また「配偶者の税額軽減措置（1億6,000万円か配偶者の法定相続分のいずれか高いほうまでは非課税）」「小規模宅地等の特例」などによって<u>基礎控除額以下になるときも、申告が必要。</u>

2 相続税の申告書の提出

① 相続の開始を知った日の翌日から10カ月以内に、被相続人の死亡時の住所を管轄する税務署に申告書を提出しなければならない。

② 期限後は、自主的に申告した場合でも追加納付した税金額の5％を無申告加算税として納める必要がある（なお、申告期限から1カ月以内なら無申告加算税なし）。

3 相続税の納付期限

① 申告書の提出と同じ10カ月以内。

② 金銭による一括納付が原則。一定の要件のもと、延納・物納が可能。

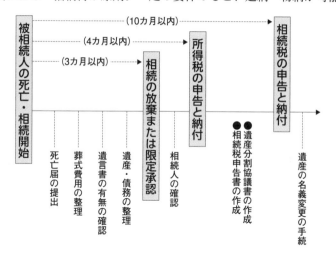

4 延納

① 金銭による一括納付が困難であり、納付すべき相続税総額が10万円を超え、かつ延納申請書を提出して許可を得ていることが必要。

② 原則として担保の提供が必要だが、延納税額100万円以下で延納期間3年以内の場合は担保不要。

③ 延納期間は最長5年が原則だが、相続財産に占める不動産の金額の割合が

75％以上の場合は、不動産の部分の延納期間は最長20年までOK。

5 物納
ぶつのう

(1) 物納

① 金銭による一括納付が困難であり、延納によっても金銭で納付することが困難とする事由があり、納期限までに物納申請書を提出し、許可を受けていることが必要。

② 物納できるのは相続、遺贈によって取得した財産。生前贈与加算された財産は物納できるが、**相続時精算課税制度**の適用を受けた財産は物納できない。

③ 物納できる財産には申請順位があり、不動産や上場株式等は第1順位、非上場株式等は第2順位、動産は第3順位とされている。

④ 物納後に国が処分しがたい財産で、ほかに物納適格財産がない場合に限って物納が認められるものを物納劣後財産という。例えば、接道義務を果たしていない土地は物納劣後財産となる。

⑤ 物納の収納価額は、原則として相続税の課税価格計算のもとになった当該財産の評価額。

⑥ 物納財産の評価額が納付すべき相続税額を上回った場合、差額は金銭で還付されるが、譲渡所得として課税される。

(2) 特定物納制度
とくていぶつのう

延納の許可を受けた相続税額について、延納条件を変更しても延納継続が困難な場合に、申告期限から10年以内に限り物納に変更することができる。同制度における物納財産の収納価額は、延納から物納に切り替えるための「物納申請時の価額」。なお、分納期限が到来している延納税額は、未納でも、物納に切り替えることができない。

6 未分割（遺産分割協議が成立していない）の場合の相続税の申告

① 未分割の場合、各相続人が「法定相続分で相続財産を取得した」ものとして計算した相続税を申告期限までに納付する。

② 未分割時は「小規模宅地等の特例」や「配偶者の税額の軽減」などの特例
が適用できない申告となる。

③ 上記②の場合でも「申告期限後3年以内の分割見込書」を添付して提出し、
3年以内に分割された場合には、特例の適用が受けられる。

④ 上記①の納付後、分割が成立して再計算した相続税額が増加し、修正申告
して差額を納付する場合、延滞税や過少申告加算税は課されない。

⑤ 上記①の納付後、分割が成立して再計算した相続税額が減少した相続人が
差額の還付を受ける場合、4カ月以内に更正の請求をする必要がある。

 本番得点力が高まる! **問題演習**

問1 相続税の申告および納付に関する次の記述のうち、最も不適切なも
□□□ のはどれか。

1) 相続税の更正の請求は、原則として、法定申告期限から5年以内
に限られるが、遺留分侵害額の請求に基づき支払うべき金銭の額
が確定したことにより、当初の申告に係る相続税額が過大となっ
たときは、確定したことを知った日の翌日から4カ月以内であれ
ば、法定申告期限から5年を経過していたとしても、更正の請求
をすることができる。

2) 祖父の相続により財産を取得し、相続税の申告書を提出する必要
がある父親が、提出期限前に当該申告書を提出しないで死亡した
場合、父親の相続人である子は、原則として、父親の相続の開始
があったことを知った日の翌日から10カ月以内に、父親に代わ
り、祖父の相続に係る当該申告書を提出しなければならない。

3) 期限後申告書を提出した者は、その申告書を提出した日の翌日か
ら1カ月以内に当該申告書に記載した納付すべき相続税額と納付
すべき相続税額に所定の割合を乗じた無申告加算税を納付しなけ
ればならない。

4) 相続税額を納期限までに金銭で一時納付することを困難とする事
由があり、納付すべき相続税額が10万円を超える場合、所定の
手続により、延納が認められるが、分納税額を納付する際に利子

税を併せて納付しなければならない。　　　　《2022年5月基礎 問48》

問2
□□□
相続税の延納および物納に関する次の記述のうち、最も適切なものはどれか。

1) 延納税額が100万円を超える場合、延納の許可を受けるにあたって、相続または遺贈により取得した財産のなかから、延納税額および利子税の額に相当する価額の財産を担保として提供しなければならない。

2) 物納に充てることができる財産は、相続税の課税価格の計算の基礎となった財産であるが、その種類による申請順位があり、不動産は第1順位、国債や地方債、上場株式は第2順位、動産は第3順位とされている。

3) 物納の許可限度額を超える価額の財産による物納が許可された場合に、許可に係る相続税額よりも物納許可財産の収納価額が上回ることとなったときには、差額が金銭により還付される。

4) 相続税の延納の許可を受けた者が、その後の資力の変化等により延納を継続することが困難となった場合、相続税の申告期限から5年以内に限り、その納付を困難とする金額を限度として、納付方法を物納に変更することができる。　《2021年5月基礎 問47》

問3
□□□
相続税の申告期限において、相続財産の全部または一部について遺産分割協議が成立していない場合の相続税の申告および納付に関する次の記述のうち、最も適切なものはどれか。

1) 相続財産が未分割の場合、原則として、共同相続人が民法に規定する相続分に従って相続財産を取得したものとして計算した相続税を申告期限までに納付しなければならないが、申告期限までに「申告期限後3年以内の分割見込書」を納税地の所轄税務署長に提出することにより、相続税の納付が最長で3年間猶予される。

2) 未分割の相続財産に基づく相続税を申告期限内に納付後、成立した遺産分割協議に従って計算した共同相続人が納付すべき相続税の合計額が、既に納付した相続税の合計額と同額である場合、「相続税額に変更がない旨の申出書」を納税地の所轄税務署長に提出することにより、共同相続人間で負担した相続税の増差額を精算

することが認められる。

3) 未分割の相続財産に基づく相続税を申告期限内に納付後、成立した遺産分割協議に従って計算した相続税の納付税額が既に納付した相続税額よりも減少した相続人が、その差額の還付を受けようとする場合、原則として、遺産分割協議が成立した日の翌日から1年以内に納税地の所轄税務署長に更正の請求をする必要がある。

4) 未分割の相続財産に基づく相続税を申告期限内に納付後、成立した遺産分割協議に従って計算した相続税の納付税額が既に納付した相続税額よりも増加した相続人が、修正申告書を納税地の所轄税務署長に提出してその差額を納付する場合、原則として、延滞税や過少申告加算税は課されない。　　　　《2017年1月基礎 問47》

問1 3) ─ 1) ◯ 相続税の更正の請求は原則（申告期限後）5年以内。た
だし、本肢のような事情で相続税額が減った相続人が差額の
還付を受けたい場合、4カ月以内に更正の請求ができる。
学習のポイント 6 ⑤を参照。

2) ◯ いわゆる数次相続の場合、1つめの相続税の申告期限は
2つめの相続税の申告期限まで延長される。

3) ✕ 申告期限から1カ月以内に申告した場合は期限後でも無
申告加算税はない。

4) ◯ 本肢のとおり。

問2 3) ─ 1) ✕ 延納の担保は、相続人の財産、共同相続人の財産、第三
者が所有する財産等であっても可。

2) ✕ 物納できる財産の順位：第1順位：国債、地方債、船舶、
不動産、上場株式（不動産・上場株式にはさらに順位劣後す
るもの有り）、第2順位：社債、非上場株式。
第1順位の中でも、上場株式と物納劣後財産である不動産が
ある場合は、上場株式を優先する。

3) ◯ 本肢のとおり。

4) ✕ 延納から物納への変更は、申告期限から10年以内の申
請が必要。

問3 4) ─ 1) ✕ 「申告期限後3年以内の分割見込書」を提出する場合でも、
いったん納税する必要がある。

2) ✕ そのような申出書は存在せず、各相続人がそれぞれ修正
申告や還付の請求を行う。

3) ✕ 遺産分割協議が成立した日の翌日から4カ月以内に請求
する必要がある。

4) ◯ 本肢のとおり。 学習のポイント 6 ④を参照。

　　　　出題率 **85%** ｜ 難易度 ★★★★☆

8 宅地の評価・小規模宅地

絶対
マスター

絶対読め！30秒レクチャー

　宅地の評価額は、1級学科基礎でも毎回1問は出るので、ここは集中的にマスターしよう！　相続財産の評価において「更地は高い」と覚えよう。普通の土地の評価額を100%とすると、貸している土地（貸宅地）は借地権割合（例：60%）だけ割安に評価して

もらえるし、アパートを建てて貸している土地（貸家建付地）も少しだけ安くみてもらえる。また、小規模宅地の評価減の計算は、過去問を繰り返し解いて理解すれば、1問ゲットできるぞ！

ナナメ読み！　学習のポイント

1 宅地の評価

　宅地の評価は1筆（いっぴつ）ごとではなく、1画地（いっかくち）（利用の単位となっている1区画）ごとに行われる。所在地によって、2つのいずれかにより評価する。

(1) 路線価方式（ろせんかほうしき）

　宅地の面する路線に付された路線価を基礎として、その宅地の状況や形状等を考慮したうえで最終的な価格を計算する方式。

(2) 倍率方式（ばいりつほうしき）

　郊外にある土地には路線価がついていないため、倍率方式で評価する。その宅地の固定資産評価額に、一定の倍率を乗じて額を計算する。

2 小規模宅地等の評価減の特例

　相続人が取得した宅地を、同じ目的で継続して使用する場合、通常の評価額から一定の割合を評価減する特例。共同相続の場合、特例の対象となるのは継続居住・事業継続する相続人の持分のみとなっている。

(1) 減額率

① 特定居住用宅地等（自宅継続）…330㎡を上限に、80％の減額
② 特定事業用宅地等（事業継続）…400㎡を上限に、80％の減額
③ 貸付事業用宅地等（貸付継続）…200㎡を上限に、50％の減額

　なお、賃貸募集していない空室に対応する部分は評価減を受けられない。

(2) 対象となる宅地

① 対象となる特定居住用宅地には、（被相続人名義の建物の敷地だけでなく）被相続人の配偶者・親族名義（共有の場合を含む）の建物の敷地も含まれる。また、二世帯住宅については内部が独立していても適用できる。

② 対象となる貸付事業用宅地は、賃貸アパート等の敷地として事業が継続されていればOK。事業的規模に満たない宅地でもOKだが、相続開始前3年以内に新たに貸付スタートした宅地と事業用宅地は原則NG。

③ 対象となる事業用宅地は、相続開始前3年以内に事業をスタートしたものは原則NG（宅地上の減価償却資産の価額が宅地の相続税評価額の15％以上であればOK）。

④ 対象となる宅地には、被相続人から遺贈や死因贈与により取得したものも含まれる。

⑤ 被相続人が老人ホームなどに入所していたために居住の用に供されていなかった宅地についても適用できる。

⑥ 対象となる宅地を取得した相続人が2人以上いる場合、本特例を受ける宅地の選択について、その全員の同意が必要となる。

(3) 特定居住用宅地等の適用要件

① 配偶者が宅地等を取得した場合は常に減額の対象。
② 同居親族が被相続人の居住用宅地等を取得した場合は、相続税の申告期限まで宅地等の所有・居住を継続していることが必要。
③ 非同居親族が被相続人の居住用宅地等を取得した場合は、

・被相続人に、配偶者も同居している法定相続人もいない

・相続開始前3年以内に自宅を所有していない（3親等内の親族が所有する家屋に居住したことがない）

・相続開始から申告期限までに継続所有している

などの要件を満たす必要がある。

(4) 適用面積の調整

① 特定事業用宅地等（特定同族会社事業用宅地等を含む）と特定居住用宅地等を評価減の対象とする場合、それぞれの適用対象面積まで完全併用できる。

特定事業用宅地等 400㎡＋特定居住用宅地等 330㎡＝730㎡

② 貸付事業用宅地等を対象とする場合、次の算式により、併用可能面積の調整を行う。

$$特定事業用宅地等×\frac{200㎡}{400㎡}+特定居住用宅地等×\frac{200㎡}{330㎡}$$
$$+貸付事業用宅地等 ≦ 200㎡$$

3 土地の評価

(1) 自用地

借地権などの権利や制限がない宅地のこと。自宅敷地、空き地、青空駐車場などが該当する。

(2) 借地権 (しゃくちけん)

建物所有を目的として土地を借りた場合の権利のこと。

借地権の評価額＝自用地評価額×借地権割合

(3) 貸宅地 (かしたくち)

借地権が設定されている宅地のこと。

貸宅地の評価額＝自用地評価額×（1－借地権割合）

(4) 貸家建付地 (かしやたてつけち)

宅地所有者が建物を建て、建物を貸し付けている場合の宅地のこと。

$$\begin{matrix}\text{貸家建付地} \\ \text{の 評 価 額}\end{matrix} = \begin{matrix}\text{自用地} \\ \text{評価額}\end{matrix} \times \left(1 - \begin{matrix}\text{借地権} \\ \text{割 合}\end{matrix} \times \begin{matrix}\text{借家権} \\ \text{割 合}\end{matrix} \times \begin{matrix}\text{賃貸} \\ \text{割合}\end{matrix}\right)$$

　なお、親が自分の土地に建てた建物を第三者に賃貸して「賃貸を継続したまま子供に建物だけを贈与して、土地は親による使用貸借」とした場合、親の土地は貸家建付地として評価する。

(5) 私道の相続税評価額

① 　特定の者しか通行しない私道は、自用地価額の30%

② 　不特定多数の者が通行する私道は、評価せず0円

(6) 借地権が設定されている土地で「土地の無償返還に関する届出書」が税務署長に提出されている場合

① 　その土地の借地権の価額は、評価せず0円

② 　その貸宅地の価額は、自用地価額の80%相当額として評価

4　建物の評価

(1) 自用家屋（じようかおく）

自宅、事務所、店舗、別荘などの評価額は固定資産税評価額となる。

自用家屋の評価額＝固定資産税評価額×1.0

(2) 貸家（かしや）

貸付用に供されている建物のこと。

貸家の評価額＝固定資産税評価額×（1－借家権割合×賃貸割合）

✎ 本番得点力が高まる！ **問題演習**

問1
□□□ 　「小規模宅地等についての相続税の課税価格の計算の特例」（以下、「本特例」という）に関する次の記述のうち、最も適切なものはどれか。なお、各選択肢において、ほかに必要とされる要件等はすべて満たしているものとする。

1）被相続人の事業の用に供されていた宅地を被相続人の配偶者が相続により取得した場合、その配偶者が当該宅地を相続税の申告期限までに売却したとしても、当該宅地は特定事業用宅地等として本特例の適用を受けることができる。

2）被相続人の居住の用に供されていた宅地を被相続人の親族でない者が遺贈により取得した場合、その者が相続開始の直前において被相続人と同居していたときは、当該宅地は特定居住用宅地等として本特例の適用を受けることができる。

3）被相続人が発行済株式総数の全部を有する法人の事業の用に供されていた宅地を被相続人の親族が相続により取得した場合、その親族が相続開始の直前において当該法人の役員でなければ、当該宅地は特定同族会社事業用宅地等として本特例の適用を受けることはできない。

4）被相続人の貸付の用に供されていた宅地を被相続人の親族が相続により取得した場合、その宅地が建物または構築物の敷地の用に供されているものでなければ、当該宅地は貸付事業用宅地等として本特例の適用を受けることはできない。　　　《2020年9月基礎 問49》

問2
□□□

Aさんは、自己の所有する宅地（200㎡）に4階建ての建物を建て、その建物の1～2階は7年前から賃貸し、3階は空室（賃貸募集はしていない）、4階はAさん夫婦の居住用として利用していた。また、長男は5年前に自宅を取得し、両親とは別に自分の家族と自宅で生活を営んでいた。ところが、Aさんが2024年12月に死亡したため、この宅地と建物は妻と長男が相続することになった。当該宅地および建物の相続にあたっては、宅地および建物全体を妻4：長男1の割合で共有分割し、1～2階は引き続き賃貸し、満室である。

この場合において、「小規模宅地等についての相続税の課税価格の計算の特例」（以下、「本特例」という）の適用を受けたときの当該宅地の相続税評価額として、最も適切なものは次のうちどれか。なお、Aさんの所有する土地は当該宅地のみとして、ほかの条件は考慮しないものとする。また、本特例の適用を受けるために必要とされるほかの要件等は、すべて満たしているものとする。

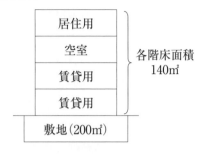

・所有者：宅地および建物ともにＡさん

・路線価（自用地価額）：

　400千円/㎡

・借地権割合：70%

・借家権割合：30%

1）16,000千円

2）37,000千円

3）43,000千円

4）80,000千円

《2011年1月基礎 問49改題》

 「小規模宅地等についての相続税の課税価格の計算の特例」（以下、「本特例」という）に関する次の記述のうち、最も不適切なものはどれか。なお、各選択肢において、ほかに必要とされる要件等はすべて満たしているものとする。

1）被相続人であるＡさんの居住の用に供されていた宅地を、相続開始の直前においてＡさんと同居していたＡさんの子Ｂさんが相続により取得した場合、子Ｂさんが相続開始前3年以内に子Ｂさんまたは子Ｂさんの配偶者の所有する家屋に居住したことがあったとしても、当該宅地は特定居住用宅地等として本特例の適用を受けることができる。

2）被相続人であるＣさんの居住の用に供されていた宅地を、相続開始直前においてＣさんと同居していた内縁の妻Ｄさんが遺贈により取得した場合、当該宅地は特定居住用宅地等として本特例の適用を受けることができない。

3）被相続人であるＥさんが5年前から自転車駐車場業の用に供していた宅地は、その貸付規模、設備の状況および営業形態を問わず、本特例における貸付事業用宅地等の対象とならない。

4）被相続人であるＦさんが有料老人ホームに入所したことで、Ｆさんの居住の用に供されなくなった宅地を、入所前に同居し、引き続き居住しているＦさんの子Ｇさんが相続により取得した場合に、相続開始の直前においてＦさんが要介護認定または要支援認定を受けているときは、当該宅地は特定居住用宅地等として本特例の

適用を受けることができる。 《2022年9月基礎 問49》

配偶者に先立たれたAさんは、自己が所有する宅地（300㎡）の上に、生計を別にする長男およびその家族と同居するための一棟の二世帯住宅の建築を検討している。この二世帯住宅は、2階建てで、お互いのプライバシーに配慮して、家屋の外部に階段を設置し、家屋の内部で行き来ができない構造とし、Aさんが居住する1階部分と別生計の長男家族が居住する2階部分の床面積は同一である。Aさんは、自己の相続開始時に、当該敷地を長男が相続し、特定居住用宅地等として「小規模宅地等についての相続税の課税価格の計算の特例」（以下、「本特例」という）の適用を受けられるようにしたいと考えている。

Aさんが建築を検討している二世帯住宅の所有形態等に関する次の記述のうち、最も不適切なものはどれか。なお、Aさんと長男との間で家賃・地代の授受はなく、Aさんの財産は長男が相続によりすべて取得するものとする。また、各選択肢において、ほかに必要とされる要件等はすべて満たしているものとする。

1) Aさんが住宅の建設資金のすべてを負担して建物登記をした場合、Aさんの相続開始時、当該敷地のすべての部分について本特例の適用を受けることができる。

2) Aさんと長男が住宅の建設資金を折半して負担し、持分をそれぞれ50％として共有登記をした場合、Aさんの相続開始時、当該敷地の2分の1に相当する部分のみについて本特例の適用を受けることができる。

3) Aさんと長男が住宅の建設資金を折半して負担し、それぞれが居住の用に供する部分について区分所有建物登記をした場合、Aさんの相続開始時、当該敷地のすべての部分について本特例の適用を受けることはできない。

4) 長男が住宅の建設資金のすべてを負担して建物登記をした場合、Aさんの相続開始時、当該敷地のすべての部分について本特例の適用を受けることができる。 《2016年9月基礎 問49》

問5 Aさんは、Aさんの父親が2024年8月に死亡したことにより、下記のX土地、Y土地、Z土地を相続により取得した。「小規模宅地等

についての相続税の課税価格の計算の特例」の適用を受けた場合、当該宅地の相続税の課税価格に算入すべき価額の計算にあたって減額される最大の金額として、次のうち最も適切なものはどれか。

X土地	・X土地は、Aさんの父親が居住していた自宅の敷地であり、「特定居住用宅地等」に該当する。 ・宅地面積は400㎡、自用地評価額は6,000万円である。
Y土地	・Y土地は、Aさんの父親が10年前から事業を営んでいた雑貨店の敷地であり、「特定事業用宅地等」に該当する。 ・宅地面積は200㎡、自用地評価額は3,000万円である。
Z土地	・Z土地は、Aさんの父親が10年前から所有していた賃貸アパート（入居率100％）の敷地であり、「貸付事業用宅地等」に該当する。 ・宅地面積は200㎡、自用地評価額は8,000万円、借地権割合は60％、借家権割合は30％である。

1) 3,960万円
2) 4,000万円
3) 6,360万円
4) 7,200万円

《2016年1月基礎 問49改題》

問1 4) ─ 1) ✕　申告期限まで事業と所有が継続していることが必要。

2) ✕　親族でない者は同居していたとしても対象外。

3) ✕　特定同族会社事業用宅地等として本特例の適用を受けるには、相続税の申告期限の時点で役員に就任していればよい。

4) 〇　本肢のとおり。

問2 3) ─ ① 特例減額前における、各部分の評価額を求める。

1フロア当たりの敷地面積は200㎡÷4＝50㎡。自宅・空室・賃貸の各部分に対する敷地面積は、自宅50㎡・空室50㎡・賃貸50㎡×2階で、各評価額は、

自宅：400千円×50㎡＝20,000千円（自用地評価）

空室：400千円×50㎡＝20,000千円（自用地評価）

賃貸：400千円×50㎡×2×（1－70%×30%）
　　　＝31,600千円（貸家建付地評価）

② 妻と長男、それぞれの持分を求める。

妻と長男が4：1（80%：20%）の比率で共有分割するので、各持分は、

自宅：妻16,000千円、長男4,000千円

空室：妻16,000千円、長男4,000千円

賃貸：妻25,280千円、長男6,320千円

③ 自宅部分と賃貸部分について、小規模宅地の評価減を行う。

同特例により、妻の持分は「自宅部分80%」「賃貸部分50%」の減額となり、

妻・自宅：16,000千円－16,000千円×80%＝3,200千円
　　　　　（16,000千円×20%でも算出可）

妻・賃貸：25,280千円－25,280千円×50%＝12,640千円
　　　　　（25,280千円×50%でも算出可）

自宅に継続居住しない長男は事業継続する賃貸部分だけ50%減額されるため、

長男・賃貸：6,320千円－6,320千円×50%＝3,160千円

④ すべての部分を合計する。

特例適用後の相続税評価額（各持分）は、

妻：自宅3,200千円＋空室16,000千円＋賃貸12,640千円
　　＝31,840千円

長男：自宅4,000千円＋空室4,000千円＋賃貸3,160千円
　　　＝11,160千円

合計して、妻31,840千円＋長男11,160千円＝43,000千円

問3 3) ── 1) ○　相続開始の直前に同居していた親族は「同居の親族」となり小規模宅地の特例の適用を受けることができる。

2) ○　この特例は民法上の親族が取得した場合に限り適用できる。

3) ✕　不動産の貸付で対価を得て事業が継続されていれば、貸付事業用宅地として適用できる。

4) ○　学習のポイント **2** **(2)** ⑤を参照。

問4 2) ── 1) ○　被相続人と親族が居住するいわゆる二世帯住宅の敷地の用に供されている宅地等は、二世帯住宅が構造上区分された住居（区分所有建物登記がされている建物を除く）であっても、敷地全体について本特例の適用が受けられる。

2) ✕　二世帯住宅が被相続人と親族との共有であっても、敷地全体について本特例の適用が受けられる。被相続人の単独所有であるか、被相続人と親族との共有であるかで、本特例の適用は異ならない。

3) ○　二世帯住宅が区分所有建物登記されていた場合、敷地全体について、本特例の適用を受けることはできない。

4) ○　2）同様、二世帯住宅が親族の単独所有であったとしても、被相続人が居住する建物の敷地であるため、当該敷地全体について本特例の適用を受けられる。

問5 3) ── ①　「特定居住用宅地等（330㎡まで）」と「特定事業用宅地等（400㎡まで）」は完全併用でき、いずれも80％減額される。

減額される金額＝ $6{,}000万円 \times \dfrac{330㎡}{400㎡} \times 80\% + 3{,}000万円$

$$\times 80\% = 6,360 \text{万円}$$

② 「貸付事業用宅地等」は面積調整が必要。

$$\text{特定事業用宅地等} \times \frac{200㎡}{400㎡} + \text{特定居住用宅地等} \times \frac{200㎡}{330㎡}$$
$$+ \text{貸付事業用宅地等} \leqq 200㎡$$

$$200㎡ \times \frac{200㎡}{400㎡} + 330㎡ \times \frac{200㎡}{330㎡} + \text{貸付事業用宅地等の面積}$$

$$\leqq 200㎡$$

上記の式において、特定事業用宅地等の面積と特定居住用宅地等の面積の計算上、合計200㎡以上となるため、貸付事業用宅地等について特例の適用を受けることはできない。

よって、減額される最大の金額は6,360万円

9 非上場株式の相続

ここで差がつく

絶対読め！30秒レクチャー

　現金化することが難しいのに、結構な評価額になりやすい、非上場株式。これだから中小企業オーナーの相続・事業承継は大変だ！というわけで、非上場株式の相続税や贈与税の納税をくりのべる方法について出題されるのだ。ここは納税猶予の特例を一点集中で勉強したうえで、株式評価に関する計算（第7章 8 を参照）も押さえておこう！

納税猶予の特例

これを押さえろ！

ナナメ読み！ 学習のポイント

1 非上場株式についての「贈与税」の納税猶予の特例（特例措置）

　都道府県知事の認定を受ける非上場会社の株式等を、先代経営者から後継者が贈与等により取得して経営していく場合には、その株式等に係る課税価格の全額に対応する贈与税の納税が猶予される。

① 適用対象となるのは、発行済議決権株式等の全株式。

② 受贈者（後継者）は「役員などの就任から**3年以上**が経過した、18歳以上の会社の代表者」であること等が要件。ほか、「会社の代表者で、後継者と同族関係者等で議決権の50％超を占め、かつ後継者が同族関係者内で筆頭株主である」ことが必要。

③ 贈与者（先代）は「かつて**会社の代表者であった**」かつ「贈与時までに会社の代表を退任している」こと等が要件。

④ 本特例の適用を受けた場合の雇用確保要件（正社員の8割の雇用を5年間

の平均で維持しなければならない）は緩和され、維持できなかった理由を記載した書類を提出すれば納税猶予は原則として継続できる。

⑤　贈与した年の翌年の1月15日までの申請が必要。

2 非上場株式についての「相続税」の納税猶予の特例（特例措置）

都道府県知事の認定を受ける非上場会社の株式等を、先代経営者から後継者が相続等により取得し、その会社を経営していく場合には、その株式等に係る課税価格の**全額**に対応する相続税の納税が猶予される。

①　適用対象となるのは、発行済議決権株式等の全株式。

②　相続人（後継者）は「相続開始の直前に役員であった」かつ「相続開始から5カ月後において、会社の代表者」であること等が要件。

③　被相続人（先代）は「会社の代表者であった」こと等が要件。

④　申告期限後5年以内に、後継者が保有株式を譲渡した場合には、猶予税額の全部または一部について利子税と併せて納付しなければならない。

⑤　本特例の適用を受けた場合の雇用確保要件（正社員の8割の雇用を5年間の平均で維持しなければならない）は緩和され、維持できなかった理由を記載した書類を提出すれば納税猶予は原則として継続できる。

3 特例措置と一般措置

2018年4月からは、これまでの措置（一般措置）に加えて、期間限定の特例措置が創設された。

（参考）特例措置と一般措置の比較

	特例措置	一般措置
事前の計画策定等	5年以内の特例承継計画の提出 〔2018年4月1日から 2026年3月31日まで〕	不要
適用期限	10年以内の贈与・相続等 〔2018年1月1日から 2029年12月31日まで〕	なし
対象株数	全株式	総株式数の最大3分の2まで
納税猶予割合	100%	贈与：100%　相続：80%
承継パターン	複数の株主から最大3人の後継者	複数の株主から1人の後継者
雇用確保要件	弾力化	承継後5年間 平均8割の雇用維持が必要
事業の継続が困難な事由が生じた場合の免除	あり	なし
相続時精算課税の適用	60歳以上の者から18歳以上の者への贈与	60歳以上の者から18歳以上の推定相続人・孫への贈与

4 議決権のない株式の評価

議決権のない株式を、同族株主が相続で取得した場合、（原則的評価方式による）評価額の5％を減額して、減額分を別の同族株主が相続した議決権のある株式の評価額に加算できる。

✎ 本番得点力が高まる！ **問題演習**

問 1　　2018年度税制改正により創設された「非上場株式等についての贈
☐☐☐　与税の納税猶予及び免除の特例（特例措置）」（以下、「本特例」という）に関する次の記述のうち、最も適切なものはどれか。
1) 本特例の適用を受けるためには、2024年3月31日までに後継者や経営計画等が記載された一定の計画書を都道府県知事に提出して確認を受けたうえで、「中小企業における経営の承継の円滑化に関する法律」に基づく都道府県知事の認定を受ける必要がある。
2) 本特例の適用を受けることができる後継者は、本特例の対象となる非上場株式の受贈時において会社の代表権を有し、発行済議決権株式総数の過半数を有する者に限られる。
3) 後継者が贈与を受けた非上場株式のうち、本特例の対象となる非

上場株式は、後継者が受贈前に既に有していた非上場株式を含めて、発行済議決権株式総数の3分の2が限度となる。

4) 本特例の対象となる非上場株式は、会社の代表権を有していた者から贈与を受けた非上場株式に限られ、会社の代表権を有したことがない者から贈与を受けた非上場株式は対象とならない。

問1 1)── 1) ○ 本肢のとおり。

2) ✕ この適用を受ける後継者は「役員などの就任から3年以上が経過した18歳以上の会社の代表者で、後継者と同族関係者等で議決権の50%超を占め、かつ後継者が同族関係者内で筆頭株主である」ことが必要だが、単独で議決権の過半数を有する必要はない。

3) ✕ 適用対象となるのは、発行済議決権株式総数の**全株式**。

4) ✕ 会社の代表権を有したことのない者を含む複数の株主からの贈与にも適用できる。

第 **6** 章

相続・事業承継

10　成年後見制度

最後の
ひと押し

絶対読め！**30**秒レクチャー

　1級学科基礎では2011年以降、成年後見
制度が定期的に出題されてきた！　精神上の
障害などにより判断能力が十分でない場合
に、不利益を被らないように家庭裁判所に申
立てをして、援助してくれる人をつけてもら
う制度なので、高齢化社会に備えてキチンと
理解しておきたい……という背景があるの
で、これからも定期的な出題が予想される
ぞ！

家庭裁判所　選任　後見人　被後見人

ナナメ読み！　**学習のポイント**

1　法定後見制度（ほうていこうけん）

　裁判所の手続きによって、後見人などを選任してもらえる制度。

(1) 後見（こうけん）

① 精神上の障害（知的障害、精神障害、痴呆など）によって、ほとんど判断
できない人を保護する。

② 家庭裁判所は本人（被後見人（ひこうけんにん））のために「成年後見人（せいねんこうけんにん）」を選任する。成年
後見人は代理権を持ち、本人の財産に関するすべての法律行為を本人に代
わって行うことができる。また、本人の日常生活に関する行為以外の行為に
対して取消権を持つ。

③ 成年後見人が本人の居住用不動産の処分をする場合、裁判所の許可が必
要。

(2) 保佐
ほ さ

① カンタンなことであれば自分で判断できるが、法律で定められた一定の重要な事項については援助してもらわないとできないなど、<u>判断能力が著しく不十分な人</u>を保護する。

② 家庭裁判所は本人（被保佐人）のために「保佐人」を選任し、当事者が申し立てた特定の法律行為について保佐人に<u>代理権を与える</u>。保佐人に代理権を付与する場合、本人以外の者からの申立ての場合は本人の同意が必要。また、民法13条1項各号所定の行為について同意権（取消権）を与える。

(3) 補助
ほ じょ

① 大体のことは自分で判断できるが、難しい事項については援助をしてもらわないとできないなど、<u>判断能力が不十分な人</u>を保護する。

② 家庭裁判所は本人（被補助人）のために「補助人」を選任し、当事者が申し立てた特定の法律行為について補助人に<u>代理権または同意権（取消権）</u>を与える。

③ 本人以外の者の請求によって補助開始の審判や、補助人に同意権や代理権を与える審判をする場合、本人の同意が必要。

(4) その他のポイント

① 後見・保佐・補助、いずれも後見事項等が<u>戸籍に記載されることはなく、法務局</u>にて成年後見登記として登記される。

② 後見人・保佐人・補助人は、いずれも<u>複数</u>の選任ができる。

③ 被保佐人や被補助人は、保佐人や補助人の同意なしで遺言書を作成できる。

2 任意後見制度
にん い こうけん

<u>当事者間の契約によって後見人を選ぶ制度。</u>

① 任意後見契約：自分が元気なうちに、信頼できる個人や法人に「もし自分がボケたら、自分に代わって自分の財産管理や必要な契約（後見事務）をしてください」とお願いして引き受けてもらう委任契約。公正証書による契約が必須。

任意後見人および後見事務の範囲は自由に決められるが、一身専属的な権

利（たとえば、結婚、離婚、養子縁組など）については契約に盛り込むことはできない。

② 後見事務のスタート：親族等が本人の同意を得て家庭裁判所に申立てを行い、後見事務をする人（任意後見人）を監督する人（任意後見監督人）が専任された時から、①の契約が効力を生じる。

 本番得点力が高まる！ **問題演習**

問1
□□□ 成年後見制度に関する次の記述のうち、最も不適切なものはどれか。

1) 後見については、複数の成年後見人および法人の成年後見人が認められているが、保佐および補助については、複数の保佐人、補助人や法人の保佐人、補助人は認められていない。

2) 成年後見人は、成年被後見人が自ら行った法律行為について、日用品の購入その他日常生活に関する行為等を除き、取り消すことができる。

3) 成年後見人が、成年被後見人に代わって、成年被後見人の居住用不動産の売却や賃貸等をする場合、家庭裁判所の許可を得なければならない。

4) 成年後見人は、家庭裁判所に報酬付与の審判を申し立てて認められれば、成年被後見人の財産のなかから審判で決められた報酬を受け取ることができる。　　　　　　　　　　　《2018年1月基礎 問44》

問2
□□□ 任意後見制度に関する次の記述のうち、最も不適切なものはどれか。

1) 任意後見契約において、複数の者や法人が任意後見受任者となることも可能である。

2) 任意後見契約は、その締結後、公証人の嘱託によって登記され、後見登記等ファイルに所定の事項が記録される。

3) 任意後見契約は、本人や任意後見受任者などの請求により、家庭裁判所で任意後見監督人が選任された時から、その効力が生じる。

4) 任意後見人は、任意後見契約に定めた事項に関する被後見人の法律行為について、代理権および取消権を有する。

問3 　成年後見制度等に関する次の記述のうち、最も不適切なものはどれか。
□□□

1）本人以外の者が後見等の開始の申立てを行う場合、後見および保佐については本人の同意は不要であるが、補助については本人の同意が必要である。

2）成年後見人に選任された者は、速やかに成年被後見人の資産や収入等を調査して成年被後見人のための財産管理計画を立案し、財産目録および年間収支予定表を作成しなければならない。

3）成年後見人が家庭裁判所の許可を得ないで成年被後見人の居住用不動産を処分した場合、その処分行為は無効となる。

4）成年後見登記制度における「登記されていないことの証明書」とは、成年被後見人、被保佐人等の登記がされていないことを証明するもので、本人または本人の配偶者に限り、その交付を請求することができる。《2016年9月基礎 問44》

第**6**章

相続・事業承継

問1 1)──1) ✕ 後見人、保佐人、補助人いずれも複数の選任ができる。

2) ○ 本肢のとおり。

3) ○ 成年後見人が被後見人の居住用不動産の処分をする場合、裁判所の許可が必要。

4) ○ 本肢のとおり。

問2 4)──1) 2) 3) ○ 本肢のとおり。

4) ✕ 法定後見制度には取消権があるが、任意後見制度にはない。

問3 4)──1) 2) 3) ○ 本肢のとおり。

4) ✕ 家庭裁判所による後見・保佐・補助開始の審判確定後、成年後見登記として法務局で登記される。法務局に成年後見登記として「登記されていないことの証明書」を請求できるのは、本人・4親等内の親族・本人から委任を受けた代理人・本人の4親等内の親族から委任を受けた代理人に限られる。

学科応用・完全対策

1級学科の半分（100点）の配点を占める「応用」は、一見すると難しい。しかし、15問のうち7～9問はパターン化された計算問題なので、実は試験対策が立てやすい。この章をヘビーローテーションで学習するだけで「応用」はキミのものだ！「応用を制する者は、学科を制する！」ので、この章だけは4周以上勉強しろ！

1　7割近くが計算問題だ！

1級の学科「応用」試験は、150分の制限時間で15問。1問当たり10分かけられるので、それなりに時間の余裕はある。しかし、全体の7割近く、毎回9〜11問は計算問題が出題されているのだ。だから、**計算問題を中心に勉強して、それ以外は「過去問に出た知識とその周辺」に絞って勉強しよう！**

2　計算問題の出題パターンは決まっている！

計算問題の8割は「定番問題」といえる。以下の超定番をマスターすることで、計算問題のうち8問は取れるようにしておきたい。

第1問　ライフ
● 公的年金に関する計算

第2問　金融
● 財務指標に関する計算

第3問　タックス
● 法人の所得・法人税額に関する計算

第4問　不動産
● 建蔽率・容積率に関する計算
● 譲渡所得の計算

第5問　相続
● 非上場株式の株式評価に関する計算

3　「計算過程」で部分点をねらえ！

「応用」はオール記述式で、計算問題の大半は「計算過程を示せ」とある。つまり、完全な正解が出なくても（白紙回答は避けて）**計算プロセスを記述すれば部分点がねらえるのだ。** 定番問題はどんなに難しくても「部分点は絶対に取る！」という気合で本番に臨もう。

完全対策

4 「応用」で70点をねらえ！

　1級学科（200点満点）の配点は「基礎100点」「応用100点」と公表されている。そこで、実は定番問題が半分を占める「応用」で部分点も含めて7割取るつもりで勉強しよう！　ここで稼げれば、かなりラクに合格できるぞ！

　この本では、最短の勉強時間で合格ラインの実力をつけるために、学科「応用」対策を「定番の計算問題」に絞ってある。直近4回分（時間のある人は6回分）の過去問に出ている計算問題の徹底した理解に取り組みつつ、深く理解できない頻出問題があったら、本書の該当箇所に戻る方法がオススメだ。

◎徹底分析！　FP1級学科試験　応用問題　計算問題の出題傾向

	問	2024.1	2023.9	2023.5	2023.1	2022.9	2022.5	2022.1
第1問	問51					公的年金（在職老齢年金）		
	問52				高額療養費	公的年金（老齢基礎・老齢厚生）	公的年金（遺族厚生等）	公的年金（老齢基礎・老齢厚生）
	問53	公的年金（障害基礎・障害厚生等）	公的年金（老齢基礎・老齢厚生等）	公的年金（老齢基礎・老齢厚生等）	公的年金（老齢基礎・老齢厚生等）			
第2問	問54				財務指標（総資産回転率、PERなど）		財務指標（流動比率・固定比率など）	株式の内在価値（理論株価）
	問55	財務指標（自己資本利益率、財務レバレッジ等）	財務指標（固定比率・インカバレシオ・負債比率等）	株式の内在価値（理論株価）等	財務分析（損益分岐点売上など）	財務指標（自己資本利益率など）	投資指標（相関係数・標準偏差など）	財務指標（固定長期適合率・インカバレシオ）
	問56	ポートフォリオ運用（リスク・相関係数）	ポートフォリオ運用（共分散・リスク）	財務指標（サスティナブル・イールドスプレッド）	外貨建て債券の利回り	投資指標（シャープレシオなど）		
第3問	問57	別表4（法人の所得）		別表4（法人の所得）	総所得金額	別表4（法人の所得）	別表4（法人の所得）	別表4（法人の所得）
	問58	納付する法人税額	事業所得	納付する法人税額	医療費控除	納付する法人税額	納付する法人税額	納付する法人税額
	問59		所得税額				総所得金額	医療費控除
第4問	問60	譲渡所得（居住用財産）		譲渡所得（固定資産交換）		建蔽率・容積率	建蔽率・容積率	宅地の相続税評価額
	問61	建蔽率・容積率	建蔽率・容積率	建蔽率・容積率	譲渡所得（事業用買換）		相続税の総額	建蔽率・容積率
	問62		譲渡所得（空き家の特別控除、取得費加算の特例）		建蔽率・容積率	譲渡所得（居住用財産）	宅地の相続税評価額	譲渡所得（優良住宅地）
第5問	問63	非上場株式の評価（類似業種比準方式）	小規模宅地の特例	土地の相続税評価額（貸家建付地・自用地）		非上場株式の評価（類似業種比準方式）	非上場株式の評価（類似業種比準方式）	非上場株式の評価（類似業種比準方式）
	問64	非上場株式の評価（純資産価格・併用方式）	相続税額	相続税額	非上場株式の評価（類似業種比準方式）	非上場株式の評価（純資産価格・併用方式）	非上場株式の評価（純資産価格・併用方式）	非上場株式の評価（純資産価格方式・併用方式）
	問65				非上場株式の評価（純資産価格方式）			
計算問題数		9	9	9	11	10	11	11

1　公的年金に関する計算

絶対読め！ 30 秒レクチャー

　老齢基礎年金の額はカンタン。約78万円の「満額の基礎年金額」を、加入していた月数の割合で按分すれば出る。また、老齢厚生年金の「定額部分」をもらっている人が65歳になると、その部分は老齢基礎年金に切り替わるが、その際の減少をカバーする調整が「経過的加算」だ。老齢厚生年金

の「報酬比例部分」は、会社などからもらっていた報酬と加入していた期間に比例して、もらえる年金額が決まるぞ！　制度が変わった2003年春の前後で、計算式が異なるところがポイントだ！　2003年3月までの計算には月々の給料をベースにした「平均標準報酬月額」を用い、それ以降の計算には、賞与も含めた「平均標準報酬額」を用いる。

　遺族基礎年金は、子供の数に応じてカンタンに金額が決まる！　遺族厚生年金は、報酬比例で求めた金額の75％（4分の3）相当になるのだが、勤務年数が25年（300カ月）に満たない場合は同じ給与水準で300カ月働いたとみなして計算するのがポイントだ！

　公的年金は出題率100％！　余裕がある人は、年金受給後も会社員として働き続けると年金が減るしくみである「在職老齢年金」もしっかり勉強しておこう。

1 老齢年金の計算

(1) 老齢基礎年金の年金額

$$満額（約80万円）\times \frac{納付済月数}{480月}$$

満額の基礎年金額は、2024年度は816,000円（68歳以下の場合）。「イ ンフレで増えた年金入ろ（816）うよ」と覚えよう！

① 納付済月数には免除された月数も一定の割合に応じてカウントする。

② 受給スタートは原則65歳だが、繰り上げて受給（1カ月あたり**0.4%**の減額）や繰り下げて受給（1カ月あたり**0.7%**の増額）をすることもできる。

③ 基礎年金の納付済月数の注意点

老齢基礎年金は、20～60歳までの40年間（480カ月）が加入可能年数の上限（1941年4月2日以降に生まれた場合）。厚生年金の被保険者期間が480カ月以上ありながらも大学在学中などに国民年金に任意加入しなかった期間がある場合、上限の480カ月から未加入期間を差し引けば、保険料納付済月数を算出できる。

(2) 老齢厚生年金（報酬比例部分）の年金額算出式

ⓐ＋ⓑ

ⓐ：平均標準報酬月額 $\times \dfrac{乗率}{1,000} \times$ 2003年3月以前の 被保険者期間の月数

ⓑ：平均標準報酬額 $\times \dfrac{乗率}{1,000} \times$ 2003年4月以後の 被保険者期間の月数

2003年3月以前と4月以降を分けて計算するところを理解すること！ 被保険者期間の月数のカウントを正確に！ 「乗率」は資料に表示されるので、問題文に**本来水準**とある場合は**新乗率**（小さい数字）を用いる。 （従前額保障とある場合は旧乗率を用いて、さらに従前額改定率「1.014」などを乗じて計算するが、おそらくこのパターンになる可能性は低い）

(3) 老齢厚生年金（経過的加算）の年金額算出式

> 経過的加算＝ⓐ－ⓑ
>
> ⓐ：1,701円×被保険者期間の月数
>
> ⓑ：「満額の基礎年金額」× $\dfrac{20歳以上60歳未満の被保険者期間の月数}{480月}$

　老齢基礎年金には<u>20歳前</u>や<u>60歳以降</u>の厚生年金加入（と合わせて保険料を払った）分が反映されないため、その金額（差額）を補う調整額が「経過的加算」である。計算式を暗記する必要はないが、理解しておこう！

2　遺族年金の計算

（1）遺族基礎年金の年金額（2024年度）

　不幸のあった（母子家庭だけでなく）父子家庭にも支給される。

　子1人：816,000円＋234,800円×1＝1,050,800円

　子2人：816,000円＋234,800円×2＝1,285,600円

　悲しいゴロ合わせ「　夫妻しば（2348）らく別離かな」で覚えておこう。

　支給期間は子が高卒相当の年齢（18歳になって迎えた3月末）まで。

（2）遺族厚生年金の年金額の計算方法

> $(Ⅰ+Ⅱ) \times \dfrac{最低保障300月}{被保険者期間の月数} \times \dfrac{3}{4}$
>
> Ⅰ：平均標準報酬月額×乗率
> 　　×2003年3月までの被保険者期間の月数
>
> Ⅱ：平均標準報酬額×乗率×2003年4月以後の被保険者期間の月数

　こちらは子のいない妻も支給対象で、被保険者期間中に死亡した場合は、被保険者期間を最低300月とみなして（割増して）計算する最低保障がある。

3　公的年金額の端数処理（共通）

　計算過程においては<u>円未満を四捨五入</u>。最終的な年金額も<u>円未満を四捨五入</u>する。

4 在職老齢年金の計算

（厚生年金の被保険者として）勤務しながら、厚生年金を受け取る場合、適度に支給停止（減額）された年金が支給される。

> 支給停止基準額＝（総報酬月額相当額＋基本月額－支給停止調整額）
> ×50％×12カ月

① 「総報酬月額相当額」は、例えば賞与なしの場合、標準報酬月額をそのまま入れればよい。

② 「基本月額」は、老齢厚生年金額（年額）の12分の1（各種加算分は除く）で計算できる。

③ 「支給停止調整額」は、50万円（2024年度）を入れる。

④ 老齢厚生年金額（年額）から「支給停止基準額」が減額された年金を、在職老齢年金という。

⑤ 1カ月あたりのトータル収入が50万円を超えたら「超えた部分の半分が年金カットされる！」とイメージしておこう。

第7章 学科応用・完全対策

 本番得点力が高まる！ **問題演習**

問 1
□□□
次の設例に基づいて、下記の問に答えなさい。

───《設　例》───

　X株式会社（以下、「X社」という）に勤務するAさん（55歳）は、妻Bさん（53歳）との2人暮らしである。X社は、65歳の定年制を採用しているが、再雇用制度が設けられており、その制度を利用して同社に再雇用された場合、最長で70歳まで勤務することができる。Aさんは、定年退職後の働き方を検討する前提として、公的年金制度からの老齢給付や雇用保険からの給付について知りたいと思っている。

　また、Aさんは、現在入院中の母Cさん（78歳）が退院後に介護が必要となることから、介護休業を取得した場合の雇用保険からの給付についても知りたいと思っている。

　そこで、Aさんは、ファイナンシャル・プランナーのMさんに相談することにした。Aさんの家族に関する資料は、以下のとおりである。

〈Aさんの家族に関する資料〉
(1) Aさん（本人）
　・1968年11月5日生まれ
　・公的年金の加入歴
　　1988年11月から1991年3月までの大学生であった期間（29月）は国民年金に任意加入していない。
　　1991年4月から現在に至るまで厚生年金保険の被保険者である（過去に厚生年金基金の加入期間はない）。
　・全国健康保険協会管掌健康保険の被保険者である。
　・1991年4月から現在に至るまで雇用保険の一般被保険者である。
(2) Bさん（妻）
　・1970年6月21日生まれ

・公的年金の加入歴

　1989年４月から1994年４月まで厚生年金保険の被保険者である。

　1994年５月から現在に至るまで国民年金の第３号被保険者である。

・Ａさんが加入する健康保険の被扶養者である。

(3) Ｃさん（母）

・1945年７月３日生まれ

・後期高齢者医療制度の被保険者である。

・老齢基礎年金および遺族厚生年金を受給している。

・Ａさんとは住居を別にしており、今後もＡさんと同居する予定はない。

※妻Ｂさんは、Ａさんと同居し、現在および将来においても、Ａさんと生計維持関係にあるものとする。

※Ａさんと妻Ｂさんは、現在および将来においても、公的年金制度における障害等級に該当する障害の状態にないものとする。

※上記以外の条件は考慮せず、各問に従うこと。

問　Ａさんが、Ｘ社を定年退職して再就職しない場合、Ａさんが原則として65歳から受給することができる公的年金の老齢給付について、次の①および②に答えなさい。〔計算過程〕を示し、〈答〉は円単位とすること。また、年金額の端数処理は、円未満を四捨五入すること。

　　なお、計算にあたっては、下記の〈条件〉に基づき、年金額は、2024年度価額に基づいて計算するものとする。

① 　老齢基礎年金の年金額はいくらか。

② 　老齢厚生年金の年金額（本来水準による価額）はいくらか。

〈条件〉

(1) 厚生年金保険の被保険者期間

・総報酬制導入前の被保険者期間：144月

・総報酬制導入後の被保険者期間：367月（65歳到達時点）

(2) 平均標準報酬月額および平均標準報酬額

  （65歳到達時点、2024年度再評価率による額）

  ・総報酬制導入前の平均標準報酬月額：36万円

  ・総報酬制導入後の平均標準報酬額　：55万円

(3) 報酬比例部分の給付乗率

  ・総報酬制導入前の乗率：1,000分の7.125

  ・総報酬制導入後の乗率：1,000分の5.481

(4) 経過的加算額

  1,701円×被保険者期間の月数－□□□円

$$\times \frac{1961年4月以後で20歳以上60歳未満の厚生年金保険の被保険者期間の月数}{加入可能年数 \times 12}$$

  ※「□□□」は、問題の性質上、伏せてある。

(5) 加給年金額

  40万8,100円（要件を満たしている場合のみ加算すること）

《2021年5月応用 問51改題》

問2
□□□
次の設例に基づいて、下記の問に答えなさい。

《設 例》

　X株式会社（以下、「X社」という）に勤務するAさん（59歳）は、妻Bさん（64歳）との2人暮らしである。Aさんは、先日、親の介護のために休業を予定している同僚から、介護休業に係る雇用保険からの給付があることを聞き、それについて詳しく知りたいと思っている。

　また、X社は65歳定年制を採用しており、Aさんは65歳になるまでX社に勤務する予定であるが、今後、自分に介護が必要となった場合における公的介護保険からの給付や、自分が死亡した場合に妻Bさんに支給される公的年金制度の遺族給付についても知りたいと思っている。

　そこで、Aさんは、ファイナンシャル・プランナーのMさんに相談することにした。Aさんの家族に関する資料は、以下のとおりである。

〈Aさんの家族に関する資料〉

（1）Aさん（本人）

・1965年5月10日生まれ

・公的年金の加入歴

1985年5月から1988年3月までの大学生であった期間（35月）は、国民年金に任意加入していない。

1988年4月から現在に至るまで厚生年金保険の被保険者である。

・全国健康保険協会管掌健康保険の被保険者である。

・1988年4月から現在に至るまで雇用保険の一般被保険者である。

（2）Bさん（妻)

・1960年1月30日生まれ

・公的年金の加入歴

1978年4月から1990年3月まで厚生年金保険の被保険者である（基金の加入歴なし）。

1990年4月から1991年3月までの間、国民年金に任意加入していない。

1991年4月から2019年12月まで国民年金の第3号被保険者である。

・現在、特別支給の老齢厚生年金を受給している。

・Aさんが加入する健康保険の被扶養者である。

（3）子ども（2人）

・長男と長女がおり、いずれも結婚して独立している。

※妻Bさんは、Aさんと同居し、現在および将来においても、Aさんと生計維持関係にあるものとする。

※Aさんと妻Bさんは、現在および将来においても、公的年金制度における障害等級に該当する障害の状態にないものとする。

※上記以外の条件は考慮せず、各問に従うこと。

問 仮に、Aさんが2025年1月31日で死亡し、妻Bさん（65歳）が遺族厚生年金の受給権を取得した場合、妻Bさんが受給することができる遺族厚生年金について、次の①および②に答えなさい。

　計算にあたっては、以下の〈条件〉と〈資料〉の計算式を利用し、年金額は、2024年度価額（本来水準による価額）に基づいて計算するものとする。また、解答用紙には、〔計算過程〕を示し、〈答〉は円単位とし、年金額の端数処理は円未満を四捨五入すること（①については、解答用紙の〔計算過程〕欄に〈資料〉の（ⅰ）の額および（ⅱ）の額をいずれも記入すること）。

　なお、〈資料〉の「○○○」「□□□」「a～f」は、問題の性質上、伏せてある。

① 遺族厚生年金の基本年金額（支給停止分が控除される前の額）はいくらか。

② 遺族厚生年金として実際に支給される額（支給停止分が控除された後の額）はいくらか。

〈条件〉
(1) Aさんに関する条件
・総報酬制導入前の厚生年金保険の被保険者期間：180月
・総報酬制導入前の平均標準報酬月額　　　　：328,000円
・総報酬制導入後の厚生年金保険の被保険者期間：262月
・総報酬制導入後の平均標準報酬額　　　　　：492,000円
　※平均標準報酬月額、平均標準報酬額は2024年度再評価率による額

(2) 妻Bさんに関する条件
（65歳到達時点、本来水準の額による2024年度価額）
・老齢厚生年金
基本年金額（報酬比例部分の額＋経過的加算額）：163,580円
・老齢基礎年金の額　　　　　　　　　　　　：761,378円

〈資料〉

遺族厚生年金の年金額（2024年度価額、本来水準による価額）

　下記（ⅰ）の額または（ⅱ）の額のうちいずれか○○○額

（ⅰ）の額＝基本額＋経過的寡婦加算額

　　・基本額＝（①＋②）×$\dfrac{a}{b}$

　　　①　2003年3月以前の期間分

　　　　平均標準報酬月額×乗率×2003年3月以前の被保険者
　　　　期間の月数

　　　②　2003年4月以後の期間分

　　　　平均標準報酬額×乗率×2003年4月以後の被保険者期
　　　　間の月数

報酬比例部分の給付乗率（1,000分の）			
総報酬制導入前		総報酬制導入後	
新乗率	旧乗率	新乗率	旧乗率
7.125	7.5	5.481	5.769

　　・経過的寡婦加算額：なし（1956年4月2日以降生まれの場
　　　合）

（ⅱ）の額＝上記（ⅰ）の額×$\dfrac{c}{d}$＋□□□円×$\dfrac{e}{f}$

《2018年1月応用 問53改題》

① 老齢基礎年金を計算する定番問題

① 766,700円

② 1,933,580円

(1) Aさんが国民年金に任意加入していないのは、1988年11月から1991年3月まで（丸3年に7カ月足りないので、12×3－7＝29で）29月。

(2) 老齢基礎年金の「保険料納付済月数」は、加入可能年数40年（480月）から、任意加入していない期間（29月）を引けば出る。480月－29月＝451月

(3) 学習のポイント **1** **(1)** の基本の式に当てはめて、

$$816,000円 \times \frac{451月}{480月} = \underline{766,700円}$$

② 老齢厚生年金を計算する定番問題

(1) 資料にある「老齢厚生年金額＝（報酬比例部分の額＋経過的加算額）＋加給年金額」という式にそって計算する。カッコ内が「基本年金額」。

(2) 報酬比例部分の額は、

$$360,000円 \times \frac{7.125}{1,000} \times 144月 + 550,000円 \times \frac{5.481}{1,000} \times 367月$$
$$= 1,475,699.85円 ≒ 1,475,700円（円未満四捨五入）$$

(3) 経過的加算額（定額部分と老齢基礎年金の差額）は、

$$1,701円 \times 480月 - 816,000円 \times \frac{451月}{480月} = 49,780円$$

(4) 基本年金額（報酬比例部分の金額＋経過的加算額）は、

1,475,700円＋49,780円＝1,525,480円

(5) 加給年金額は、3つの要件（「配偶者が65歳未満」「本人の厚生年金加入20年以上」「生計維持関係にある」）を満たしているので、資料に記載のとおり408,100円。

(6) (4)＋(5)で年金額を求めると、

1,525,480円＋408,100円＝<u>1,933,580円</u>

問2　（1）遺族厚生年金の基本年金額

①845,387円　「本来水準」とあるので、新乗率（小さい数字）を用いる。

②681,807円　Aさんは厚生年金に36年10カ月（180月＋262月＝442月）加入しており、老齢厚生年金の受給資格期間を満たしている。

$$遺族厚生年金額＝（①＋②）×\frac{3}{4}$$

$$≒845,387.1 \cdots →845,387円（円未満四捨五入）$$

$$①：328,000円×\frac{7.125}{1,000}×180月＝420,660円$$

$$②：492,000円×\frac{5.481}{1,000}×262月＝706,522.824円$$

妻Bさんは夫死亡時に65歳。中高齢寡婦加算はつかず、経過的寡婦加算もないので、Bさんに支給される遺族厚生年金の合計額は、845,387円。

ただし、配偶者の死亡により65歳以降に受け取る遺族厚生年金は、「遺族厚生年金の3分の2＋自身の老齢厚生年金の2分の1」と比べて高いほうが支給される。

$$遺族厚生年金の3分の2＝845,387円×\frac{2}{3}≒563,591円$$

$$Bさん自身の老齢厚生年金の2分の1＝163,580円×\frac{1}{2}$$
$$＝81,790円$$

合計＝563,591円＋81,790円＝645,381円

845,387円＞645,381円　となるため、遺族厚生年金額（基本年金額）は<u>845,387円</u>

また、遺族厚生年金の受給権者が65歳になって老齢厚生年金の受給資格も得た場合は、遺族厚生年金と老齢厚生年金の差額を遺族厚生年金として受給（それまで受給していた遺族厚生年金のうち、老齢厚生年金相当額が支給停止となる）する。

（2）遺族厚生年金として実際に支給される額

妻Bさんは、老齢基礎年金の受給資格期間120月と厚生年金保険の被保険者期間が1カ月以上を満たしており、支給停止条件に該当。

第**7**章　学科応用・完全対策

よって、遺族厚生年金額（基本年金額）845,387円のうち、B
さんの老齢厚生年金163,580円分が支給停止となるため、
遺族厚生年金として実際に支給される額
＝845,387円－163,580円＝681,807円

2 財務指標に関する計算

絶対
マスター

お客様が中小企業の社長さんだった場合、一定の財務分析ができたほうが信頼されやすい！

そのビジネスの実質的な収益性を見るためには、粗利益（限界利益）を見るのがわかりやすい。粗利が厚い、粗利率が高いほどもうかりやすい事業といえる。

その会社の財務的な健全性を見るには、「自己資本比率」が基本だ。すべての資産（負債＋資本）のうち、誰にも返さなくていい自己資本がどのくらいあるかを計算するのだ。

その会社の持続的な成長率（資本が増殖する度合い）を測るには、「サスティナブル成長率」がピッタリだ。社内に留保される（配当されない）利益を自己資本で割って計算するのだが、実戦的には「ROE（自己資本利益率）×内部留保率」で求めることが多い。

さまざまなモノサシとしての財務指標の本質を理解したら、後は過去問を何度も繰り返すだけで試験対策は終了。ここはしっかり勉強すれば点が稼げるぞ！

第 **7** 章 学科応用・完全対策

1 限界利益率（粗利率）の計算

限界利益（粗利益）とは、売上高から変動費（生産量などに比例して増減する費用。売上原価など）を差し引いた金額のこと。売上が1増えると粗利益がどのくらい増えるかを示した割合が限界利益率（粗利率）で、以下の式で算出できる！

$$限界利益率 = \frac{限界利益}{売上高} = 1 - 変動比率$$

$$限界利益 = 売上高 - 変動費$$

$$変動比率 = \frac{変動費}{売上高}$$

2 損益分岐点比率の計算

損益分岐点比率とは、実際の売上高から変化した場合に損益ゼロになる売上高の比率のこと。

〈売上と利益の関係（財務データ上の用語で表現）〉

売上総利益＝売上高－売上原価（変動費）
営業利益＝売上総利益－販売費および一般管理費（固定費）
（営業利益＝売上高－売上原価－販売費および一般管理費）

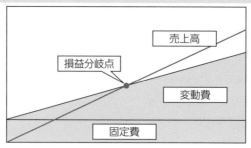

$$損益分岐点比率＝\frac{損益分岐点売上高}{実際の売上高}×100$$

$$損益分岐点売上高＝\frac{固定費}{限界利益率（粗利益率）}$$

通常、財務データにおいて、変動費は「売上原価」（売上高－売上総利益）に相当し、固定費は「販売費及び一般管理費」（売上総利益－営業利益）に相当する。

3 自己資本比率の計算

総資本（すべての資本。資産合計とイコール）のうち自己資本がどれくらいあるかを示す、財務の安全性を測る指標で、次の式で求められる。

$$自己資本比率＝\frac{自己資本}{総資本}$$

$$自己資本＝純資産額－非支配株主持分－新株予約権$$

4 サスティナブル成長率（内部成長率）の計算

(1) 自己資本利益率（ROE）の計算

$$ROE（自己資本利益率）＝\frac{当期純利益}{自己資本}×100$$

$$自己資本＝純資産額－非支配株主持分－新株予約権$$

(2) 内部留保率の計算

内部留保とは、当期純利益のうち配当に回さず会社内に留めておく利益なので、次の式で求められる。

$$配当性向（利益のうち配当に回す比率）＝\frac{配当金}{当期純利益}$$

$$内部留保率（利益のうち配当に回さない比率）＝1－配当性向$$

（3）サスティナブル成長率（内部成長率）の計算

これは自己資本に対する「社内に留保される利益（純利益－配当金）」の割合なので、**(1)** と **(2)** で求めた数値を、次のように掛け合わせると求めることができる。

> サスティナブル成長率＝ROE×内部留保率

5 ROA（使用総資本事業利益率）

総資産を用いてどれだけ事業利益を上げたかを示す指標。

> $$ROA（使用総資本事業利益率）＝\frac{事業利益}{使用総資本}$$
>
> 事業利益＝営業利益＋受取利息・配当金＋有価証券利息
>
> 使用総資本＝総資産＝負債＋純資産

6 営業キャッシュフロー対有利子負債比率

「営業キャッシュフロー（本業によるもうけのお金）」が「有利子負債」の何倍かを計算した指標で、大きいほど借金を返す能力があることを示す。

> $$\text{営業キャッシュフロー対有利子負債比率}＝\frac{営業活動によるキャッシュフロー}{有利子負債}×100$$

7 インタレスト・カバレッジ・レシオ（Interest Coverage Ratio）

事業利益が金融費用の何倍かを見る指標。この数値が高いほど金利負担の支払能力が高く、財務に余裕があるといえる。

> $$\text{インタレスト・カバレッジ・レシオ}＝\frac{①事業利益}{②金融費用}$$
>
> ①事業利益＝営業利益＋受取利息・配当金＋持分法による投資利益
>
> ②金融費用＝支払利息・割引料＋社債利息

8 理論株価の計算

　ある株式に投資したと仮定して「1年後・2年後・3年後……にもらえると想定されるキャッシュ（の現在価値）を合計した金額」が理論株価であり、内在価値（Intrinsic Value）とも言われる。試験対策としては、以下の計算式だけ覚えておきたい。

(1) 配当割引モデルの計算式

$$内在価値 = \frac{1株当たり配当金額}{期待利子率}$$

(2) 定率成長モデルの計算式

$$内在価値 = \frac{1株当たり配当金額}{期待利子率 - 期待成長率}$$

✎ 本番得点力が高まる！ 問題演習

問 1
□□□　　次の設例に基づいて、下記の問に答えなさい。

《設　例》

　Aさんは、最近、NISA口座を利用した上場株式への投資を検討している。具体的には、同業種のX社およびY社に関心を持っており、連結財務諸表などから作成した【財務データ】等を参考にして、投資判断を行おうと考えている。

　そこで、Aさんは、ファイナンシャル・プランナーのMさんに相談することにした。

【財務データ】　　　　　　　　　（単位：百万円）

	X社	Y社
資 産 の 部 合 計	912,000	610,000
負 債 の 部 合 計	662,000	470,000
純 資 産 の 部 合 計	250,000	140,000
内訳　資 本 金	45,800	44,100
資 本 剰 余 金	62,200	40,400
利 益 剰 余 金	137,000	63,500
自 己 株 式	▲200	▲100
その他の包括利益累計額合計	▲36,800	▲44,300
非 支 配 株 主 持 分	42,000	36,400
売 上 高	904,100	580,000
売 上 総 利 益	229,700	141,600
営 業 利 益	42,200	19,400
経 常 利 益	34,400	15,500
親会社株主に帰属する当期純利益	17,500	7,700
配 当 金 総 額	4,800	3,400

【株価データ】

X社：株価650円、発行済株式総数4億8千万株、1株当たり配当金10円

Y社：株価900円、発行済株式総数2億株、1株当たり配当金17円

※上記以外の条件は考慮せず、各問に従うこと。

問　《設例》の【財務データ】に基づいて、①変動費が売上原価に等しいと仮定した場合のX社の限界利益率（貢献利益率）、②有価証券報告書で開示されるY社の自己資本利益率（ROE）を求めなさい。〔計算過程〕を示し、〈答〉は表示単位の小数点以下第3位を四捨五入すること。

《2014年9月応用 問54改題》

次の設例に基づいて、下記の問に答えなさい。

《設　例》

　Aさん（40歳）は、これまで株式や投資信託を購入した経験はないが、将来に向けた資産形成のため、上場株式への投資を行いたいと考えている。

　Aさんは、株式投資を始めるにあたって、短期の売買は望まず、株式の発行企業の財務分析を行ったうえで、長期的なスタンスで投資したいと考えている。具体的には、X社の株式に興味を持っており、下記の〈X社の財務データ〉を参考にして投資を決定したいと思っている。

　そこで、Aさんは、ファイナンシャル・プランナーのMさんに相談することにした。

〈X社の財務データ〉　　　　　　　　　　　（単位：百万円）

	2023年3月期	2024年3月期
資　産　の　部　合　計	5,440,000	5,500,000
負　債　の　部　合　計	2,940,000	3,100,000
純　資　産　の　部　合　計	2,500,000	2,400,000
内訳　株　主　資　本　合　計	2,252,000	2,147,000
その他の包括利益累計額合計	—	—
新　株　予　約　権	3,000	3,000
非　支　配　株　主　持　分	245,000	250,000
売　　　　上　　　　高	4,900,000	4,650,000
売　上　総　利　益	1,080,000	1,040,000
営　業　利　益	350,000	365,000
営　業　外　収　益	10,000	10,400
内訳　受　取　利　息	5,000	5,000
受　取　配　当　金	1,000	1,100
そ　　の　　他	4,000	4,300
営　業　外　費　用	11,000	10,400
内訳　支　払　利　息	7,000	6,200
そ　　の　　他	4,000	4,200
経　常　利　益	349,000	365,000
親会社株主に帰属する当期純利益	165,000	125,000
配　当　金　総　額	76,000	80,000
発　行　済　株　式　総　数	640百万株	640百万株

※上記以外の条件は考慮せず、各問に従うこと。

問 Mさんは、Aさんに対して、株式の内在価値（理論株価）について説明した。《設例》の〈X社の財務データ〉に基づき、Mさんが説明した以下の文章の空欄①～④に入る最も適切な語句または数値を、解答用紙に記入しなさい。なお、（予想）配当金額は、実績値と同額と仮定すること。

「『配当割引モデル』では、株式の内在価値は、将来受け取る配当の現在価値の総和として計算されます。したがって、今後、一定の金額の配当を支払い続ける企業の株式の1株当たりの内在価値は、1株当たり（予想）配当金額を期待（　①　）率で除する配当割引モデルによって算出することができます。たとえば、X社株式に対する期待（　①　）率が4.00％であるとすると、2024年3月期におけるX社株式の1株当たりの内在価値は、（　②　）円と計算されます。

また、長期的には配当金総額と利益総額が一致して定率の成長をするという前提のもとで株式の内在価値を求める『定率成長モデル』という考え方もあります。『定率成長モデル』では、『配当割引モデル』の算式を基に、期待成長率を加味して株式の内在価値を算出します。たとえば、X社株式に対する期待（　①　）率が4.00％、期待成長率が1.50％であるとすると、2024年3月期におけるX社株式の1株当たりの内在価値は、（　③　）円と計算されます。なお、期待成長率には、『ROE×（1－（　④　））』の算式で算出されるサスティナブル成長率を代用することができます」 《2018年1月応用 問54改題》

問3 □□□　**問2** を踏まえ、〈X社の財務データ〉に基づいて、①X社の2024年3月期の自己資本当期純利益率と②X社の2024年3月期のインタレスト・カバレッジ・レシオを、それぞれ求めなさい。〔計算過程〕を示し、〈答〉は表示単位の小数点以下第3位を四捨五入し、小数点以下第2位までを解答すること。なお、自己資本当期純利益率の計算にあたって、自己資本は2023年3月期と2024年3月期の平均を用いること。 《2018年1月応用 問55改題》

次の設例に基づいて、下記の問に答えなさい。

──《設　例》──

　Aさん（46歳）は、企業の安全性を重視して、長期的なスタンスで投資したいと思っている。具体的には、製造業の上場企業X社に興味があり、下記の財務データを参考にして、投資判断を行いたいと考えている。また、投資信託についてはYファンドとZファンドの購入を考えている。Aさんは、X社株式や投資信託の購入にあたり、一般NISAを利用してみたいと考えている。

　そこで、Aさんは、ファイナンシャル・プランナーのMさんに相談することにした。

〈X社の財務データ等〉　　　　　　（単位：百万円）

		2024年3月期
資 産 の 部 合 計		1,753,000
内訳	流 動 資 産	680,000
	固 定 資 産	1,073,000
負 債 の 部 合 計		1,254,000
内訳	流 動 負 債	537,000
	固 定 負 債	717,000
純 資 産 の 部 合 計		499,000
内訳	株 主 資 本 合 計	438,000
	その他の包括利益累計額合計	61,000
売 上 高		1,186,000
売 上 総 利 益		237,000
営 業 利 益		39,000
営 業 外 収 益		8,800
内訳	受 取 利 息	400
	受 取 配 当 金	2,000
	持分法による投資利益	5,100
	そ の 他	1,300
営 業 外 費 用		13,200
内訳	支 払 利 息	8,500
	そ の 他	4,700
経 常 利 益		34,600
親会社株主に帰属する当期純利益		15,600
配 当 金 総 額		5,000
発 行 済 株 式 総 数		1億株

※中間配当の権利確定日：2024年9月30日（月）

〈Yファンド・Zファンドの実績収益率・標準偏差・共分散〉

	実績収益率	標準偏差	Yファンドとzファンドの共分散
Yファンド	6.00%	10.00%	80.00
Zファンド	12.00%	25.00%	

※上記以外の条件は考慮せず、各問に従うこと。

問 《設例》の〈X社の財務データ等〉に基づいて、Mさんが、Aさん
に対して説明した以下の文章の空欄①～④に入る最も適切な語句また
は数値を、解答用紙に記入しなさい。なお、計算結果は表示単位の小
数点以下第3位を四捨五入し、小数点以下第2位までを解答するこ
と。また、問題の性質上、明らかにできない部分は「□□□」で示し
てある。

Ⅰ 「財務的な安全性を測る指標である流動比率は（ ① ）％です。
流動比率が良好であっても、流動資産の大部分が棚卸資産であれば、
実質的に支払能力は劣るということになります。そこで、流動資産か
ら棚卸資産を除いた（ ② ）比率を用いることで、さらに厳密な分
析を行います。一般に、（ ② ）比率は100％以上が望ましいとさ
れています」

Ⅱ 「財務的な安全性を測る指標である固定比率は（ ③ ）％、固定
長期適合率は□□□％です。固定比率は100％以下が理想とされます
が、固定長期適合率が100％以下であれば、通常、安全性に大きな問
題があるとは考えません。なお、固定長期適合率が100％を大きく超
えるようであれば、危険な状態であり、安全性に問題があると判断し
ますが、設備投資額が大きい製造業などであれば、水準が高めになる
傾向があります」

Ⅲ 「財務的な安全性を測る指標であるインタレスト・カバレッジ・レ
シオは（ ④ ）倍です。この数値が高いほど金利負担の支払能力が

高く、財務に余裕があることを示しますが、同業他社と比較すること
をお勧めします。また、単年の数値だけではなく、過去のトレンドを
把握することで、財務体質が悪化しているか否かを判断することが大
切です」

《2022年5月応用 問55改題》

次の設例に基づいて、下記の問に答えなさい。

─────《設　例》─────

　Aさん（50歳）は、将来に向けた資産形成のため、上場株式への投資を行いたいと考えている。Aさんは、同業種のX社およびY社に興味を持ち、決算短信から作成した下記の〈財務データ〉を参考にして投資判断したいと考えている。

　そこで、Aさんは、ファイナンシャル・プランナーのMさんに相談することにした。

〈財務データ〉　　　　　　　　　　　　　　（単位：百万円）

		X社	Y社
資 産 の 部 合 計		2,700,000	1,400,000
負 債 の 部 合 計		1,510,000	700,000
純 資 産 の 部 合 計		1,190,000	700,000
内訳	株 主 資 本 合 計	1,000,000	595,000
	その他の包括利益累計額	△45,000	△15,000
	新 株 予 約 権	200	―
	非 支 配 株 主 持 分	234,800	120,000
売 上 高		3,180,000	1,700,000
売 上 総 利 益		866,000	350,000
営 業 利 益		196,000	80,000
営 業 外 収 益		35,000	15,000
内訳	受 取 利 息	13,500	4,600
	受 取 配 当 金	7,000	1,200
	そ の 他	14,500	9,200
営 業 外 費 用		22,000	5,000
内訳	支 払 利 息	6,400	1,800
	社 債 利 息	―	―
	そ の 他	15,600	3,200
経 常 利 益		209,000	90,000
当 期 純 利 益		153,000	61,000
配 当 金 総 額		14,000	13,000

※上記以外の条件は考慮せず、各問に従うこと。

問　《設例》の〈財務データ〉に基づいて、X社の損益分岐点比率を求めなさい。［計算過程］を示すこと。なお、計算過程においては端数処理せず、〈答〉について表示単位の小数点以下第3位を四捨五入すること。また、変動費は売上原価に等しく、固定費は販売費及び一般

管理費に等しいものとする。 《2016年9月応用 問55》

問1　① 学習のポイント **1** を参照。

①25.41%　問題文には「変動費が売上原価に等しいと仮定」とあるため、

② 7.43%　X社の限界利益率：

$$\frac{売上総利益229,700}{売上高904,100} \times 100$$

$$= 25.406\cdots \fallingdotseq \underline{25.41\%}$$

② 学習のポイント **4** **(1)** を参照。

自己資本は純資産額から非支配株主持分を差し引いたもの。

Y社のROE：$\dfrac{7,700}{140,000-36,400} \times 100 = 7.432\cdots \fallingdotseq \underline{7.43\%}$

問2　学習のポイント **8** を参照。

①利子　まず「1株あたり配当金額」を計算する。設例の財務データより、

②3,125　2023年3月期の配当金総額は80,000百万円＝800億円。

③5,000　そして、800億円÷6.4億株(株式総数)＝125円

④配当性向

② $\dfrac{125円}{4.0\%(期待利子率)} = \underline{3,125円}$

③ $\dfrac{125円}{4.0\%-1.5\%} = \underline{5,000円}$

④ 学習のポイント **4** を参照。

問3　① 学習のポイント **4** **(1)** を参照。

①5.68%　自己資本は前期と当期の「株主資本合計」の平均：

②59.85倍　(2,252,000 + 2,147,000) ÷ 2 = 2,199,500（百万円）

自己資本利益率（ROE）は「当期純利益」を自己資本で割って

求める。

$$\frac{125,000}{2,199,500} \times 100 = 5.683\cdots \fallingdotseq \underline{5.68\%}$$

② 学習のポイント **7** を参照。

事業利益＝営業利益＋受取利息＋受取配当金

＝365,000＋5,000＋1,100＝371,100（百万円）

インタレスト・カバレッジ・レシオ：

第**7**章

学科応用・完全対策

373

$$\frac{371,100}{6,200} = 59.854\cdots \fallingdotseq \underline{59.85倍}$$

問4

①126.63%

②当座（比率）

③215.03

④5.47

① 流動比率（%）＝$\dfrac{流動資産}{流動負債} \times 100$ なので

$$\frac{680,000}{537,000} \times 100 \fallingdotseq 126.629 \rightarrow \underline{126.63}$$

② 当座比率（%）＝$\dfrac{当座資産}{流動負債} \times 100$

当座資産は（現預金などの）流動資産から（現金化しにくい）

棚卸資産を除いたもの。

③ 固定比率（%）＝$\dfrac{固定資産}{自己資本} \times 100$

自己資本＝純資産－（非支配株主持分＋新株予約権）

$$\frac{1,073,000}{499,000} \times 100 \fallingdotseq 215.030 \rightarrow \underline{215.03}$$

④ 学習のポイント **7** を参照。

インタレスト・カバレッジ・レシオ＝$\dfrac{事業利益}{金融費用}$

$$= \frac{営業利益＋受取利息配当金＋持分法による投資利益}{支払利息・割引料等}$$

$$= \frac{39,000 + 400 + 2,000 + 5,100}{8,500} \fallingdotseq 5.470 \rightarrow \underline{5.47}$$

問5

77.37%

学習のポイント **2** を参照。

① 変動費を計算する

問題文の「変動費は売上原価に等しく」を参照しつつ、

「売上総利益（粗利）＝売上高－売上原価」の式を用いて、

変動費＝売上原価（百万円）

　　　＝売上高3,180,000－売上総利益866,000

　　　＝2,314,000（百万円）

② 固定費を計算する

問題文の「固定費は販売費及び一般管理費に等しい」を参照しつつ、

「営業利益＝売上高－売上原価－販売費及び一般管理費」の式を用いて

固定費＝販売費及び一般管理費（百万円）

　　　＝売上総利益866,000－営業利益196,000

$$= 670{,}000 （百万円）$$

③　損益分岐点売上高を計算する

上記の①②より、売上高3,180,000百万円のときに

変動費2,314,000百万円、固定費670,000百万円となるので、

$$損益分岐点売上高（百万円）＝\frac{固定費}{1－（変動費÷売上高）}$$

$$＝\frac{670{,}000}{1－（2{,}314{,}000÷3{,}180{,}000）}$$

$$≒2{,}460{,}277 （百万円）$$

④　損益分岐点比率を計算する

$$損益分岐点比率＝\frac{損益分岐点売上高}{実際の売上高}×100$$

$$＝\frac{2{,}460{,}277百万円}{3{,}180{,}000百万円}×100＝77.367\cdots\%$$

→小数点以下第3位を四捨五入して、<u>77.37%</u>

出題率 **20%** ｜ 難易度 ★★★☆☆

最後の
ひと押し

3 投信の収益分配金に関する計算

絶対読め！30秒レクチャー

　投信の収益分配金に関する計算は、過去に年1回以上のペースで出題された時期があった！

　一見すると難しそうだが、基本イメージを理解すればカンタンだ。投資信託は、買って保有するうちに基準価額が上がり、上昇した分の一定割合を分配金としても

元本　取り崩し　もうけ

ガンポン払戻金　**フツー分配金**

らうのがフツーで、これはもうけの分配なので税金がかかる。投資信託を買っても基準価額がほとんど変わらなかったり下がったりして、その状態で分配金をもらうのはトクベツで、これは投資元本の一部返還に近い現象だ。そのため分配金にも税金がかからず、また実質的な元本（個別元本）も減少することになる。この基本イメージが理解できれば、後は過去問演習を繰り返すだけで試験対策は完了だ！

ナナメ読み！　学習のポイント

1 普通分配金と元本払戻金（特別分配金）

（1）普通分配金

　買ったときの価格よりも基準価額が上がった状態で受け取った分配金。普通にもうけが出ているので課税される。

（2）元本払戻金（以前は「特別分配金」といわれた）

　買ったときの価格よりも基準価額が下がった状態で受け取った分配金。自分

の元本が分配金という名目で手元に戻っただけなので非課税。

2 分配後における基準価額と個別元本の計算

投信で分配金が出ると、分配金の額だけ基準価額が下がる。

> 分配後の基準価額＝分配前の基準価額－収益分配金

そして元本払戻金が生じた場合には、その分だけ個別元本が下がる。

(1)「分配後の基準価額＞分配前の個別元本」の場合

「分配後の個別元本＝分配前の個別元本」となり、収益分配金はすべて普通分配金（課税対象）。

(2)「分配後の基準価額＜分配前の個別元本」の場合

「分配後の個別元本＝分配前の個別元本－元本払戻金※（非課税）」となる。

※ 元本払戻金＝分配前の個別元本－分配後の基準価額

3 収益分配金の源泉徴収額の計算

もうけの分配である普通分配金に対する源泉徴収は20.315％（所得税15.315％、住民税5％）。

4 収益分配金の手取り金額の計算

収益分配金から、3の源泉徴収額を差し引くと、手取り金額となる。

5 投資信託の売却による損益の計算

まず、売却価格から個別元本（当初元本から元本払戻金の累計を差し引くと求められる）を引いた分が「もうけ」になる。投資信託の損益は通算できるので、その年の取引（損失も含む）をすべて合計する。年間のもうけの金額に税率を掛ければ、税額が求められる。

本番得点力が高まる！ **問題演習**

問 1
□□□

次の設例に基づいて、下記の問に答えなさい。

――――――――《設 例》――――――――

Aさんは、以前から投資している投資信託のほかに、新たに株式への投資を検討している。具体的には、衣料品小売業のX社とY社に関心を持っており、有価証券報告書などから作成した【財務データ】を投資判断の参考にしたいと思っている。また、現在、国内公募投資信託を保有しているが、収益分配金がどういう仕組みで課税されているのかよくわからない。

そこで、投資を検討しているX社株式ならびにY社株式と投資信託の収益分配金の課税方法について、ファイナンシャル・プランナーに相談することにした。なお、△はマイナスを表している。

【財務データ】　　　　　　　　　（単位：百万円）

		X社	Y社
資 産 の 部 合 計		463,255	244,343
負 債 の 部 合 計		201,871	57,731
純 資 産 の 部 合 計		261,384	186,612
内訳	株 主 資 本	294,462	186,223
	その他の包括利益累計額	△34,822	389
	非 支 配 株 主 持 分	1,744	－
売 上 高		685,043	429,651
営 業 利 益		108,639	36,957
経 常 利 益		101,308	38,148
親会社株主に帰属する当期純利益		49,797	21,734
配 当 金 総 額		16,971	4,238

【保有投資信託の概要】

○　主な投資対象：国内外の株式および公社債

○　購入時基準価額：10,550円

○　購入後、2024年4月までの分配金実績および分配前基準価額（10,000口当たりの金額）

	第1回	第2回	第3回
分配金実績	600円	300円	600円
基準価額	11,200円	10,300円	10,800円

上記以外の条件（復興特別所得税など）は考慮せず、各問に従うこと。

問 【保有投資信託の概要】に基づいて、第3回（2024年4月）の受益証券10,000口当たりの収益分配金の税引後手取金額を求めなさい。計算過程を示し、計算過程および計算結果は、表示単位の小数点以下第3位を四捨五入すること。　　　　　　　《2010年9月応用 問56改題》

問1

490円

学習のポイント 2 を参照。

① 「購入時基準価額：10,550円」なので、分配前の個別元本は10,550円。

第1回の分配では、

分配後の基準価額：11,200円 − 600円 = 10,600円

分配後の基準価額10,600円 > 分配前の個別元本10,550円

第1回分配金600円はすべて普通分配金となり、第1回分配後の個別元本は10,550円のまま変わらない。

② 第2回の分配では、

分配後の基準価額：10,300円 − 300円 = 10,000円

分配後の基準価額10,000円 < 分配前の個別元本10,550円

したがって、第2回分配金300円は、すべて元本払戻金として、個別元本10,550円から取り崩したこととなり、

第2回分配後の個別元本：10,550円 − 300円 = 10,250円

③ 第3回の分配では、

分配後の基準価額：10,800円 − 600円 = 10,200円

分配後の基準価額10,200円 < 分配前の個別元本10,250円

普通分配金＝分配前の基準価額 − 分配前の個別元本

$\qquad$ = 10,800円 − 10,250円 = 550円

元本払戻金＝収益分配金 − 普通分配金

$\qquad$ = 600円 − 550円 = 50円

④ 普通分配金は税率20%（所得税15% ＋ 住民税5%）で、元本払戻金は非課税なので、

第3回分配金の税引後手取金額：

550円 × (1 − 0.2) + 50円 = 490円

出題率 **150%** | 難易度 ★★★★☆

4 法人の所得・法人税額に関する計算

絶対読め！30秒レクチャー

　法人の所得・法人税額に関する計算問題は、4回に3回は「2問出題」されているので、出題率150%だ！

　会計上の利益（当期利益）に税率を掛けるだけなら法人税の計算はラクなのだが、必ずしもそうはいかない。法人が無制限に損金を増やして税金逃れをすることがないように、「役員給与」「交際費」「減価償却費の償却超過額」

など、一定水準を超えると税務上の損金扱いにならないルールが存在するのだ。そうやって求めた税務上の利益（法人の所得金額）に、法人税率を掛けて、仕上げに「税額控除額」や「源泉徴収済みの所得税額」を引けば、確定申告により納付すべき法人税額が求められる！　ここは何度でも繰り返し勉強して、本番では2本スマッシュを決めろ！

ナナメ読み！　学習のポイント

1 法人の所得に関する計算

　会計上の利益（当期利益）に、最新の税務ルールに応じた加算や減算をすることで、税務上の利益（法人の所得金額）を求めることができる。

(1) 損金不算入となる役員給与
　役員給与は「定期同額給与」「事前確定届出給与」「利益連動給与」のいずれかの場合は損金算入できるが、経営状況の著しい悪化によるものでない限り、

定期同額給与を減額改定すると損金不算入の扱いとなる。ただし減額後も定期同額給与として支給する場合、減額前と減額後の「定期同額給与の差額」についてのみ損金不算入となる。

(2) 中小法人において損金不算入となる交際費

800万円までの交際費支出は全額損金算入できる。その裏返しとして、800万円（または接待飲食費の50％）を超える部分は損金不算入となる。なお、1人当たり10,000円以下（2024年3月31日以前に支出した飲食費は5,000円以下）の社外の人との飲食費等で、一定の書類が保存されている場合は、損金不算入となる交際費に含まれない（損金となる）。

(3) 損金不算入となる減価償却費

① 法人税法上の償却限度額を超過した減価償却額は（償却超過額として）損金不算入となる。超過額は繰り越すことができて、翌期以降に償却不足額が発生した場合には不足額相当分が損金算入される。

② 法人税法上の償却限度額に満たない償却不足額は切り捨てられ、翌期以降に繰り越して損金算入することはできない。

(4) 貸倒引当金の繰入限度額

中小法人の場合、貸倒引当金の繰入限度額は、以下のどちらか有利なほうを選択できる。過去3年間の貸倒損失がない法人の場合は、Bを採用したほうが有利となる。

A. 一括評価金銭債権の額×実績繰入率（過去3年間の貸倒実績に基づく率）
B. 一括評価金銭債権の額×法定繰入率（業種に応じて0.3〜1.0％程度）

2 法人税額の計算

(1) 法人の所得金額の求め方

$$\text{法人の所得金額（または欠損金額）} = \text{当期利益} + \text{加算分} - \text{減算分} + \text{法人税額から控除される所得税額} \left(- \text{欠損金の当期控除額} \right)$$

(2) 納付すべき法人税額の求め方

所得金額に法人税率を乗じて、最後に控除できる各種金額（「税額控除額」

と「源泉徴収された所得税額」）を差し引けば、確定申告により納付すべき法人税額が算出できる。

（3）法人税率（中小法人等の場合）

原則23.2%、800万円までの部分は原則15%

※　法人税の税率表は、問題文の下の「速算表等の資料」に記載されるので、軽く頭に入れておけばよい。

本番得点力が高まる！ **問題演習**

問1　次の設例に基づいて、下記の問に答えなさい。

――――――《設　例》――――――

製造業を営むX株式会社（資本金10,000千円、青色申告法人、同族会社かつ非上場会社で株主はすべて個人、租税特別措置法上の中小企業者等に該当する。以下、「X社」という）の2024年3月期（2023年4月1日～2024年3月31日。以下、「当期」という）における法人税の確定申告に係る資料は、以下のとおりである。

〈資料〉

1．減価償却費に関する事項

当期における減価償却費は、その全額について損金経理を行っている。このうち、機械装置の減価償却費は9,400千円であるが、その償却限度額は8,000千円であった。一方、器具備品の減価償却費は2,500千円であるが、その償却限度額は3,300千円であった。なお、前期からの繰越償却超過額が当該機械装置について800千円あり、当該器具備品について500千円ある。

2．交際費等に関する事項

当期における交際費等の金額は18,600千円で、全額を損金経理により支出している。このうち、参加者1人当たり5千円以下の飲食費が1,000千円含まれており、その飲食費を除いた接待飲食費に該当するものが17,000千円含まれている（いずれも得意先との会食によるもので、専ら社内の者同士で行うものは含まれておらず、

第**7**章　学科応用・完全対策

所定の事項を記載した書類も保存されている）。その他のものは、すべて税法上の交際費等に該当する。

3．受取配当金に関する事項

　　当期において、上場会社であるY社から、X社が前々期から保有しているY社株式に係る配当金2,600千円（源泉所得税控除前）を受け取った。なお、Y社株式は非支配目的株式等に該当する。

4．税額控除に関する事項

　　当期における「給与等の引上げ及び設備投資を行った場合等の法人税額の特別控除」に係る税額控除額が750千円ある。

5．「法人税、住民税及び事業税」等に関する事項

（1）　損益計算書に表示されている「法人税、住民税及び事業税」は、預金の利子について源泉徴収された所得税額30千円・復興特別所得税額630円、受取配当金について源泉徴収された所得税額390千円・復興特別所得税額8,190円および当期確定申告分の見積納税額8,800千円の合計額9,228,820円である。なお、貸借対照表に表示されている「未払法人税等」の金額は8,800千円である。

（2）　当期中に「未払法人税等」を取り崩して納付した前期確定申告分の事業税（地方法人特別税を含む）は920千円である。

（3）　源泉徴収された所得税額および復興特別所得税額は、当期の法人税額から控除することを選択する。

（4）　中間申告および中間納税については、考慮しないものとする。

※上記以外の条件は考慮せず、各問に従うこと。

問　《設例》のX社の当期の〈資料〉と下記の〈条件〉に基づき、同社に係る〈略式別表四（所得の金額の計算に関する明細書）〉の空欄①～⑦に入る最も適切な数値を、解答用紙に記入しなさい。なお、別表中の「＊＊＊」は、問題の性質上、伏せてある。

〈条件〉

- ・《設例》に示されている数値等以外の事項は、いっさい考慮しないこととする。
- ・所得の金額の計算上、選択すべき複数の方法がある場合は、X社にとって有利となる方法を選択すること。

〈略式別表四（所得の金額の計算に関する明細書）〉　　　（単位：円）

区　　分		総　額
当期利益の額		11,211,180
加算	損金経理をした納税充当金	（　①　）
	減価償却の償却超過額	（　②　）
	交際費等の損金不算入額	（　③　）
	小　　計	＊＊＊
減算	減価償却超過額の当期認容額	（　④　）
	納税充当金から支出した事業税等の金額	920,000
	受取配当等の益金不算入額	（　⑤　）
	小　　計	＊＊＊
仮　　計		＊＊＊
法人税額から控除される所得税額（注）		（　⑥　）
合　　計		＊＊＊
欠損金又は災害損失金等の当期控除額		0
所得金額又は欠損金額		（　⑦　）

(注) 法人税額から控除される復興特別所得税額を含む。

《2020年9月応用 問57改題》

問2
□□□

問1 を踏まえ、X社が当期の確定申告により納付すべき法人税額を求めなさい。〔計算過程〕を示し、〈答〉は100円未満を切り捨てて円単位とすること。

〈資料〉普通法人における法人税の税率表

	課税所得金額の区分	税率 2023年4月1日以後開始事業年度
資本金または出資金 100,000千円超の 法人および一定の法人	所得金額	23.2%
その他の法人	年8,000千円以下の所得金額からなる部分の金額	15%
	年8,000千円超の所得金額からなる部分の金額	23.2%

《2020年9月応用 問58改題》

問3 次の設例に基づいて、下記の問に答えなさい。

―――――――――――《設　例》―――――――――――

　サービス業を営むX株式会社（資本金30,000千円、青色申告法人、同族会社かつ非上場会社で株主はすべて個人、租税特別措置法上の中小企業者等に該当する。以下、「X社」という）の2024年3月期（2023年4月1日～2024年3月31日。以下、「当期」という）における法人税の確定申告に係る資料は、以下のとおりである。

〈資料〉

1.　交際費等に関する事項

　　当期における交際費等の金額は18,120千円で、全額を損金経理により支出している。このうち、参加者1人当たり5千円以下の飲食費が600千円含まれており、その飲食費を除いた接待飲食費に該当するものが17,200千円含まれている（いずれも得意先との会食によるもので、専ら社内の者同士で行うものは含まれておらず、所定の事項を記載した書類も保存されている）。その他のものは、すべて税法上の交際費等に該当する。

2.　減価償却に関する事項

　　当期における減価償却費は、その全額について損金経理を行っている。このうち、備品の減価償却費は3,400千円であるが、その償却限度額は3,500千円であった。一方、建物の減価償却費は6,790千円で、その償却限度額は7,700千円であったが、この建物の前期からの繰越償却超過額が950千円ある。

3.　退職給付引当金に関する事項

　　当期において、決算時に退職給付費用3,300千円を損金経理するとともに、同額を退職給付引当金として負債に計上している。また、従業員の退職金支払の際に退職給付引当金を6,700千円取り崩し、同額を現金で支払っている。

4.　税額控除に関する事項

　　当期における中小企業における賃上げの促進に係る税制（給与

386

等の引上げ及び設備投資を行った場合等の法人税額の特別控除）に係る税額控除額が200千円ある。

5. 「法人税、住民税及び事業税」等に関する事項

(1) 損益計算書に表示されている「法人税、住民税及び事業税」は、預金の利子について源泉徴収された所得税額10千円・復興特別所得税額210円および当期確定申告分の見積納税額2,370千円の合計額2,380,210円である。なお、貸借対照表に表示されている「未払法人税等」の金額は2,370千円である。

(2) 当期中に「未払法人税等」を取り崩して納付した前期確定申告分の事業税（地方法人特別税を含む）は740千円である。

(3) 源泉徴収された所得税額および復興特別所得税額は、当期の法人税額から控除することを選択する。

(4) 中間申告および中間納税については、考慮しないものとする。

※上記以外の条件は考慮せず、各問に従うこと。

問 X社の当期の〈資料〉と下記の〈条件〉に基づき、同社に係る〈略式別表四（所得の金額の計算に関する明細書）〉の空欄①～⑥に入る最も適切な数値を記入しなさい。なお、別表中の「＊＊＊」は、問題の性質上、伏せてある。

〈条件〉

・設例に示されている数値等以外の事項は、いっさい考慮しないこととする。

・所得金額の計算上、選択すべき複数の方法がある場合は、X社にとって有利になるような方法を選択すること。

〈略式別表四（所得の金額の計算に関する明細書）〉 （単位：円）

区　　分		総　額
当期利益の額		2,749,790
加算	損金経理をした納税充当金	（　①　）
	交際費等の損金不算入額	（　②　）
	退職給付費用の損金不算入額	（　③　）
	小　　計	＊＊＊
減算	減価償却超過額の当期認容額	（　④　）
	退職金支払の当期認容額	（　⑤　）
	納税充当金から支出した事業税等の金額	740,000
	小　　計	＊＊＊
仮　　計		＊＊＊
法人税額から控除される所得税額（注）		（　⑥　）
合　　計		＊＊＊
欠損金又は災害損失金等の当期控除額		0
所得金額又は欠損金額		（　⑦　）

（注）法人税額から控除される復興特別所得税額を含む。

《2018年9月応用 問57改題》

問4
□□□
問3 を踏まえ、X社が当期の確定申告により納付すべき法人税額を求めなさい。［計算過程］を示し、〈答〉は100円未満を切り捨てて円単位とすること。

〈資料〉普通法人における法人税の税率表

	課税所得金額の区分	税率 2023年4月1日以後開始事業年度
資本金または出資金 100,000千円超の法人 および一定の法人	所得金額	23.2%
その他の法人 （適用事業者）	年8,000千円以下の所得金 額からなる部分の金額	15%
	年8,000千円超の所得金額 からなる部分の金額	23.2%

《2018年9月応用 問58改題》

問1

① 8,800,000

② 1,400,000

③ 9,100,000

④ 500,000

⑤ 520,000

⑥ 428,820

⑦ 29,000,000

① 「損金経理をした納税充当金」

納税充当金は、税務上では損金不算入のため、当期利益に加算。

当期確定申告分の見積納税額8,800千円が該当。

② 「減価償却の償却超過額」

償却限度額を超過した減価償却額については、償却超過額として損金不算入。翌期以降に繰り越して損金算入。

償却限度額に満たない償却不足額については、翌期以降に繰り越して損金算入不可。

したがって、減価償却の償却超過額＝9,400千円－8,000千円＝1,400千円

③ 「交際費等の損金不算入額」

まず、1,860万円のうち1人当たり5,000円以下の飲食費100万円を差し引いた残りの1,760万円が交際費等の対象。

800万円を超える部分を損金不算入額とすると、

1,760万円－800万円＝960万円…(a)

一方、接待飲食費1,700万円の50%を超える部分を損金不算入額とすると、

1760万円－1,700万円×50%＝910万円…(b)

上記の(a)と(b)を比べて、より有利な(b)を選択し、910万円を損金不算入額とする。

④ 「減価償却超過額の当期認容額」

前期以前から繰越した償却超過額は、償却不足額の範囲内で当期認容額として損金算入される。

X社の場合、当期の器具備品の償却不足額＝330万円－250万円＝80万円であり、前期からの繰越償却超過額が50万円なので、50万円まで損金算入可能。

⑤ 「受取配当等の益金不算入額」

「受取配当金」は出資割合に応じて、受け取った配当金の一部または全額が益金不算入となる。

非支配目的株式等（株式等の保有割合が5%以下）の場合、

益金不算入額＝受取配当等×20%

＝260万円×20%＝52万円

⑥ 「法人税額から控除される所得税額（注）」

本問では「預金の利子について源泉徴収（特別徴収）された所得税額30千円」「復興特別所得税額630円」「受取配当金について源泉徴収された所得税額390千円」「復興特別所得税額8,190円」が該当。

したがって、30,000円＋630円＋390,000円＋8,190円＝428,820円

⑦ 「所得金額または欠損金額」

「所得金額または欠損金額」＝「当期利益」＋「加算分」－「減算分」＋「法人税・復興特別法人税から控除される所得税・復興特別所得税額」＋「欠損金・災害損失金等の当期控除額」

加算分小計＝8,800,000円＋1,400,000円＋9,100,000円

＝19,300,000円

減算分小計＝500,000円＋920,000円＋520,000円

＝1,940,000円

「所得金額または欠損金額」＝11,211,180円＋19,300,000円－1,940,000円＋428,820円＝29,000,000円

問2

4,893,100円

問1 で算出した所得金額2,900万円を800万円＋2,100万円と分解してから税率を掛けて、

800万円×**15%**＋2,100万円×**23.2%**＝6,072,000円（法人税額）

納付済額は差し引くので、〈資料〉4.と5.（1）を参照して

6,072,000円－750,000円（給与の引上げおよび設備投資をした場合の法人税額特別控除額）－428,820円（源泉徴収された所得税額および復興特別所得税額）＝4,893,180円→4,893,100円（100円未満切捨て・納付額）

問3

①2,370,000

②8,920,000

① 「損金経理をした納税充当金」は〈資料〉5.（1）の2024年3月期確定申告の見積納税額237万円が該当。

② 1,812万円のうち1人当たり5,000円以下の飲食費60万円

③3,300,000　　　は除くので、対象となる交際費は1,812万円－60万円＝1,752

④　910,000　　　万円。このうち、800万円を超える部分を損金不算入額とすると、

⑤6,700,000　　　1,752万円－800万円＝952万円

⑥　10,210　　　一方、接待飲食費の50％を超える部分を損金不算入額とすると

⑦9,000,000　　　1,752万円－1,720万円×50％＝892万円。

損金不算入額が少ないほうが企業には有利であるから、952万円

＞892万円より、892万円まで損金不算入を選択する。

③　退職給付費用は企業会計上では費用で、税務上では損金不算

入となる。このため、〈資料〉3. より当期の退職給付費用330

万円が、退職給付費用の損金不算入額となる。

④　〈資料〉2. より当期の建物の償却不足額＝770万円－679

万円＝91万円。前期からの繰越償却超過額が95万円なので、

91万円まで損金算入可能。

⑤　〈資料〉3. より当期中に退職金支給のために取り崩した退

職給付引当金670万円は、当期利益から減算される。

⑥　〈資料〉5.（1）より源泉徴収（特別徴収）された所得税額

10,000円＋復興特別所得税額210円＝10,210円

⑦　所得金額または欠損金額

　　＝当期利益＋加算分－減算分

　　　＋法人税・復興特別法人税額から控除される所得税・復興

　　　特別所得税額＋欠損金・災害損失金等の当期控除額

加算分＝①2,370,000円＋②8,920,000円＋③3,300,000円

　　　＝14,590,000円

減算分＝④910,000円＋⑤6,700,000円＋740,000円

　　　＝8,350,000円

したがって、

所得金額または欠損金額＝2,749,790円＋14,590,000円

－8,350,000円＋⑥10,210円＋0＝9,000,000円

問4　　　　法人税を計算する際の所得金額の計算式は、

1,221,700円　　所得金額＝当期利益＋加算分－減算分

　　　　　　＋法人税額から控除される所得税額

＋欠損金・災害損失金等の当期控除額

この所得金額に法人税率23.2%（資本金1億円以下の企業は800万円までは15%）を乗じ、法人税から控除される所得税額を差し引いて法人税額を求める。

問3 ⑦より、所得金額は9,000,000円（法人税額を算出する際は、所得金額のうち千円未満は切捨て）。

よって、

法人税額＝8,000,000円×15%＋（9,000,000円－8,000,000円）
　　　　　×23.2%＝1,432,000円

ここから〈資料〉4. より賃上げ・投資促進税制に係る税額控除額20万円と、⑥源泉徴収済みの所得税・復興特別所得税10,210円を差し引く。

よって、

納付すべき法人税額＝1,432,000円－200,000円－10,210円
　　　　　　　　　＝1,221,790円→1,221,700円

（100円未満切捨て）

5 所得税に関する計算

ここで
差がつく

　タックスプランニングの計算問題では「法人の所得」「法人税額」にくわえて、「事業所得」「退職所得」「医療費控除」「総所得金額」など、所得税に関する計算問題も定期的に出題されるようになっているのでマスターしておこう！

ナナメ読み！　**学習のポイント**

1 事業所得の計算

　問題演習を通じて、具体的な計算の流れを理解しておこう。

> 事業所得＝売上高－売上原価－必要経費－減価償却費－青色申告特別控除

（1）売上原価の計算

　売上原価は「期首（個人事業の場合は年初）の在庫の金額＋その期を通じて在庫が増加した金額」なので、次の式で求められる。

> 売上原価＝年初棚卸高＋当期仕入高－年末棚卸高

（2）必要経費の計算

　問題の資料を参照すれば確認できる。

(3) 減価償却費の計算

$$減価償却費＝取得価額×償却率×\frac{事業使用月数}{12カ月}×事業専用使用割合$$

- ※ 個人の法定償却方法（ほうていしょうきゃく）（届出なしの場合）は「定額法」
- ※ 事業使用月数の1カ月未満は「切上げ」して計算する
- ※ 事業専用使用割合は（事業外の使用がなければ）通常100％

(4) 青色申告特別控除

適用されると、税務上では55万円（電子申告等の要件を満たせば65万円）が経費としてみなされる。

2 所得税額の計算

所得税額の計算は2級で学んだ内容で解ける。以下の4つのステップにそって演習問題を解き、余力があれば2級実技（個人資産）の類似した計算問題を復習しておく。

ステップ1：「個々の所得」を求める（不動産所得・一時所得など）

ステップ2：個々の所得を合計（損益通算を含む）して「総所得金額」を求める

ステップ3：所得控除を引いて「課税総所得金額」を求める

ステップ4：速算表の該当する行で、掛けて引いて「所得税額」を求める

本番得点力が高まる！ 問題演習

問 1 次の設例に基づいて、下記の問に答えなさい。

《設 例》

　個人事業主であるAさんは、妻Bさんと卸売業を営むとともに、所有する賃貸マンションから賃貸収入を得ている。また、Aさんは、加入していた生命保険契約を2023年6月に解約し、1,580万円の解約返戻金を受け取った。

　Aさんの家族構成および2023年分の収入等に関する資料は、以下

のとおりである。なお、Aさんは、2023年中は消費税について免税事業者であり、税込経理を行っている。

〈Aさんとその家族に関する資料〉

　　Aさん　　　　（50歳）：青色申告者
　　妻Bさん　　　（45歳）：2023年中に青色事業専従者として給与収入
　　　　　　　　　　　　　　90万円を得ている。
　　長女Cさん　　（24歳）：大学院生。2023年中に収入はない。
　　二女Dさん　　（20歳）：大学生。2023年中にアルバイトにより給与
　　　　　　　　　　　　　　収入75万円を得ている。
　　母Eさん　　　（80歳）：2023年中に老齢基礎年金70万円を受け取っ
　　　　　　　　　　　　　　ている。

〈Aさんの2023年分の収入等に関する資料〉

Ⅰ．事業所得に関する事項

　①2023年中における売上高、仕入高等

項　　目	金　　額
売上高	42,900万円
仕入高	33,500万円
売上値引および返品高	なし
年初の商品棚卸高	4,830万円
年末の商品棚卸高	4,910万円
必要経費※	7,228万円

※上記の必要経費は税務上適正に計上されている。なお、青色事業
　専従者給与は含まれているが、売上原価および下記②の減価償却
　費は含まれていない。

　②2023年中に取得した減価償却資産（上記①の必要経費には含ま
　　れていない）

減価償却資産	備　　考
パソコン4台※	4月25日に事業用（貸付用ではない）として1台当たり36万円で購入し、取得後直ちに事業の用に供している。（耐用年数4年、償却率（定率法0.5／定額法0.25））

第7章　学科応用・完全対策

※償却方法は法定償却方法とする。

Ⅱ．不動産所得に関する事項

項　目	金　額	備　考
賃貸収入	860万円	
必要経費	930万円	賃貸用不動産の取得に要した負債の利子70万円（土地の取得に係るものが48万円、建物の取得に係るものが22万円）が含まれている。

Ⅲ．Aさんが2023年中に解約した生命保険に関する事項

① 一時払終身保険の解約返戻金

　　契約年月　　　　　　　　　　　　　：2020年9月

　　契約者（＝保険料負担者）・被保険者：Aさん

　　解約返戻金額　　　　　　　　　　　：940万円

　　正味払込済保険料　　　　　　　　　：1,000万円

② 一時払変額個人年金保険（10年確定年金）の解約返戻金

　　契約年月　　　　　　　　　　　　　：2015年6月

　　契約者（＝保険料負担者）・被保険者：Aさん

　　解約返戻金額　　　　　　　　　　　：640万円

　　正味払込済保険料　　　　　　　　　：500万円

※妻Bさん、長女Cさん、二女Dさんおよび母Eさんは、Aさんと同居し、生計を一にしている。

※Aさんとその家族は、いずれも障害者および特別障害者には該当しない。

※Aさんとその家族の年齢は、いずれも2023年12月31日現在のものである。

※上記以外の条件は考慮せず、各問に従うこと。

問　Aさんの2023年分の事業所得の金額を求めなさい。［計算過程］を示し、〈答〉は円単位とすること。なお、Aさんは、正規の簿記の原則（複式簿記）に従って記帳し、それに基づき作成した貸借対照表

および損益計算書等を確定申告書に添付して、電子申告により確定申告期限内に提出するものとし、事業所得の金額の計算上、青色申告特別控除額を控除すること。　《2017年1月応用 問58改題》

問2

　問1 を踏まえ、Aさんの2023年分の課税総所得金額に対する算出所得税額（税額控除前の金額）を求めなさい。〔計算過程〕を示し、〈答〉は100円未満を切り捨てて円単位とすること。なお、Aさんの2023年分の所得控除の合計額を300万円とし、記載のない事項については考慮しないものとする。

〈資料〉所得税の速算表

課税総所得金額		税率	控除額
万円超	万円以下		
～	195	5％	－
195 ～	330	10%	9万7,500円
330 ～	695	20%	42万7,500円
695 ～	900	23%	63万6,000円
900 ～	1,800	33%	153万6,000円
1,800 ～	4,000	40%	279万6,000円
4,000 ～		45%	479万6,000円

《2017年1月応用 問59改題》

問1

21,600,000円

事業所得は、入ってきた金額「売上高（資料より42,900万円）」から、出た金額に相当する「売上原価」「必要経費（資料より7,228万円）」と、お金は出てなくても経費となる金額「減価償却費」「青色申告特別控除（65万円）」を引けば求められる。

① 売上原価を計算する

売上原価＝年初棚卸高＋当期仕入高－年末棚卸高

　　　　＝4,830万円＋33,500万円－4,910万円＝33,420万円

② 減価償却費を計算する

・償却方法の届け出をしていない個人の法定償却方法は「**定額法**（資料より0.25）」

・AさんのPCは9カ月相当の使用（1カ月未満切上げ）

$$減価償却費＝取得価額×償却率×\frac{事業使用月数}{12カ月}$$

$$×事業専用使用割合$$

$$＝36万円×0.25×\frac{9カ月}{12カ月}×100\%×4台＝27万円$$

③ 事業所得を計算する

事業所得＝売上高－売上原価－必要経費－減価償却費－青色申告特別控除

　　　　＝42,900万円－33,420万円－7,228万円－27万円－65万円

　　　　＝2,160万円

問2

4,616,000円

① 「個々の所得」を求める

・事業所得は **問1** より2,160万円。

・不動産所得＝不動産収入額－必要経費＝860万円－930万円

　　　　　　＝▲70万円

不動産所得の損失のうち、土地取得に要した負債の利子相当部分は、損益通算できないので、▲70万円から48万円（土地取得に要した負債の利子）を引くと▲22万円。

・一時所得＝収入額－収入を得るために支出した額－特別控除50万円

　　　　　＝（940万円－1,000万円）＋（640万円－500万円）－50万円

　　　　　＝30万円

なお総所得金額を計算する際に、一時所得はその2分の1が合算
対象。

②　個々の所得を合計（損益通算を含む）して「総所得金額」を
求める

・総所得金額＝事業所得2,160万円＋不動産所得▲22万円

$$＋一時所得30万円×\frac{1}{2}＝2,153万円$$

③　所得控除を引いて「課税総所得金額」を求める

・課税総所得金額＝総所得金額2,153万円－所得控除合計300万円

　　　　　　　　＝1,853万円

④　速算表の該当する行で、掛けて引いて「所得税額」を求める

・所得税額＝課税総所得金額1,853万円×40％－279.6万円

　　　　　＝461.6万円

6 建蔽率・容積率に関する計算

絶対マスター

絶対読め！ **30**秒レクチャー

　建蔽率は、建築面積の敷地面積に対する割合…建物が密集すると火事が燃え広がりやすくて危険なので制限するのだ。容積率は、延べ面積の敷地面積に対する割合…高いビルがどんどん建つと周辺住民が迷惑するので制限するのだ。なお、2種類の地域にまたがっ

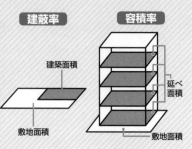

た場合は、いずれも掛けて足し合わせれば求められる。これらの計算も、出題されないほうがめずらしい超定番問題なので、過去問演習を繰り返して完璧にしておこう！

ナナメ読み！　学習のポイント

1 建蔽率（けんぺいりつ）

$$建蔽率 = \frac{建築面積}{敷地面積}$$

① 防火地域内の耐火建築物等については、建蔽率に10%加える（なお、<u>建蔽率80%の地域では20%加える。つまり制限がなくなる</u>）。

② 準防火地域に耐火建築物等または準耐火建築物等を建築する場合も、建蔽率に10%加える。

③ 特定行政庁が指定する角地については、建蔽率に10%加える。
　①または②に加えて③を満たす場合は、合わせて20%加える。

④ 敷地が建蔽率の異なる地域にまたがった場合には、2つの地域の建築可能面積の合計が、建築面積の最大限となる。

2 容積率

$$容積率 = \frac{建築延べ面積}{敷地面積}$$

100㎡の敷地に60㎡×5階建てビルなら容積率300%。

① 前面道路の幅員が12m以上の場合、「指定容積率」を用いる。

② 前面道路の幅員が12m未満の場合、「指定容積率」と、前面道路（2つ以上では幅員最大のもの）の幅員により求められた「幅員容積率」を比べて、厳しいほうとする。

1) 住居系の地域では、幅員（のメートル数）に $\frac{4}{10}$ を乗じた数値を幅員容積率とする。

→6m道路なら $6 \times \frac{4}{10}$（40%）＝240%

2) 住居系以外の地域では、幅員に $\frac{6}{10}$ を乗じた数値を幅員容積率とする。

③ 隣接する複数の土地を一体利用する場合、幅員が広いほうを前面道路とする。その結果として、前面道路の幅員が12m以上となる場合には前面道路による容積率の制限を受けない。

④ 敷地が容積率の異なる地域にまたがった場合には、2つの地域の建築可能延べ面積の合計が、延べ面積の最大限となる。

3 セットバック

土地に接する道路幅が4mに満たない場合、「道路の中心線から2m後退した線」が道路との境界線とみなされる。このセットバックによって、上限となる建築面積や延べ面積を算出するベースとなる敷地面積も狭くなるので注意。

本番得点力が高まる！ **問題演習**

問 1
□□□

次の設例に基づいて、下記の問に答えなさい。

─《設 例》─

　会社員のAさんは、昨年母が死亡し、母および妻子とともに暮らしていた自宅（建物）およびその敷地である甲土地と、青空駐車場として使用している乙土地を相続により取得した。これらの土地は郊外に所在し、最寄駅までも遠く、交通の便があまり良くないことから、Aさんは今年中に他所に移り住むつもりでいる。

　Aさんは、自宅（建物）および甲土地を売却する方向で検討していたが、先日、大手不動産会社から、甲土地と乙土地とを一体とした土地の上に「サービス付き高齢者向け住宅」を建設して賃貸事業を始めてはどうかとの提案を受けた。その提案によれば、同社が全室をまとめて借り上げるため、長期にわたって安定した収入が確保でき、空室や家賃滞納等の運営に関する手間もかからないとのことである。

　甲土地および乙土地の概要は、以下のとおりである。

〈甲土地および乙土地の概要〉

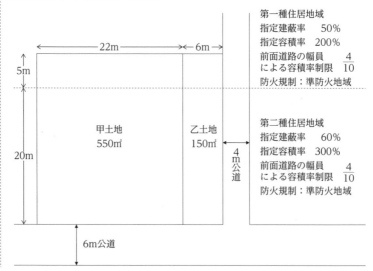

（注）

・甲土地は550㎡の長方形の土地であり、第一種住居地域に属する部分は110㎡、第二種住居地域に属する部分は440㎡である。

・乙土地は150㎡の長方形の土地であり、第一種住居地域に属する部分は30㎡、第二種住居地域に属する部分は120㎡である。

・乙土地は、建蔽率の緩和について特定行政庁が指定する角地である。

・指定建蔽率および指定容積率とは、それぞれ都市計画において定められた数値である。

・特定行政庁が都道府県都市計画審議会の議を経て指定する区域ではない。

※上記以外の条件は考慮せず、各問に従うこと。

問　甲土地と乙土地とを一体とした土地の上に耐火建築物を建築する場合、次の①および②に答えなさい（計算過程の記載は不要）。〈答〉は㎡表示とすること。なお、記載のない事項については考慮しないものとする。

① 建蔽率の上限となる建築面積はいくらか。

② 容積率の上限となる延べ面積はいくらか。

《2020年1月応用 問61改題》

問2 次の設例に基づいて、下記の問に答えなさい。なお、2024年4月1日現在施行の法令等に基づいて解答すること。

《設例》

　Aさん（65歳）は、甲土地（Aさんが所有する賃貸アパートの敷地）および乙土地（Aさんが所有する自宅の敷地）を所有している。

　Aさんは、老朽化した自宅と賃貸アパートを撤去した後、甲土地と乙土地とを一体とした土地に、賃貸マンションを建築して、大家として当該マンションに住むか、甲土地は貸駐車場とし、乙土地は6,000万円で売却して、その売却資金で娘夫婦が住む近隣の都市に分譲マンションを4,500万円で購入して移り住むかを検討している。

〈甲土地および乙土地の概要〉

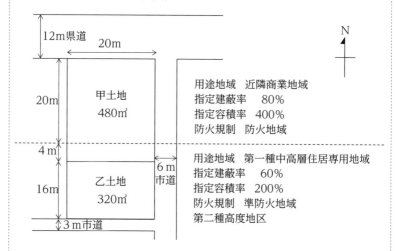

（注）
・甲土地は480㎡の長方形の土地であり、近隣商業地域に属する部分は400㎡、第一種中高層住居専用地域に属する部分は80㎡である。
・乙土地は320㎡の長方形の土地である。
・指定建蔽率および指定容積率は、それぞれ都市計画において定められた数値である。
・甲土地、甲土地と乙土地とを一体とした土地は、建蔽率の緩和につ

404

いて特定行政庁が指定する角地であるが、乙土地は建蔽率の緩和について特定行政庁が指定する角地ではない。

・乙土地の南側、幅員3m市道は建築基準法第42条第2項により特定行政庁の指定を受けた道路である。3m市道の中心線は、当該道路の中心部にある。また、3m市道の乙土地の反対側は宅地であり、がけ地や川等ではない。

・特定行政庁が都道府県都市計画審議会の議を経て指定する区域ではない。

※上記以外の条件は考慮せず、各問に従うこと。

問 甲土地と乙土地とを一体とした土地に耐火建築物を建築する場合、次の①および②に答えなさい（計算過程の記載は不要）。〈答〉は㎡表示とすること。なお、記載のない事項については考慮しないものとする。

① 建蔽率の上限となる建築面積はいくらか。
② 容積率の上限となる延べ面積はいくらか。

《2022年9月応用 問60改題》

問1

① 546㎡
②1,624㎡

① 学習のポイント 1 ②③④を参照。防火地域や準防火地域に耐火建築物を建てるなら10%緩和。角地の10%緩和と合わせて20%の建蔽率の緩和が受けられる。

甲乙土地の建蔽率の限度は、

甲乙土地の第一種住居地域部分：(110㎡＋30㎡)
$$\times (50\% + 20\%) = 98㎡$$

甲乙土地の第二種住居地域部分：(440㎡＋120㎡)
$$\times (60\% + 20\%) = 448㎡$$

建蔽率の限度：98㎡＋448㎡＝546㎡

② 前面道路幅が12m未満の場合、指定容積率が制限される場合があり、以下のいずれか小さいほうになる。

住居系の地域：前面道路幅×$\dfrac{4}{10}$または指定容積率

住居系以外の地域：前面道路幅×$\dfrac{6}{10}$または指定容積率

広いほうを前面道路とするので、第一種住居地域部分の前面道路幅は6m、

$6\,\text{m}×\dfrac{4}{10}＝240\%＞$指定容積率200%

→容積率の上限は200%

第二種住居地域部分も前面道路幅は6mなので、

$6\,\text{m}×\dfrac{4}{10}＝240\%＜$指定容積率300%

→容積率の上限は240%

延べ面積の限度：$(110㎡＋30㎡)×200\%＋(440㎡＋120㎡)$
$×240\%＝\underline{1,624㎡}$

問2

①712㎡
②2,380㎡

① ［学習のポイント **1**］①③を参照して、

防火規制が異なる土地にまたがる場合は最も厳しい規制となるので、全て防火地域。

「第一種中高層」部分の建蔽率：防火地域の角地の耐火建築物なので60%＋20%＝80%

「近隣商業」部分の建蔽率：指定建蔽率80%で防火地域内の耐火建築物は制限なし（100%）

3mの市道に接する部分は0.5mのセットバック

（［学習のポイント **3**］を参照）が生じて、

$320㎡－20\,\text{m}×0.5\,\text{m}＝310㎡$　と実質的な面積は狭くなる。

「第一種中高層」部分：$(80㎡＋310㎡)×(60\%＋20\%)＝312㎡$

「近隣商業」部分：$400㎡×100\%＝400㎡$

土地全体：$312㎡＋400㎡＝\underline{712㎡}$

② ［学習のポイント **2**］①②を参照して、

「第一種中高層」部分：$(80㎡＋310㎡)×200\%＝780㎡$

「近隣商業」部分：$400㎡×400\%＝1,600㎡$

土地全体：$780㎡＋1,600㎡＝\underline{2,380㎡}$

出題率 **85%** ｜ 難易度 ★★ ★★ ★

7 譲渡所得の計算

絶対マスター

絶対読め！30秒レクチャー

　譲渡所得の計算は1級学科応用でも頻出だ。不動産を売却して売却益が出た場合でも、税金が優遇される制度が色々ある。試験対策としては、マイホーム（居住用財産）の売却と、固定資産の交換のケースを押さえておこう。

ナナメ読み！ 学習のポイント

1 居住用財産の譲渡所得の計算

　　課税譲渡所得＝譲渡価格－（取得費＋譲渡費用）－特別控除額

① 物件の取得価格が不明の場合（という出題が多い）は「概算取得費」として、譲渡価格の5％を取得費にできる。

② 特別控除額は、マイホーム（居住用財産）売却益の3,000万円特別控除を用いる出題が多い。

③ 通常の税率（長期譲渡）は所得税15.315％＋住民税5％＝合計20.315％

④ 所有が10年超の自宅の売却益（長期譲渡所得）は、6,000万円以下の部分の税率が軽減されて、所得税10.21％＋住民税4％＝合計14.21％

⑤ 復興特別所得税（上記③④の小数点以下の部分）は「所得税額×2.1％」で計算できる。

⑥　「空き家に係る譲渡所得の特別控除の特例」の適用を受ける場合は、上記の式の「特別控除額」に3,000万円を入れて計算する。

⑦　「相続財産を譲渡した場合の取得費加算の特例」の適用を受ける場合は、「その人が納付した相続税額×$\dfrac{譲渡資産の相続税評価額}{相続税の課税価格＋債務控除額}$」を前記の式の「取得費」に加算できる。

2　固定資産の交換の特例による譲渡所得の計算

課税譲渡所得＝交換差金－（取得費＋譲渡費用）×交換差金分の割合

交換差金分の割合＝$\dfrac{交換差金}{取得資産の時価＋交換差金}$

①　固定資産の交換の特例の適用を受けた場合、交換差金の部分だけ課税される。そして、費用合計のうち交換差金分の割合は差し引ける。

②　物件の取得価格が不明の場合（という出題が多い）は「概算取得費」として、譲渡資産の時価の5％を取得費にできる。

③　譲渡費用（交換費用）のうち、譲渡と取得の費用区分が不明なものはその半分を費用として計上できる。

④　通常の税率（長期譲渡）は所得税15.315％＋住民税5％＝合計20.315％

⑤　復興特別所得税（上記④の小数点以下の部分）は「所得税額×2.1％」で計算できる。

3　居住用財産の買換え特例による譲渡所得の計算

課税譲渡所得＝買換え差額－（取得費＋譲渡費用）×買換え差額の割合

買換え差額の割合＝$\dfrac{買換え差額}{売却金額}$

（買換え差額＝売却金額－購入金額）

①　この特例の適用を受ける場合、家を売って買って手元に残る「買換え差額」から必要経費相当を引いたものが課税対象となる。

②　物件の取得価格が不明の場合（という出題が多い）は「概算取得費」とし

て、譲渡価格の5%を取得費にできる。

③　通常の税率（長期譲渡）は所得税15.315％＋住民税5％＝合計20.315％

④　復興特別所得税（上記③の小数点以下の部分）は「所得税額×2.1％」で計算できる。

本番得点力が高まる！ 問題演習

問1
□□□　　　次の設例に基づいて、下記の問に答えなさい。

《設　例》

月極駐車場として使用している甲土地の所有者であるAさん（60歳）は、先日、不動産業者から、甲土地の隣地である乙土地を購入し、甲土地と乙土地とを一体とした土地の上に「サービス付き高齢者向け住宅」を建設して賃貸事業を始めてはどうかと提案を受けた。Aさんは、父親から相続により取得した自宅の建物の老朽化が進んでいたため、自宅の建物と敷地を売却し、その売却資金を元手として、建設する「サービス付き高齢者向け住宅」に自身も移り住むことを前向きに検討している。

甲土地および乙土地の概要は、以下のとおりである。

〈甲土地および乙土地の概要〉

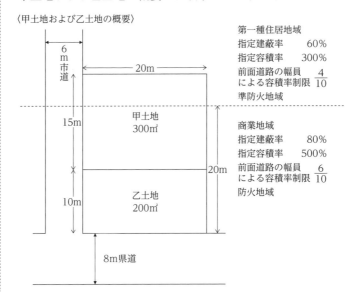

（注）

- ・甲土地および乙土地はいずれも長方形の土地である。甲土地のうち、第一種住居地域に属する部分は100㎡、商業地域に属する部分は200㎡である。
- ・乙土地は、建蔽率の緩和について特定行政庁が指定する角地である。
- ・指定建蔽率および指定容積率とは、それぞれ都市計画において定められた数値である。
- ・特定行政庁が都道府県都市計画審議会の議を経て指定する区域ではない。

※上記以外の条件は考慮せず、各問に従うこと。

問　Aさんが、以下の〈条件〉で自宅の建物およびその敷地を譲渡し、「居住用財産を譲渡した場合の3,000万円の特別控除」および「居住用財産を譲渡した場合の長期譲渡所得の課税の特例」の適用を受けた場合、次の①～③に答えなさい。［計算過程］を示し、〈答〉は100円未満を切り捨てて円単位とすること。なお、本問の譲渡所得以外の所得や所得控除等は考慮しないものとする。

① 課税長期譲渡所得金額はいくらか。
② 課税長期譲渡所得金額に係る所得税および復興特別所得税の合計額はいくらか。
③ 課税長期譲渡所得金額に係る住民税額はいくらか。

〈条件〉

〈譲渡資産（自宅）に関する資料〉
・譲渡資産の譲渡価額：１億1,000万円
・譲渡資産の所有期間： 50年
・譲渡資産の取得費 ： 不明
・譲渡費用 ： 500万円

《2015年9月応用 問62》

410

問2
☐☐☐

次の設例に基づいて、下記の問に答えなさい。

---《設　例》---

　甲土地の借地権者であるAさんは、甲土地にある自宅で妻と2人で暮らしている。Aさんは、自宅の建替えを検討していたところ、先日、甲土地の貸主（地主）であるBさんから、甲土地を乙土地と丙土地に分割して、乙土地部分をAさんが取得し、丙土地部分をBさんが取得するように借地権と所有権（底地）を交換したいとの提案を受けた。

　甲土地および交換後の乙土地、丙土地の概要は、以下のとおりである。

〈甲土地の概要〉

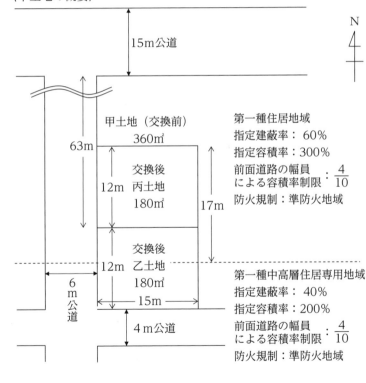

第一種住居地域
指定建蔽率：60%
指定容積率：300%
前面道路の幅員による容積率制限 ： $\frac{4}{10}$
防火規制：準防火地域

第一種中高層住居専用地域
指定建蔽率：40%
指定容積率：200%
前面道路の幅員による容積率制限 ： $\frac{4}{10}$
防火規制：準防火地域

（注）

・甲土地は360㎡の長方形の土地であり、交換後の乙土地および丙

第**7**章　学科応用・完全対策

土地はいずれも180㎡の長方形の土地である。

・交換後の乙土地のうち、第一種住居地域に属する部分は75㎡、第一種中高層住居専用地域に属する部分は105㎡である。

・交換後の乙土地は、建蔽率の緩和について特定行政庁が指定する角地である。

・幅員15mの公道は、建築基準法第52条第9項の特定道路であり、特定道路から交換後の乙土地までの延長距離は63mである。

・指定建蔽率および指定容積率とは、それぞれ都市計画において定められた数値である。

・特定行政庁が都道府県都市計画審議会の議を経て指定する区域ではない。

※上記以外の条件は考慮せず、各問に従うこと。

問　Aさんが、下記の〈条件〉で借地権と所有権（底地）を交換し、「固定資産の交換の場合の譲渡所得の特例」の適用を受けた場合、次の①～③に答えなさい。〔計算過程〕を示し、〈答〉は100円未満を切り捨てて円単位とすること。なお、本問の譲渡所得以外の所得や所得控除等は考慮しないものとする。

①　課税長期譲渡所得金額はいくらか。

②　課税長期譲渡所得金額に係る所得税および復興特別所得税の合計額はいくらか。

③　課税長期譲渡所得金額に係る住民税額はいくらか。

〈条件〉

〈交換譲渡資産〉	
・交換譲渡資産	：借地権（旧借地法による借地権） ※2015年10月に相続（単純承認）により取得
・交換譲渡資産の取得費	：不明

- 交換譲渡資産の時価 ：5,000万円（交換時）
- 交換費用（仲介手数料等）：200万円（譲渡と取得の費用区分は不明）

〈交換取得資産〉
- 交換取得資産 ：所有権（底地）
- 交換取得資産の時価：4,500万円（交換時）

〈交換差金〉
- AさんがBさんから受領した交換差金：500万円

《2021年5月応用 問62》

問3 次の設例に基づいて、下記の問に答えなさい。なお、2024年4月1日現在施行の法令等に基づいて解答すること。

--------《設　例》--------

　Aさん（50歳）が所有している甲土地とその土地上の家屋は、昨年、父親の相続により取得したものであり、先日、相続税を納付した。甲土地上の家屋に父親が1人で居住していたが、Aさんは既に自宅を所有しているため、相続した家屋は空き家となっており、今後も移り住む予定はない。

　相続した家屋は築45年で老朽化が進んでいることから、Aさんは、家屋を取り壊して甲土地を譲渡するか、あるいは甲土地上に賃貸マンションを建築することを検討している。

　甲土地の概要は、以下のとおりである。

第7章　学科応用・完全対策

〈甲土地の概要〉

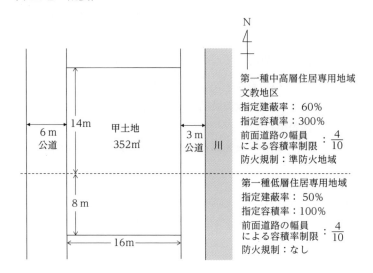

(注)

・甲土地は352㎡の長方形の土地であり、第一種中高層住居専用地域
 に属する部分は224㎡、第一種低層住居専用地域に属する部分は
 128㎡である。

・幅員3ｍの公道は、建築基準法第42条第2項により特定行政庁の
 指定を受けた道路である。また、3ｍ公道の甲土地の反対側は川で
 ある。

・指定建蔽率および指定容積率とは、それぞれ都市計画において定め
 られた数値である。

・特定行政庁が都道府県都市計画審議会の議を経て指定する区域では
 ない。

※上記以外の条件は考慮せず、各問に従うこと。

問　Aさんが、相続した家屋を取り壊し、以下の〈条件〉でその敷地で
　　ある甲土地を譲渡した場合、次の①～③に答えなさい。〔計算過程〕
　　を示し、〈答〉は100円未満を切り捨てて円単位とすること。なお、
　　譲渡所得以外の所得や所得控除等は考慮しないものとする。

① 「被相続人の居住用財産（空き家）に係る譲渡所得の特別控除」の適用を受けた場合の課税長期譲渡所得金額はいくらか。

② 「相続財産に係る譲渡所得の課税の特例」（相続税の取得費加算の特例）の適用を受けた場合の課税長期譲渡所得金額はいくらか。

③ 上記①で求めた金額と上記②で求めた金額のいずれか低い金額に係る所得税額、復興特別所得税額および住民税額の合計額はいくらか。

〈条件〉

〈譲渡資産（甲土地）に関する資料〉

・譲渡資産の譲渡価額：4,900万円

・譲渡資産の所有期間：45年

・譲渡資産の取得費　：不明

・譲渡費用　　　　　：900万円（家屋の取壊し費用、仲介手数料等）

〈父親の相続に関する資料〉

・相続人　　　　　　　　　：Aさん（ほかに相続人はいない）

・甲土地の相続税評価額　　：3,600万円

　　　　　　　　　　　　　（甲土地以外に相続した土地等はない）

・Aさんの相続税の課税価格：7,900万円

　　　　　　　　　　　　　（債務控除100万円を控除した後の金額。相続時精算課税の適用はない）

・Aさんが納付した相続税額：660万円

　　　　　　　　　　　　　（贈与税額控除、相次相続控除は受けていない）

《2023年9月応用 問62》

問1

①69,500,000円

② 7,580,900円

③ 2,875,000円

① 譲渡価額の5%（1億1,000万円×5％＝550万円）を概算取得費として

1億1,000万円－（550万円＋500万円）－3,000万円
＝6,950万円

② 学習のポイント **1** ③④⑤を参照して、所得税額は

6,000万円×10％＋（6,950万円－6,000万円）×15％
＝7,425,000円…(1)

復興特別所得税額は、7,425,000円×2.1％＝155,925円…(2)

(1)＋(2)＝7,580,925円≒7,580,900円（100円未満切捨て）

③ 学習のポイント **1** ③④を参照して、住民税額は

6,000万円×4％＋（6,950万円－6,000万円）×5％
＝2,875,000円

問2

①4,650,000円

② 712,100円

③ 232,500円

① 学習のポイント **2** を参照。

$$交換差金分の割合＝\frac{500万円}{4,500万円＋500万円}＝0.1$$

交換譲渡資産の時価の5%（5,000万円×5％＝250万円）を概算取得費、

譲渡費用は半分（200万円×50％＝100万円）を計上して

500万円－（250万円＋100万円）×0.1＝465万円

② 所得税額は465万円×15％＝697,500円…(1)

復興特別所得税額は、697,500円×2.1％＝14,647.5円…(2)

(1)＋(2)＝712,147.5円≒712,100円（100円未満切捨て）

③ 住民税額は465万円×5％＝232,500円

問3

① 7,550,000円

②34,580,000円

③ 1,533,700円

① 「被相続人の居住用財産（空き家）に係る譲渡所得の特別控除」の適用を受けた場合の課税長期譲渡所得金額

学習のポイント **1** ⑥を参照。

課税譲渡所得＝譲渡収入金額－（取得費＋譲渡費用）－特別控除

空き家の譲渡所得の特別控除3,000万円を適用した場合、上記の計算式の「特別控除」部分が3,000万円。

土地や建物の譲渡所得は、譲渡した年の1月1日現在の所有

期間が5年を超えると長期譲渡所得。

　また、取得費が不明な場合には、概算取得費として譲渡価額の5％とすることができる。

　土地と建物の売却価格の合計は、4,900万円なので、概算取得費は4,900万円の5％。

　したがって

　「被相続人の居住用財産（空き家）に係る譲渡所得の特別控除」を適用した場合の課税長期譲渡所得

　　＝4,900万円－（4,900万円×5％＋900万円）－3,000万円

　　＝4,900万円－（245万円＋900万円）－3,000万円

　　＝755万円

② 「相続財産に係る譲渡所得の課税の特例」（相続税の取得費加算の特例）の適用を受けた場合の課税長期譲渡所得金額

　学習のポイント 1 ⑦を参照。

　取得費に加算できる加算額の計算式は以下の通り。

　取得費に加算する相続税額

　　＝その人が納付した相続税額×｛譲渡資産の相続税評価額
　　　　／（相続税の課税価格＋債務控除額）｝

　（譲渡資産に小規模宅地の特例を適用していた場合には、特例適用後の評価額）

　よって

　取得費に加算する相続税額＝660万円×｛3,600万円／（7,900万円
　　　　　　　　　　　　　　　　　　＋100万円）｝＝297万円

　したがって

　「相続財産に係る譲渡所得の課税の特例」（相続税の取得費加算の特例）の適用を受けた場合の課税長期譲渡所得金額

　　＝4,900万円－（4,900万円×5％＋900万円＋297万円）

　　＝3,458万円

　（空き家の譲渡所得の3,000万円特別控除は、相続財産を譲渡した場合の取得費加算の特例と併用できない）

③ 所得税額、復興特別所得税額および住民税額の合計額

上記①②のうち譲渡所得金額が低くなる①をもとに税額を算出。

　　長期譲渡所得の内訳：所得税15％・住民税５％

　　復興特別所得税＝その年の所得税額×2.1％

・所得税

　755万円×15％＝113.25万円

・復興特別所得税

　113.25万円×2.1％＝23,782.5円

・所得税・復興特別所得税の合計額

　113.25万円＋23,782.5円＝1,156,282.5円

　　　　　　　　　→1,156,200円（100円未満切捨て）

・住民税額

　755万円×５％＝37.75万円

・所得税・復興特別所得税・住民税の合計額

　1,156,200円＋377,500円＝<u>1,533,700円</u>

出題率 **90%** ｜ 難易度 ★★★☆☆

8 非上場会社の株式評価に関する計算

絶対マスター

絶対読め！**30**秒レクチャー

類似業種比準
純資産
配当還元

　非上場株式の株式評価は、大きく分けて3つ（類似業種比準、純資産、配当還元）。類似業種比準方式のポイントは、会社の規模に応じて（5掛けから7掛けまで）乗数が変わるところ。純資産価額方式のポイントは、単純に1株当たり純資産の相続税評価額を求めるのではなくて、実質的な税コストも考慮して「評価差額の法人税相当額」を差し引くところ。配当還元方式のポイントは、直近2年の配当金額（記念配当等を除く）の平均値を求めて10倍することと、最低でも1株25円の評価にはなること。非上場株式の株式評価の計算は、ほぼ毎回出題されている（特に類似業種比準方式）ので、絶対にパーフェクトにして試験に臨むのだ！

第**7**章　学科応用・完全対策

ナナメ読み！ 学習のポイント

1 類似業種比準方式の計算
るい じ ぎょうしゅ ひ じゅん

　1株当たりの類似業種比準価額を算出する式は、以下のとおり。計算過程における「端数処理」はパターンが決まっている（切捨てが多いので注意）ので問題演習で慣れておこう！　迷ったら「資本金額÷50円」というカンタンな計算で、評価会社の1株（50円）当たりの発行済株式総数を求めることから始めよう。

類似業種比準価額＝

$$
類似業種の株価 \times \frac{\dfrac{a}{A} + \dfrac{b}{B} + \dfrac{c}{C}}{3} \times 乗数 \times \frac{1株当たりの資本金額}{50円}
$$

※　類似業種の株価は、「評価年度の前年、評価する月、評価する前月、評価する前々月、評価する月以前2年間」の各平均株価のうち最も小さい金額

※　a、b、c…評価会社の1株当たりの配当金額、利益金額、純資産価額

※　A、B、C…類似業種の1株当たりの配当金額、利益金額、純資産価額

※　乗数は、大会社は0.7、中会社は0.6、小会社は0.5

2　純資産価額方式の計算

1株当たりの純資産価額を算出する式は、以下のとおり。

税コストも考慮して「評価差額の法人税相当額」を差し引くのがポイント。

1株当たりの純資産価額＝

$$
\left(\begin{array}{c} 相続税評価額の \\ 総資産価額 \end{array} - 負債合計額 - \begin{array}{c} 評価差額の \\ 法人税相当額^※ \end{array} \right) \div 発行済株式総数
$$

$$
※ \quad \begin{array}{c} 評価差額の \\ 法人税相当額 \end{array} = \left(\begin{array}{c} 相続税評価額 \\ の純資産額 \end{array} - \begin{array}{c} 帳簿価額の \\ 純資産額 \end{array} \right) \times 37\%
$$

3　中会社の評価（1と2の併用方式）

中会社における1株当たりの相続税評価額を算出する式は以下のとおり。

類似業種比準価額×L＋純資産価額×（1－L）

※　Lは、「中会社の大」なら0.9、「中会社の中」なら0.75、「中会社の小」なら0.6

（純資産価額方式で評価してもよいが、通常は評価が低くなる上記を採用）

4 配当還元方式の計算

① 1株当たりの年配当金額の算出

配当還元方式の株価算定の際、まず直近2年分の配当金の平均値を出し、それを発行済株式総数で割ることにより、1株当たりの年配当金額（1株当たりの資本金を50円とみなした場合の年配当金額）を求める。この計算の際、記念配当や特別配当は除き、その結果が2円50銭未満または無配（0円）の場合は2円50銭として計算する。

② 1株当たりの配当還元価額の計算

①で求めた「過去2年間の配当金額の平均値」を10%の利率で割り戻して、元本に相当する株式の価額を求めたもので、配当還元価額の計算式は以下のとおり。1株当たりの資本金が50円ではない場合は、それに比例した調整を行うようになっている。

$$配当還元価額 = \frac{年配当金額}{10\%} \times \frac{1株当たりの資本金額}{50円}$$

5 特定の評価会社

① 株式保有特定会社・土地保有特定会社・比準要素数1の会社・開業後3年未満の会社は「特定の評価会社」として、その株式は純資産価額方式により評価する。（ただし、同族株主以外の株主等が取得した場合は「特例的評価方式」として配当還元方式で評価される）

② 総資産価額に占める株式保有割合が50%以上の場合「株式保有特定会社」とされる。

③ 総資産価額に占める土地保有割合が【大会社70%、中会社90%】以上の場合「土地保有特定会社」とされる。

④ 1株当たりの「配当金額・利益金額・純資産価額」の金額のうち、いずれか2要素がゼロ等の要件に該当する場合「比準要素数1の会社」とされて、純資産価額方式または「類似業種×0.25＋純資産×0.75」のいずれかを選択できる。

本番得点力が高まる！ 問題演習

問 1
□□□　　　　次の設例に基づいて、下記の問に答えなさい。

――――――――――《設　例》――――――――――

　非上場会社のＸ株式会社（以下、「Ｘ社」という）の代表取締役社長であるＡさん（70歳）には、妻Ｂさん（70歳）、長男Ｃさん（44歳）、二男Ｄさん（38歳）および長女Ｅさん（35歳）の４人の推定相続人がいる。

　Ａさんは、所有するＸ社株式をＸ社の専務取締役である長男Ｃさんに贈与して第一線を退く決意を固めた。また、住宅の取得を予定している二男Ｄさんと、昨年結婚して第一子を出産予定の長女Ｅさんに、それぞれ資金援助をしたいと考えている。

　Ｘ社に関する資料は、以下のとおりである。なお、〈Ｘ社の概要〉の「□□□」は、問題の性質上、伏せてある。

〈Ｘ社の概要〉

(1) 業種　金属製品製造業

(2) 資本金等の額　2,000万円（発行済株式総数40,000株、すべて普通株式で１株につき１個の議決権を有している）

(3) 株主構成

株主	Ａさんとの関係	所有株式数
Ａさん	本人	38,000株
Ｂさん	妻	1,000株
Ｃさん	長男	1,000株

(4) 株式の譲渡制限あり

(5) Ｘ社株式の評価（相続税評価額）に関する資料

・Ｘ社の財産評価基本通達上の規模区分は「中会社の小」である。

・Ｘ社は、特定の評価会社には該当しない。

・比準要素の状況

比準要素	X社	類似業種
1株（50円）当たりの年配当金額	□□□円	4.5円
1株（50円）当たりの年利益金額	□□□円	28円
1株（50円）当たりの簿価純資産価額	155円	282円

※すべて1株当たりの資本金等の額を50円とした場合の金額である。

・類似業種の1株（50円）当たりの株価の状況

課税時期の属する月の平均株価	250円
課税時期の属する月の前月の平均株価	252円
課税時期の属する月の前々月の平均株価	250円
課税時期の前年の平均株価	260円
課税時期の前々年の平均株価	242円
課税時期の属する月以前2年間の平均株価	248円

(6) X社の過去3年間の決算（売上高・所得金額・配当金額）の状況

事業年度	売上高	所得金額（注1）	配当金額
直　　前　　期	14,000万円	1,200万円	220万円（注2）
直　前　々　期	12,000万円	1,120万円	160万円
直前々期の前期	13,000万円	1,150万円	180万円

（注1）所得金額は、非経常的な利益金額等の調整後の金額である。

（注2）直前期の配当金額（220万円）には記念配当40万円が含まれている。

(7) X社の資産・負債の状況

直前期のX社の資産・負債の相続税評価額と帳簿価額は、次のとおりである。

科　　目	相続税評価額	帳簿価額	科　　目	相続税評価額	帳簿価額
流動資産	7,770万円	7,770万円	流動負債	4,180万円	4,180万円
固定資産	8,650万円	5,330万円	固定負債	2,720万円	2,720万円
合　　計	16,420万円	13,100万円	合　　計	6,900万円	6,900万円

※上記以外の条件は考慮せず、各問に従うこと。

問 《設例》の〈X社の概要〉に基づき、X社株式の1株当たりの類似業種比準価額を求めなさい。〔計算過程〕を示し、〈答〉は円単位とす

ること。また、端数処理は、計算過程において1株当たりの資本金等の額を50円とした場合の株数で除した年配当金額は10銭未満を切り捨て、1株当たりの資本金等の額を50円とした場合の株数で除した年利益金額は円未満を切り捨て、各要素別比準割合および比準割合は小数点第2位未満を切り捨て、1株当たりの資本金等の額50円当たりの類似業種比準価額は10銭未満を切り捨て、X社株式の1株当たりの類似業種比準価額は円未満を切り捨てること。

なお、X社株式の類似業種比準価額の算定にあたり、複数の方法がある場合は、最も低い価額となる方法を選択するものとする。

《2021年1月応用 問63》

問2
□□□

次の設例に基づいて、下記の問に答えなさい。

《設 例》

非上場会社のX株式会社（以下、「X社」という）の代表取締役社長であるAさん（75歳）には、妻Bさん（71歳）、長男Cさん（48歳）、長女Dさん（46歳）および二女Eさん（41歳）の4人の推定相続人がいる。

Aさんは、所有するX社株式をX社の専務取締役である長男Cさんに贈与して第一線を退く決意を固めた。Aさんは、長男Cさんに事業を承継するにあたり、X社の経営にいっさい関与していない弟Fさん（72歳）が所有しているX社株式を買い取っておきたいと考えている。

X社に関する資料は、以下のとおりである。なお、〈X社の概要〉の「□□□」は、問題の性質上、伏せてある。

〈X社の概要〉
(1) 業種　電子部品製造業
(2) 資本金等の額　8,000万円（発行済株式総数160,000株、すべて普通株式で1株につき1個の議決権を有している）

---

(3) 株主構成

株主	Aさんとの関係	所有株式数
Aさん	本人	100,000株
Bさん	妻	10,000株
Fさん	弟	50,000株

(4) 株式の譲渡制限　あり

(5) X社株式の評価（相続税評価額）に関する資料

・X社の財産評価基本通達上の規模区分は「中会社の大」である。

・X社は、特定の評価会社には該当しない。

・比準要素の状況

比準要素	X社	類似業種
1株（50円）当たりの年配当金額	□□□円	2.9円
1株（50円）当たりの年利益金額	□□□円	18円
1株（50円）当たりの簿価純資産価額	234円	180円

※すべて1株当たりの資本金等の額を50円とした場合の金額である。

・類似業種の1株（50円）当たりの株価の状況

課税時期の属する月の平均株価	293円
課税時期の属する月の前月の平均株価	284円
課税時期の属する月の前々月の平均株価	261円
課税時期の前年の平均株価	243円
課税時期の属する月以前2年間の平均株価	235円

(6) X社の過去3年間の決算（売上高・所得金額・配当金額）の状況

事業年度	売上高	所得金額（注1）	配当金額
直　　前　　期	84,000万円	3,720万円	680万円（注2）
直　前　々　期	79,000万円	3,370万円	528万円
直前々期の前期	81,000万円	2,520万円	560万円

(注1) 所得金額は、非経常的な利益金額等の調整後の金額である。

(注2) 直前期の配当金額（680万円）には記念配当120万円が含まれている。

(7) X社の資産・負債の状況

直前期のX社の資産・負債の相続税評価額と帳簿価額は、次のとおりである。

科 目	相続税評価額	帳簿価額	科 目	相続税評価額	帳簿価額
流動資産	34,100万円	34,100万円	流動負債	16,700万円	16,700万円
固定資産	49,290万円	38,090万円	固定負債	18,050万円	18,050万円
合　計	83,390万円	72,190万円	合　計	34,750万円	34,750万円

※上記以外の条件は考慮せず、各問に従うこと。

問 《設例》の〈X社の概要〉に基づき、X社株式の1株当たりの類似業種比準価額を求めなさい。〔計算過程〕を示し、〈答〉は円単位とすること。また、端数処理は、計算過程において1株当たりの資本金等の額を50円とした場合の株数で除した年配当金額は10銭未満を切り捨て、1株当たりの資本金等の額を50円とした場合の株数で除した年利益金額は円未満を切り捨て、各要素別比準割合および比準割合は小数点第2位未満を切り捨て、1株当たりの資本金等の額50円当たりの類似業種比準価額は10銭未満を切り捨て、X社株式の1株当たりの類似業種比準価額は円未満を切り捨てること。

なお、X社株式の類似業種比準価額の算定にあたり、複数の方法がある場合は、できるだけ低い価額となる方法を選択するものとする。

《2018年1月応用 問63》

問3 □□□ **問2** を踏まえ、《設例》の〈X社の概要〉に基づき、X社株式の1株当たりの①純資産価額と②類似業種比準方式と純資産価額方式の併用方式による価額を、それぞれ求めなさい。〔計算過程〕を示し、〈答〉は円未満を切り捨てて円単位とすること。

なお、X社株式の相続税評価額の算定にあたり、複数の方法がある場合は、できるだけ低い価額となる方法を選択するものとする。

《2018年1月応用 問64》

① 1株（50円）当たりの年配当金額：

<u>直近2年分の配当金（記念配当や特別配当は除く）の平均値を出し</u>、それを発行済株式総数で除することにより求める。

1株（50円）当たりの発行済株式総数＝資本金額÷50円

＝2,000万円÷50円

＝40万株

直近2年分の配当金の平均値

＝{（直前期の配当－記念配当）＋直前々期の配当}÷2

＝{（220万円－40万円）＋160万円}÷2＝170万円

よって1株（50円）当たりの年配当金額＝170万円÷40万株

＝4.25円 → 4.2円

（10銭未満切捨て）

② 1株（50円）当たりの年利益金額：

1株（50円）当たりの年利益金額＝所得金額÷発行済株式総数

<u>所得金額は、直前期1年分の所得か、直前期・直前々期2年分の所得の平均値かいずれか低い方を選択できる。また所得金額からは固定資産売却益等の非経常的な利益金額は除く。</u>

直前期1年分の所得金額：1,200万円

直前期・直前々期2年分の所得金額平均：

（1,200万円＋1,120万円）÷2＝1,160万円

よって、直前期・直前々期2年分の所得金額平均1,160万円を選択。

1株（50円）当たりの年利益金額＝1,160万円÷40万株

＝29円

③ 1株当たりの類似業種比準価額

設例に「中会社」とあるので、類似業種比準価額の「乗数」は中会社（0.6）を採用する。

1株当たりの資本金額＝2,000万円÷4万株＝500円

類似業種の株価は、5つの株価（「前々年」以外）のうち最も低い248円を用いる。

よって、類似業種比準方式の株価は、

$$株価 = 248円 \times \frac{\dfrac{4.2}{4.5} + \dfrac{29}{28} + \dfrac{155}{282}}{3} \times 0.6 \times \frac{500円}{50円}$$

$$= 248円 \times \frac{0.93 + 1.03 + 0.54}{3} \times 0.6 \times \frac{500円}{50円} \quad \leftarrow \substack{\text{小数点第2位}\\\text{未満切捨て}}$$

$$= 248円 \times 0.83 \times 0.6 \times 10 \quad \leftarrow 小数点第2位未満切捨て$$

$$= 123.5円 \times 10 \quad \leftarrow 10銭未満切捨て$$

$$= \underline{1,235円}$$

問2

1,734円

① 1株当たりの資本金額：8,000万円 ÷ 16万株 ＝ 500円

② X社の年配当金額（直近2期の平均）：

8,000万円 ÷ 50円 ＝ 160万株（1株あたり資本金を50円とした場合）

（680万円 － 120万円 ＋ 528万円） ÷ 2 ÷ 160万株 ＝ 3.4円

③ 1株当たりの年利益金額（直近または直近2期平均の低い方）

3,720万円 ＞ （3,720万円 ＋ 3,370万円） ÷ 2 ＝ 3,545万円

3,545万円 ÷ 160万株 ＝ 22.1… ≒ 22円

④ 類似業種の5つの株価のうち最も低いのは235円

乗数は中会社（0.6）を採用して計算すると

$$235円 \times \frac{\dfrac{3.4}{2.9} + \dfrac{22}{18} + \dfrac{234}{180}}{3} \times 0.6 \times \frac{500円}{50円}$$

$$= 235円 \times \frac{1.17 + 1.22 + 1.30}{3} \times 0.6 \times \frac{500円}{50円}$$

$$= 235円 \times 1.23 \times 0.6 \times 10$$

$$= 173.4円（10銭未満切捨て） \times 10$$

$$= \underline{1,734円}$$

問3

①2,781円

②1,838円

① 学習のポイント 2 を参照して、純資産価額は

$\{(83,390万円 － 34,750万円) － (72,190万円 － 34,750万円)\}$

$\times 37\% ＝ 4,144万円$

（83,390万円 － 34,750万円 － 4,144万円） ÷ 16万株 ＝ $\underline{2,781円}$

② 問題の設例（5）より「中会社の大」なので、Lの割合は0.9

（ 学習のポイント 3 を参照）

③ 　問2　で求めた類似業種比準価額に、①の純資産価額をブレ
ンドして 1,734円 × 0.9 ＋ 2,781円 ×（1 － 0.9）≒ 1,838円（純
資産価額 2,781 円より低いのでこれが答え）

出題率 **50%** ｜ 難易度 ★★☆☆☆

9 相続に関する計算

ここで 差がつく

絶対読め！**30**秒レクチャー

　相続・事業承継の分野では「非上場株式の評価」にくわえて「小規模宅地の評価減」「相続税額」に関する良質な計算問題が出題されるようになっている！　まずは、2級合格の際に学んだ相続の知識を復習しておこう！

ナナメ読み！　**学習のポイント**

1 小規模宅地等の評価減となる金額に関する計算

（1）特定居住用（単独適用の場合）…330㎡まで80％減額

　対象となる土地面積が330㎡以下の場合、「自用地評価額×80％」が減額される。

　対象となる土地面積が330㎡を超える場合、「自用地評価額×$\dfrac{330㎡}{土地面積}$×80％」が減額される。

（2）特定事業用（単独適用の場合）…400㎡まで80％減額

　対象となる土地面積が400㎡以下の場合、「自用地評価額×80％」が減額される。

　対象となる土地面積が400㎡を超える場合、「自用地評価額×$\dfrac{400㎡}{土地面積}$×80％」が減額される。

(3) 貸付事業用（単独適用の場合）…200㎡まで50％減額

対象となる土地面積が200㎡以下の場合、「貸家建付地評価額×50％」が減額される。

対象となる土地面積が200㎡を超える場合、「貸家建付地評価額×$\dfrac{200㎡}{土地面積}$×50％」が減額される。

(4) 特定居住用と特定事業用を併用する場合

それぞれ最大まで減額できるので、前記（1）と（2）を足し合わせた金額まで減額できる。

(5) 特定居住用と貸付事業用を併用する場合（特定居住用の対象となる土地面積が330㎡に満たない場合）

前記（1）の80％減額できる特定居住用を最大限まで活用したうえで、余ったワクの割合「$\dfrac{330㎡－特定居住用の面積}{330㎡}$」だけ上記（3）貸付事業用の金額を適用する。

(6) 特定事業用と貸付事業用を併用する場合（特定事業用の対象となる土地面積が400㎡に満たない場合）

前記（2）の80％減額できる特定事業用を最大限まで活用したうえで、余ったワクの割合「$\dfrac{400㎡－特定事業用の面積}{400㎡}$」だけ上記（3）貸付事業用の金額を適用する。

2 相続税額に関する計算

相続税額の計算方法は2級試験でもすでに学んだが、以下の5ステップで計算できる。

① 法定相続人の数 → 基礎控除 → 課税遺産総額の順に計算する
② 法定相続分と法定相続金額を計算する
③ 「相続税の総額」を計算する
④ 「相続税の総額」を実際に受け取る金額で按分して個々の相続税を算出
⑤ 相続人ごとの個別の調整額を勘案する

具体的な計算プロセスは、問題演習で確認しておこう！

第7章 学科応用・完全対策

本番得点力が高まる！ **問題演習**

問 1
□□□

次の設例に基づいて、下記の問に答えなさい。

─────《設 例》─────

　Aさん（71歳）は、一昨年ごろから自身の健康面に不安を感じることが多くなり、自身の相続が発生したときのことを考えるようになった。

　そこで、Aさんは、いくつかの相続セミナーに参加してみたところ、これまで子どもたちの仲は良好であるため遺産分割でもめることはないと漠然と思っていたが、多くのトラブル事例を聞き、不安を感じるようになった。このため、自身の相続財産がどれくらいの金額になるのかを把握したうえで、**遺言書を作成**しておきたいと考えている。

　また、Aさんは、相続対策の一環として、2023年10月に長男Cさん（42歳）に暦年贈与により560万円を贈与しているが、さらに、二男Dさん（38歳）に贈与税の非課税措置を利用して住宅取得資金の援助を行うことも考えている。

　Aさんに関する資料は、以下のとおりである。

〈Aさんに関する資料〉

(1)　Aさんの親族関係図

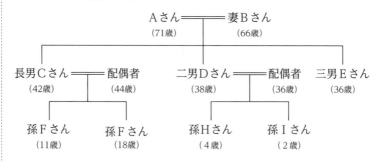

(2) Aさんが所有する自宅敷地、貸家建付地の概要

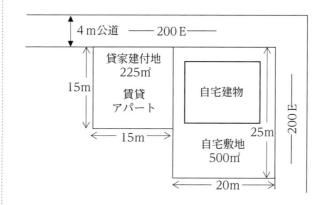

(3) Aさんが所有する財産（相続税評価額）

現預金　　　：1億4,500万円

上場株式　　：1億3,000万円

自宅建物　　：2,500万円

自宅敷地　　：□□□万円

賃貸アパート：2,000万円

貸家建付地　：□□□万円

(4) Aさんが加入している生命保険の契約内容

保険の種類　　　　　　　　　　　：終身保険

契約年月　　　　　　　　　　　　：1996年4月

契約者（＝保険料負担者）・被保険者：Aさん

死亡保険金受取人　　　　　　　　：妻Bさん

死亡保険金額　　　　　　　　　　：5,000万円

※長男Cさんは、Aさんからの贈与について、贈与税を納付しており、贈与税の非課税措置の適用を受けていない。

※自宅敷地は500㎡の長方形の土地であり、貸家建付地は225㎡の正方形の土地である。

※自宅敷地および貸家建付地は、市街化区域内の普通住宅地区に所在し、地積規模の大きな宅地に該当しない。

※賃貸アパートの借家権割合は30％、賃貸割合は100％とする。

※問題の性質上、明らかにできない部分は「□□□」で示してある。

※上記以外の条件は考慮せず、各問に従うこと。

問 《設例》のＡさんが所有する自宅敷地、貸家建付地の概要に基づき、次の①および②について「小規模宅地等についての相続税の課税価格の計算の特例」の適用前の相続税評価額をそれぞれ求めなさい（計算過程の記載は不要）。〈答〉は万円単位とすること。

① 貸家建付地

② 自宅敷地

〈資料〉奥行価格補正率表（一部抜粋）

奥行距離（m） 地区区分		普通住宅地区
10以上	12未満	
12 〃	14 〃	
14 〃	16 〃	1.00
16 〃	20 〃	
20 〃	24 〃	
24 〃	28 〃	0.97

〈資料〉側方路線影響加算率表（一部抜粋）

地区区分	加算率	
	角地の場合	準角地の場合
普通住宅地区	0.03	0.02

《2023年5月応用 問63改題》

問2

仮にＡさんが現時点（2024年5月28日）で死亡し、長男Ｃさんに係る相続税の課税価格が１億1,070万円である場合、《設例》の〈Ａさんに関する資料〉に基づき、次の①～③に答えなさい。〔計算過程〕を示し、〈答〉は万円単位とすること。

なお、**問1**の答にかかわらず、自宅敷地の相続税評価額は１億円、貸家建付地の相続税評価額は4,000万円（いずれも「小規模宅地等についての相続税の課税価格の計算の特例」の適用前の金額）とすること。また、自宅建物およびその敷地を妻Ｂさんが相続して、

自宅敷地について「小規模宅地等についての相続税の課税価格の計算の特例」の適用を受けるものとする。

① 課税価格の合計額はいくらか。

② 相続税の総額はいくらか。

③ 長男Cさんの納付すべき相続税額はいくらか。

〈資料〉相続税の速算表

法定相続分に応ずる取得金額			税率	控除額
万円超		万円以下		
	～	1,000	10%	－
1,000	～	3,000	15%	50万円
3,000	～	5,000	20%	200万円
5,000	～	10,000	30%	700万円
10,000	～	20,000	40%	1,700万円
20,000	～	30,000	45%	2,700万円
30,000	～	60,000	50%	4,200万円
60,000	～		55%	7,200万円

〈資料〉贈与税の速算表（一部抜粋）

基礎控除後の課税価格			特例贈与財産		一般贈与財産	
			税率	控除額	税率	控除額
万円超		万円以下				
	～	200	10%	－	10%	－
200	～	300	15%	10万円	15%	10万円
300	～	400	15%	10万円	20%	25万円
400	～	600	20%	30万円	30%	65万円

《2023年5月応用 問64改題》

① 貸家建付地

評価額の計算式は以下の通り。

> 貸家建付地の評価額
> ＝自用地評価額※×（1−借地権割合×借家権割合×賃貸割合）

> ※自用地評価額＝路線価×敷地面積×奥行価格補正率

路線価図の「200E」＝200千円／㎡・借地権割合E：50%
資料から借家権割合が30%、賃貸割合100%
貸家建付地の評価額＝200,000円×225㎡×1.00
　　　　　　　　　　×（1−50%×30%×100%）
　　　　　　　　　＝4500万円×（1−0.5×0.3×1.0）
　　　　　　　　　＝4500万円×0.85＝3,825万円

② 自宅敷地

設問にある自宅敷地は正面と側面も路線に面している宅地（角地）であるため、側方路線影響加算率を用いて評価額を調整する。

> 側方路線に面する宅地の自用地評価額＝(A＋B)×敷地面積
> ※A：正面路線価×奥行価格補正率
> ※B：側方路線価×奥行価格補正率×側方路線影響加算率

正面路線価とは、奥行価格補正後の金額が高い方の路線価

資料の宅地では、奥行価格補正率が0.97（奥行25m）と1.0（奥行20m）であるので、金額の高い奥行20mの200千円が正面路線価となる。

また、設問では、側方路線影響加算率として「角地」と「準角地」が記載されている。

「角地」は2つの道路に接している土地

「準角地」は折れ曲がった1つの道路の内側部分に接している土地

したがって設問の自宅敷地は「準角地」なので、側方路線影響加算率は0.02。

したがって

A：正面路線価×奥行価格補正率＝200,000円×1.0

B：側方路線価×奥行価格補正率×側方路線影響加算率

　＝200,000円×0.97×0.02＝3,880円

側方路線に面する宅地の自用地評価額

　＝(A＋B)×敷地面積

　＝(200,000円＋3,880円)×500㎡

　＝<u>10,194万円</u>

問2

① 課税価格の合計額

①4億4,280

(1)土地の評価額

② 9,808

`学習のポイント 1`を参照。

③ 2,392

設問の場合、特定居住用の自宅敷地は500㎡で上限の330㎡を超過。
貸付事業用の敷地は225㎡で上限の200㎡を超過。
自宅の評価額の方が高く減額割合も大きいため、特定居住用に特例を適用する方が有利である。

自宅敷地の小規模宅地の特例による評価減額

＝1億円×330㎡／500㎡×80％＝5,280万円

よって、相続税の課税価格に算入すべき価額は、

特例適用後の自宅敷地の評価額＝1億円－5,280万円＝4,720万円

貸家建付地の評価額は、4,000万円（特例適用無し）

(2)死亡保険金の評価額

生命保険の契約者と被保険者が同じで、受取人が異なり、受取人が相続人となる場合、支払われる死亡保険金は（みなし相続財産として）相続税の課税対象。

ただし「500万円×法定相続人の数」までは非課税。

設問の場合、法定相続人は配偶者・実子3人の計4人なので
死亡保険金の非課税枠＝500万円×4人＝2,000万円
相続税の課税価格に算入すべき価額
＝死亡保険金5,000万円－2,000万円＝3,000万円

(3)生前贈与加算
Aさんは2023年10月に長男Cさんに暦年贈与で560万円を贈
与しているため、生前贈与加算の対象。
課税価格の合計額
＝現預金1億4,500万円
＋上場株式1億3,000万円
＋自宅建物2,500万円
＋自宅敷地4,720万円
＋賃貸アパート2,000万円
＋貸家建付地4,000万円
＋死亡保険金3,000万円
＋生前贈与560万円
＝4億4,280万円

②　相続税の総額
・設問の相続税法上の法定相続人は4人なので
相続税の基礎控除＝3,000万円＋4人×600万円＝5,400万円
よって、課税遺産総額＝4億4,280万円－5,400万円
　　　　　　　　　＝3億8,880万円

・設問の場合、法定相続人は配偶者・実子3人の計4人
配偶者と子が相続人のとき、配偶者の相続分は2分の1、子の相
続分は2分の1（一人当たりは6分の1）なので
妻Bの法定相続分の相続税　：3億8,880万円×1／2×40％
　　　　　　　　　　　　　－1,700万円＝6,076万円

長男Cの法定相続分の相続税：3億8,880万円×1／6×30%

－700万円＝1,244万円

二男Dの法定相続分の相続税：3億8,880万円×1／6×30%

－700万円＝1,244万円

三男Eの法定相続分の相続税：3億8,880万円×1／6×30%

－700万円＝1,244万円

・相続税の総額＝6,076万円＋1,244万円＋1,244万円＋1,244万円

＝9,808万円

③　長男Cさんの納付すべき相続税額

・長男Cさんの課税価格は1億1,070万円、課税価格の合計額は
4億4,280万円だから、

長男Cさんの相続税額＝9,808万円

×（1億1,070万円／4億4,280万円）

＝2,452万円

生前贈与加算の対象となった財産にかかる納付済みの贈与税相当
額は、相続税額から控除して納税額を算出する。

・長男Cさんが受けた贈与財産は、18歳以上の子・孫が直系尊
属から受けた贈与に該当して特例税率が適用となるので、

560万円の暦年贈与を受けた際の贈与税額

＝（贈与を受けた額－110万円）×税率－控除額

＝（560万円－110万円）×20%－30万円＝60万円

・長男Cさんの納付すべき相続税額

＝長男Cさんの相続税額－贈与を受けた際の贈与税額

＝2,452万円－60万円＝2,392万円

441

442

【編著者】白鳥 光良（しらとり・みつよし）

株式会社 住まいと保険と資産管理　代表取締役社長

1973年千葉県生まれ。上智大学経済学部にてポートフォリオ理論を専攻。
アンダーセンコンサルティング（現アクセンチュア）に2年3カ月勤務後、
良質なFPサービスが手頃な料金で誰でも利用できる状態を目指して、
2000年1月に同社を設立して代表に就任。「その人がその人らしく生きることを支援する」
を企業理念とする、社名の3つの領域に強い専門のFPによる全国共通のサービスを展開。
住宅の購入・売却の相談、保険見直し相談、資産管理・運用の相談、ライフプラン作成等
を20年以上にわたって専門に研究し、サービスを提供。
武蔵大学経済学部金融学科 非常勤講師（「ファイナンシャルプランナー演習」担当：平成
28年度「学生が選ぶベストティーチャー賞」受賞）。
1級ファイナンシャル・プランニング技能士、CFP®認定者。
著書に『65才までに"あと3000万円"貯める！』（ローカス）、
『「金融資産運用」計算ドリル』（インデックスコミュニケーションズ）等がある。
(株)住まいと保険と資産管理　https://www.mylifenavi.net

【執筆協力】深谷 康雄（ふかや・やすお）

深谷康雄リタイヤメントFPオフィス代表

国内大手信託銀行にて、資産管理のコンサルティング、企業年金の運用などに関する業務
を30年以上経験した後、退職者の資産管理サポートに専門特化したFPとして独立。1級
ファイナンシャル・プランニング技能士、CFP®。

＊CFP®は、米国外においてはFinancial Planning Standards Board Ltd.（FPSB）の登録商標で、
FPSBとのライセンス契約の下に、日本国内においてはNPO法人日本FP協会が商標の使用を認
めています。

装丁・本文デザイン：株式会社シンクロ

一般社団法人　金融財政事情研究会　ファイナンシャル・プランニング技能検定
1級学科試験・1級実技試験（資産相談業務）　平成29年10月許諾番号1710K000002

スッキリわかるシリーズ

2024-2025年版
スッキリわかる　FP技能士1級　学科基礎・応用対策

(2013-2014年版　2013年6月1日　初版　第1刷発行)

2024年6月2日　　初　版　第1刷発行

編　著　者	白　　鳥　　光　　良
発　行　者	多　　田　　敏　　男
発　行　所	TAC株式会社　出版事業部
	（TAC出版）

〒101-8383
東京都千代田区神田三崎町3-2-18
電　話　03（5276）9492（営業）
FAX　03（5276）9674
https://shuppan.tac-school.co.jp/

組　　版	株式会社　グ　ラ　フ　ト
印　　刷	株式会社　ワ　　コ　　ー
製　　本	株式会社　常　川　製　本

© HIA Co.,Ltd. 2024　　　Printed in Japan　　　ISBN 978-4-300-11189-5
N.D.C. 338

本書は，「著作権法」によって，著作権等の権利が保護されている著作物です。本書の全部または一部につき，無断で転載，複写されると，著作権等の権利侵害となります。上記のような使い方をされる場合，および本書を使用して講義・セミナー等を実施する場合には，小社宛許諾を求めてください。

乱丁・落丁による交換，および正誤のお問合せ対応は，該当書籍の改訂版刊行月末日までといたします。なお，交換につきましては，書籍の在庫状況等により，お受けできない場合もございます。
また，各種本試験の実施の延期，中止を理由とした本書の返品はお受けいたしません。返金もいたしかねますので，あらかじめご了承くださいますようお願い申し上げます。

ファイナンシャル・プランナー

FP 1級

TAC

書籍学習者の方に、 ぜひFPの深く広い世界を 知って欲しい！

視聴すればするほど、FPの学習が楽しくなる！

全ての皆様に愛情をもってお届けする

―― **TAC FP** 講座の ――

無料オンラインセミナー

多くのテーマのオンラインセミナーを定期的に行っております。

ぜひ、一度ご視聴ください

https://www.tac-school.co.jp/kouza_fp/webinar_LP_fp.html

大切なお金のこと わたしたちと一緒に 学びませんか？

無料 オンライン セミナー 開催中！

魅惑のパーソナルファイナンスの世界を感じられる無料オンラインセミナーです！

「多くの方が不安に感じる年金問題」「相続トラブルにより増加する空き家問題」
「安全な投資で資産を増やしたいというニーズ」など、社会や個人の様々な問題の解決に、
ファイナンシャルプランナーの知識は非常に役立ちます。
長年、ファイナンシャルプランニングの現場で顧客と向き合い、
夢や目標を達成するためのアドバイスをしてきたベテランFPのTAC講師陣が、
無料のオンラインセミナーで魅力的な知識を特別にお裾分けします。
とても面白くためになる内容です！
無料のオンラインセミナーですので、気軽にご参加いただけます。
ぜひ一度視聴してみませんか？　皆様の世界が広がる実感が持てるはずです。

皆様の **人生を充実させる**のに必要なコンテンツがぎっしり詰まった**オンラインセミナー**です！

参考 ▷ 過去に行ったテーマ例

- ● 達人から学ぶ「不動産投資」の極意
- ● 老後に役立つ個人年金保険
- ● 医療費をたくさん払った場合の節税対策
- ● 基本用語を分かりやすく解説 NISA
- ● 年金制度と住宅資産の活用法
- ● FP試験電卓活用法
- ● 1級・2級本試験予想セミナー
- ● 初心者でもできる投資信託の選び方
- ● 安全な投資のための商品選びのチェックポイント
- ● 1級・2級頻出論点セミナー

- ● そろそろ家を買いたい！実現させるためのポイント
- ● 知らないと損する！社会保険と公的年金の押さえるべきポイント
- ● 危機、災害に備える家計の自己防衛術を伝授します
- ● 一生賃貸で大丈夫？老後におけるリスクと未然の防止策
- ● 住宅購入時の落とし穴！購入後の想定外のトラブル
- ● あなたに必要な保険の見極め方
- ● ふるさと納税をやってみよう♪ぴったりな寄付額をチェック

書籍で学習されている方のための
直前期の試験対策に最適のコース!

1級の書籍で一通り知識のインプット学習を進めている方が、
直前期に最短で効果的な知識の確認と演習を行うことができるコースです。
難関である1級学科試験を突破するために、TACの本試験分析のノウハウを手に入れて
合格を勝ち取りたい方にとって打ってつけのコースです。

最新の試験分析のエッセンスが詰まった
あなたにオススメのコース

1級直前対策パック
(総まとめ講義+模擬試験)

TACオリジナル教材「総まとめテキスト」(非売品)が手に入ります!

TAC FP 1級直前対策パック

最新の法改正を総ざらいできることはもちろん、
☑ **3年で6回以上出た「サブロクチェック」**
☑ **穴埋めで確認「キーワードチェック」**
☑ **押さえておくべき「定番出題パターン」**
☑ **出題傾向をベースにした「予想問題」など、**
1級試験の"急所"がばっちり押さえられます!

TACは何度も出題されるところを知り尽くしています！

OP オプション講座

1級直前対策パック（総まとめ講義6回＋模擬試験1回）

総まとめ講義

試験直前期に押さえておきたい最新の法改正などポイントを総ざらいした「総まとめテキスト」を使用します。
基礎編は出題範囲は広いものの50問しかないため、取りこぼしができません。過去の本試験の頻出論点もピックアップ。"サブロクチェック"で知識の再確認を行います。

応用編は、空欄補充問題と計算問題が中心となります。空欄補充問題で問われやすい論点の用語等のチェックと、計算問題の解法手順を演習を繰り返しながらマスターします。

ひと目でわかるよう図表などを用いて重要論点をまとめています。

模擬試験 ※自己採点（配布のみ）

本試験形式のTAC予想問題です。満点を取るまで繰り返し復習し、本試験に臨みましょう。

過去3年間で6回以上出題されている論点をピックアップしたもので、効率よく知識の再確認ができます。

通常受講料

通学（教室・ビデオブース）講座		¥35,000
Web通信講座		
DVD通信講座		¥40,000

コースの詳細、割引制度等は、**TAC HP**またはパンフレットをご覧ください。

TAC FP 1級直前対策パック

※0から始まる会員番号をお持ちでない方は、受講料のほかに別途入会金（¥10,000・消費税込）が必要です。会員番号につきましては、TACカスタマーセンター（0120-509-117）までお問い合わせください。
※上記受講料は、教材費込・消費税込です。

ファイナンシャル・プランナー

═══ TAC FP講座案内 ═══

TACのきめ細かなサポートが合格へ導きます！

合格に重要なのは、どれだけ良い学習環境で学べるかということ。
資格の学校TACではすべての受講生を合格に導くために、誰もが自分のライフスタイルに合わせて
勉強ができる学習メディアやフォロー制度をご用意しています。

入門編から実務まで。FPならTACにお任せ！

同じFPでも資格のレベルはさまざま。入門編の3級から仕事に活用するのに必須の2級（AFP）、
グローバルに活躍できる1級・CFP®まで、試験内容も異なるので、めざすレベルに合わせて効率的なプログラム、
学習方法で学ぶことが大切です。さらにTACでは、合格後の継続教育研修も開講していますので、
入門資格から実践的な最新知識まで幅広く学習することができます。

3級
金融・経済アレルギーを解消！

「自分の年金のことがよく分からない」「投資に興味はあるんだけど、どうしたらいいの？」「ニュースに出てくる経済用語の意味を実は知らない・・・」「保険は入っているものの・・・」など金融や経済のアレルギーを解消することができます。「この際、一からお金のことを勉強したい！」そんな方にオススメです。

2級・AFP
FPの知識で人の幸せを演出する！

就職や転職をはじめ、FPの知識を実践的に活かしたい場合のスタンダード資格が2級・AFPです。金融機関をはじめとした企業でコンサルティング業務を担当するなど、お客様の夢や目標を実現するためにお金の面からアドバイスを行い、具体的なライフプランを提案することもできます。「みんなが幸せに生きる手助けをしたい！」そんな夢を持った方にオススメです。

1級・CFP®
ビジネスの世界で認められるコンサルタントをめざす！

FP資格の最高峰に位置づけられるのが、1級・CFP®です。特にCFP®は、日本国内における唯一の国際FPライセンスです。コンサルタントとして独立開業する際に1級やCFP®を持っていると、お客様からの信頼度もアップします。「プロのコンサルタントとして幅広いフィールドで仕事がしたい！」そんな志を抱いている人は、ぜひ1級・CFP®を目指してください。

 教室講座　 ビデオブース講座　 Web通信講座　 DVD通信講座

FP継続教育研修のご案内

合格後も知識をブラッシュアップ！

TAC FP講座では、FPに役立つ様々なテーマの講座を毎月開講しており、最新情報の入手に最適です。
さらに、AFP、CFP®認定者の方には継続教育単位を取得できる講座となっています。

最新情報！ TACホームページ https://www.tac-school.co.jp/ 　[TAC] 　[検索]

資格の学校 **TAC**

TAC FP講座 オススメコース

過去問トレーニングで万全の試験対策を！

1級過去問解説講義

WEB講座専用コースで、いつでも好きな時間に学習できます。

ＦＰ技能検定試験の本試験問題を全問解説する講座です。答えを見ただけでは理解しにくい部分も、ベテラン講師が問題に書き込みながら行う解説により、しっかりと理解できるようになります。また本講座はWeb通信講座なので、いつでも講義を視聴することができ大変便利です。定番問題の解法テクニックの習得や試験直前の総まとめとしてご利用ください。

特長 POINT 1	特長 POINT 2	特長 POINT 3
TAC講師が過去問を全問解説	Web配信なので24時間、好きな時間帯に自由に学習可能	試験傾向も把握でき、重要論点を中心に効率よく学習できるようになる

講義時間
約90分 / 各回・各科目

受講料
¥2,100 / 各回・各科目　※入会金は不要です。※受講料には消費税10%が含まれます。

【ご注意】
お申込みはe受付（インターネット）のみです。インターネットによるお申込みの場合には、クレジットカード決済をご選択頂けます。
e受付はこちらから
→ https://ec.tac-school.co.jp

教材について
当コースには、本試験問題はついておりません。過去問題及び解答は、本試験実施団体（日本ＦＰ協会・金融財政事情研究会）のHPから無料でダウンロードできますので、ご自身でご用意ください。

○日本FP協会：
https://www.jafp.or.jp/exam/mohan/

○金融財政事情研究会：
https://www.kinzai.or.jp/ginou/fp/test-fp

※WEBには視聴期限があります。

1級または2級FP技能士 合格者限定 Web通信講座

AFP認定研修（技能士課程）

CFP®を受験するための受験資格としてAFPに登録したい方はもちろん、日本FP協会の資格会員になりたい方におススメです。

教材

● FP総論（日本FP協会）：1冊
● 学習補助テキスト：6冊（※）
● 提案書課題／提案書作り方ガイド：1冊
● 提案書（提出用）：1冊

※学習補助テキストはPDFデータでご提供します。冊子もご希望の方は「Web＋冊子版」コースをお申込みください。

穴埋め形式なのでたった1日で作成できます！

◆受講料（入会金不要・税込・教材費込）

学習補助テキスト	Web版のみ	¥ 8,800
	Web＋冊子版	¥15,000

資料のご請求・お問い合わせは　通話無料　**0120-509-117**　受付時間　月～金 9:30～19:00　土日祝 9:30～18:30

TAC出版 書籍のご案内

TAC出版では、資格の学校TAC各講座の定評ある執筆陣による資格試験の参考書をはじめ、資格取得者の開業法や仕事術、実務書、ビジネス書、一般書などを発行しています！

TAC出版の書籍
*一部書籍は、早稲田経営出版のブランドにて刊行しております。

資格・検定試験の受験対策書籍

- ◎日商簿記検定
- ◎建設業経理士
- ◎全経簿記上級
- ◎税　理　士
- ◎公認会計士
- ◎社会保険労務士
- ◎中小企業診断士
- ◎証券アナリスト

- ◎ファイナンシャルプランナー(FP)
- ◎証券外務員
- ◎貸金業務取扱主任者
- ◎不動産鑑定士
- ◎宅地建物取引士
- ◎賃貸不動産経営管理士
- ◎マンション管理士
- ◎管理業務主任者

- ◎司法書士
- ◎行政書士
- ◎司法試験
- ◎弁理士
- ◎公務員試験(大卒程度・高卒者)
- ◎情報処理試験
- ◎介護福祉士
- ◎ケアマネジャー
- ◎電験三種　ほか

実務書・ビジネス書

- ◎会計実務、税法、税務、経理
- ◎総務、労務、人事
- ◎ビジネススキル、マナー、就職、自己啓発
- ◎資格取得者の開業法、仕事術、営業術

一般書・エンタメ書

- ◎ファッション
- ◎エッセイ、レシピ
- ◎スポーツ
- ◎旅行ガイド (おとな旅プレミアム/旅コン)

（2024年2月現在）

書籍のご購入は

1 全国の書店、大学生協、ネット書店で

2 TAC各校の書籍コーナーで

資格の学校TACの校舎は全国に展開！
校舎のご確認はホームページにて

資格の学校TAC ホームページ
https://www.tac-school.co.jp

3 TAC出版書籍販売サイトで

CYBER TAC出版書籍販売サイト
BOOK STORE

24時間
ご注文
受付中

TAC出版 で 検索

https://bookstore.tac-school.co.jp/

- 新刊情報を
いち早くチェック！
- たっぷり読める
立ち読み機能
- 学習お役立ちの
特設ページも充実！

TAC出版書籍販売サイト「サイバーブックストア」では、TAC出版および早稲田経営出版から刊行されている、すべての最新書籍をお取り扱いしています。
また、会員登録（無料）をしていただくことで、会員様限定キャンペーンのほか、送料無料サービス、メールマガジン配信サービス、マイページのご利用など、うれしい特典がたくさん受けられます。

サイバーブックストア会員は、特典がいっぱい！（一部抜粋）

通常、1万円（税込）未満のご注文につきましては、送料・手数料として500円（全国一律・税込）頂戴しておりますが、1冊から無料となります。

専用の「マイページ」は、「購入履歴・配送状況の確認」のほか、「ほしいものリスト」や「マイフォルダ」など、便利な機能が満載です。

メールマガジンでは、キャンペーンやおすすめ書籍、新刊情報のほか、「電子ブック版TACNEWS（ダイジェスト版）」をお届けします。

書籍の発売を、販売開始当日にメールにてお知らせします。これなら買い忘れの心配もありません。

FP (ファイナンシャル・プランナー) 対策書籍のご案内

TAC出版のFP(ファイナンシャル・プランニング)技能士対策書籍は金財、日本FP協会それぞれに対応したインプット用テキスト、アウトプット用テキスト、インプット＋アウトプット一体型教材、直前予想問題集の各ラインナップで、受検生の多様なニーズに応えていきます。

みんなが欲しかった！ シリーズ

『みんなが欲しかった! FPの教科書』
- ●1級 学科基礎・応用対策 ●2級・AFP ●3級
- 1級：滝澤ななみ 監修・TAC FP講座 編著・A5判・2色刷
- 2・3級：滝澤ななみ 編著・A5判・4色オールカラー
- ■ イメージがわきやすい図解と、シンプルでわかりやすい解説で、短期間の学習で確実に理解できる！動画やスマホ学習に対応しているのもポイント。

『みんなが欲しかった! FPの問題集』
- ●1級 学科基礎・応用対策 ●2級・AFP ●3級
- 1級：TAC FP講座 編著・A5判・2色刷
- 2・3級：滝澤ななみ 編著・A5判・2色刷
- ■ 無駄をはぶいた解説と、重要ポイントのまとめによる「アウトプット→インプット」学習で、知識を完全に定着。

『みんなが欲しかった! FPの予想模試』
- ●3級 TAC出版編集部 編著
- 滝澤ななみ 監修・A5判・2色刷
- ■ 出題が予想される厳選模試を学科3回分、実技2回分掲載。さらに新しい出題テーマにも対応しているので、本番前の最終確認に最適。

『みんなが欲しかった! FP合格へのはじめの一歩』
- 滝澤ななみ 編著・
- A5判・4色オールカラー
- ■ FP3級に合格できて、自分のお金ライフもわかっちゃう。本気でやさしいお金の入門書。自分のお金を見える化できる別冊お金ノートつき。

わかって合格る シリーズ

『わかって合格る FPのテキスト』
- ●3級 TAC出版編集部 編著
- A5判・4色オールカラー
- ■ 圧倒的なカバー率とわかりやすさを追求したテキストさらに人気YouTuberが監修してポイント解説をしてくれます。

『わかって合格る FPの問題集』
- ●3級 TAC出版編集部 編著
- A5判・2色刷
- ■ 過去問題を徹底的に分析し、豊富な問題集で合格をサポートさらに人気YouTuberが監修しているので、わかりやすさも抜群。

スッキリ シリーズ

『スッキリわかる FP技能士』
- ●1級 学科基礎・応用対策 ●2級・AFP ●3級
- 白鳥光良 編著・A5判・2色刷
- ■ テキストと問題集をコンパクトにまとめたシリーズ。繰り返し学習を行い、過去問の理解を中心とした学習を行えば、合格ラインを超える力が身につきます。

『スッキリとける 過去＋予想問題 FP技能士』
- ●1級 学科基礎・応用対策 ●2級・AFP ●3級
- TAC FP講座 編著・A5判・2色刷
- ■ 過去問の中から繰り返し出題される良問で基礎力を養成し、学科・実技問題の重要項目をマスターできる予想問題で解答力を高める問題集。

TAC出版
TAC PUBLISHING Group

よくわかるFPシリーズ

『合格テキスト FP技能士1級』
- ●1 ライフプランニングと資金計画・リスク管理
- ●4 タックスプランニング
- ●2 年金・社会保険
- ●5 不動産
- ●3 金融資産運用
- ●6 相続・事業承継

TAC FP講座 編著・A5判・2色刷
- TAC FP講座公式教材。それぞれの論点について、「きちんとわかる」をコンセプトに、合格に必要な知識をすべて盛り込んだFP技能士1級対策基本書の決定版。

『合格トレーニング FP技能士1級』
TAC FP講座 編著・A5判・1色刷
- TAC FP講座公式教材。本試験対応力を養う、総仕上げの問題集。出題傾向を徹底分析し、過去問題から頻出問題を厳選。覚えておくべき論点は「ポイントまとめ」で最終確認もバッチリ。

あてる直前予想模試
*本試験約3ヵ月前に改訂(3級は5月改訂のみ)

『○年○月試験をあてる TAC直前予想模試 FP技能士』
- ●2級・AFP
- ●3級

TAC FP講座 編著・B5判・2色刷
- 本試験の出題を予想した模試3回分に加えて、頻出の計算問題を収載した「計算ドリル」や、直前期の暗記に役立つ「直前つめこみノート」など、直前対策に役立つコンテンツを厳選収載!

- ●1級

TAC FP講座 編著・B5判・2色刷
- 本試験の出題を予想した模試3回分に加えて、最新の法改正情報や実技試験対策も掲載! 直前対策はこれ一冊で完璧。

啓蒙書 ほか

『FPの極意がわかる本
~活かし方・働き方・稼ぎ方~
第3版』
藤原久敏 著・A5判

『女性のための資格シリーズ
自力本願で
ファイナンシャル・プランナー』
森江加代 著・A5判

『47テーマで学ぶ家計の教科書
節約とお金の基本』
矢野きくの 北野琴奈 著・A5判

年度版 マークのある書籍は、試験実施年月に合わせて年度改訂を行っています。
掲載の内容は、2024年4月現在の内容です。各書籍の価格等詳細につきましては、下記サイバーブックストアにてご確認ください。

TAC出版の書籍は
こちらの方法でご購入
いただけます

1 全国の書店・大学生協
2 TAC各校 書籍コーナー
3 インターネット

CYBER TAC出版書籍販売サイト
BOOK STORE
アドレス https://bookstore.tac-school.co.jp/

書籍の正誤に関するご確認とお問合せについて

書籍の記載内容に誤りではないかと思われる箇所がございましたら、以下の手順にてご確認とお問合せをしてくださいますよう、お願い申し上げます。

なお、正誤のお問合せ以外の**書籍内容に関する解説および受験指導などは、一切行っておりません。**
そのようなお問合せにつきましては、お答えいたしかねますので、あらかじめご了承ください。

1 「Cyber Book Store」にて正誤表を確認する

TAC出版書籍販売サイト「Cyber Book Store」の
トップページ内「正誤表」コーナーにて、正誤表をご確認ください。

CYBER TAC出版書籍販売サイト
BOOK STORE

URL：https://bookstore.tac-school.co.jp/

2 1の正誤表がない、あるいは正誤表に該当箇所の記載がない ⇒ 下記①、②のどちらかの方法で文書にて問合せをする

★ご注意ください★

お電話でのお問合せは、お受けいたしません。

①、②のどちらの方法でも、お問合せの際には、「お名前」とともに、
「対象の書籍名（○級・第○回対策も含む）およびその版数（第○版・○○年度版など）」
「お問合せ該当箇所の頁数と行数」
「誤りと思われる記載」
「正しいとお考えになる記載とその根拠」
を明記してください。

なお、回答までに1週間前後を要する場合もございます。あらかじめご了承ください。

① ウェブページ「Cyber Book Store」内の「お問合せフォーム」より問合せをする

【お問合せフォームアドレス】

https://bookstore.tac-school.co.jp/inquiry/

② メールにより問合せをする

【メール宛先　TAC出版】

syuppan-h@tac-school.co.jp

※土日祝日はお問合せ対応をおこなっておりません。
※正誤のお問合せ対応は、該当書籍の改訂版刊行月末日までといたします。

乱丁・落丁による交換は、該当書籍の改訂版刊行月末日までといたします。なお、書籍の在庫状況等により、お受けできない場合もございます。
また、各種本試験の実施の延期、中止を理由とした本書の返品はお受けいたしません。返金もいたしかねますので、あらかじめご了承くださいますようお願い申し上げます。

TACにおける個人情報の取り扱いについて
■お預かりした個人情報は、TAC（株）で管理させていただき、お問合せへの対応、当社の記録保管にのみ利用いたします。お客様の同意なしに業務委託先以外の第三者に開示、提供することはございません（法令等により開示を求められた場合を除く）。その他、個人情報保護管理者、お預かりした個人情報の開示等及びTAC（株）への個人情報の提供の任意性については、当社ホームページ（https://www.tac-school.co.jp）をご覧いただくか、個人情報に関するお問い合わせ窓口（E-mail:privacy@tac-school.co.jp）までお問合せください。

（2022年7月現在）